四川大学"中国语言文学与中华文化全球传播"双一流学科群专项资助

传播符号学书系 · 国际视野

主　　编： 赵毅衡

执行主编： 胡易容　饶广祥

助理编辑： 梅　林　杨登翔　康亚飞

学术委员会（按姓氏拼音排序）

陈卫星	中国传媒大学	陆正兰	四川大学
丁和根	南京大学	彭　佳	暨南大学
董广安	郑州大学	隋　岩	中国传媒大学
韩丛耀	南京大学	谭光辉	四川师范大学
蒋晓丽	四川大学	唐小林	四川大学
李　彬	清华大学	魏　伟	北京外国语大学
李　红	西北师范大学	许　静	北京大学
李　涛	浙江传媒学院	曾庆香	中国传媒大学
李　玮	西北大学	赵星植	四川大学
李　杰（思屈）	浙江大学	Göran Sonesson	隆德大学
廖圣清	复旦大学	Kristian Bankov	新保加利亚大学
林升栋	厦门大学	Massimo Leone	都灵大学
刘　涛	暨南大学	Klaus Bruhn Jensen	哥本哈根大学
刘海龙	中国人民大学	Marcel Danesi	多伦多大学

传播符号学书系·国际视野 | 主编：赵毅衡　执行主编：胡易容　饶广祥

媒介的
自我指涉

SELF-REFERENCE IN THE MEDIA

［德］温弗里德·诺特
（Winfried Nöth）
［德］宁娜·毕莎娜
（Nina Bishara）
编

周劲松
译

社会科学文献出版社
SOCIAL SCIENCES ACADEMIC PRESS (CHINA)

Nöth, Winfried / Bishara, Nina: Self-Reference in the Media

© Walter de Gruyter GmbH Berlin Boston. All rights reserved.

This work may not be translated or copied in whole or part without the written permission of the publisher (Walter De Gruyter GmbH, Genthiner Straße 13, 10785 Berlin, Germany).

总　序

传播学与符号学的学科发展时间起点相近而路径不同。符号学的学科化始于索绪尔于1907~1911年在日内瓦大学讲授《普通语言学》课程，其以语言符号为对象系统阐述了结构主义符号学的基本理论框架。传播学始于1905年布莱尔在威斯康星大学开设的新闻学课程。正如语言之于符号学，新闻也成为传播学的第一个门类及核心对象，学界至今仍将"新闻"与"传播"并称。

在百余年的学科发展进路中，尽管符号学与传播学发展路径截然不同，但两者理论逻辑的深层联系却将两者密切联系在一起。施拉姆在《传播学概论》中辟专章写"传播的符号"，并指出"符号是人类传播的要素"。[1] 符号学在经历三代学人并发展出四种典型模式之后，近三十年来的重要发展方向之一是与当代传媒诸现象结合。法国学者皮埃尔·吉罗认为，传播学与符号学从某些方面来说是"同义语"；约翰·费斯克则将传播学分为注重研究"意义"的"符号学派"和注重研究效果的"过程学派"。[2] 我国学者陈力丹对传播学的基本定义是"研究人类如何运用符号进行社会信息交流的学科"[3]。从学理上讲，传播学须通过"传播的符号研究"以洞悉"意义"的实现；反之，符号学也必须跨越狭义的"语言"而进入当代传媒文化这一最庞大的符号景观。对两个不同发展传统的学科来说，符号学可以从理论繁复的"玄学"处落地于具体的文化传播现象；

---

[1] 威尔伯·施拉姆：《传播学概论》，何道宽译，中国人民大学出版社，2010，第61页
[2] Fisk, John. *Introduction to Communication Studies*. London: Routledge, 1990. xv.
[3] 陈力丹：《传播学是什么？》，北京大学出版社，2007。

传播学也可以借助符号学丰富理论提升学理性。受美国新闻传播学传统的影响，当前我国传播学过多倚重社会学方法，故而学界有观点认为，传播学应归属于社会科学而非人文科学。暂时搁置这个争议，仅就传播内容而言——其作为"符号"构成的"文本"，具有无可争议的"意义属性"。作为研究"意义"的学问，符号学可与社会学研究方法互为补充，为传播学提供基础理论。

从当今传媒文化发展的现实来看，传播学与符号学对彼此的需求更加迫切。人类正在经历由互联网引发的传媒第三次突变①，传播研究的问题正在从"信息匮乏"转向"意义需求"。20世纪兴起的传播，以电视、广播、报纸等大众传媒为主。此时传播学研究的关键点，是信息如何到达、获取——这与"信息论"方法是相适应的。若将此问题置于当今"传媒的第三次突变"背景下来看，"后真相"时代社会信息的需求，已经从匮乏转变为"在过载的信息中寻找意义与真知"。"人类命运共同体"这一宏大命题的基本条件，不仅是经由全球化媒介实现的信息通达（这在技术上早已经不构成壁垒），还必须包括人类整体的"意义共同体"。即，当代传播学应对"传媒突变"的策略，须以更开放的姿态从"信息到达"向"意义交流"转进。一方面，"传播"应回归于"交流"这一受传交互的意涵；另一方面，"信息—通达—行为"的过程结果论研究，应向"意义的共享、认知与认同"深化。

当前，打破学科间的壁垒正在成为国内外学术发展的共识和趋势。国际上将"符号学""传播学"的融合领域通称为"符号学与传播学"。该领域影响较大的学派包括法兰克福学派、巴黎学派、布拉格学派、伯明翰学派、塔尔图学派、列日学派，等等。目前，国际上众多知名高校设立了"传播学与符号学"专业或课程，如美国宾夕法尼亚大学、康奈尔康大学，加拿大圣劳伦斯大学，澳大利亚昆士兰大学，保加利亚索非亚大学，丹麦哥本哈根大学，意大利都灵大学，等等。世界著名的德古意特出版集团从2011年开始推出"符号学·传播·认知"（semiotics·communication·cog-

---

① 赵毅衡：《第三次突变：符号学必须拥抱新传媒时代》，《天津外国语大学学报》2016年第1期。

nition）大型系列丛书，迄今该丛书已出版数十部。国内学界也很早注意到了符号学与传播学的学理共性。陈力丹在《符号学：通往巴别塔之路——读三本国人的符号学著作》（1996）①中指出：符号学不仅是传播学的方法论之一，而且应当是传播学的基础理论。随着符号学在中国的不断扩展，将符号学和传播学结合起来研究的学者越来越多，话题也越来越广。"传播符号学"已成为新闻传播学研究的重要发展方向。

值得追问的是，中国传播符号学研究，是否仅仅指借用西方符号学理论和术语来解释当今中国面临的问题？这关涉到中国符号学的话语建构总体背景。

中国传统文化符号丰富多彩，并曾有着优渥的符号学土壤。《周易》或许可被解读为世界上第一部呈现全部人类经验的符号系统。②从狭义的符号学思想的源头来看，在古希腊斯多葛学派（The Stoics）讨论符号和语义问题的同时，中国的"名家"也在讨论"名实之辩"。名家代表学者公孙龙（约公元前320年~约公元前250年）与芝诺（约公元前336年~约公元前264年）的出生年代仅差16岁。仿佛两位思想者约定好，在那个伟大的轴心时代远隔重洋思考这个符号与意义的问题。遗憾的是，尽管先秦名学充满思辨的智慧，却并未成为"正统"而得到很好的延续。名学被其他学派批评为沉溺于琐碎的论证。此后，在儒学取得正统地位时名学自然被边缘化了。应当承认，中国传统符号学思想没有对世界符号学运动形成实质性影响。

20世纪，符号学曾一度在中国有所发展。1926年，赵元任曾独立于西方符号学两位开创者提出符号学这一术语并阐述了自己的构想，并写成《符号学大纲》。③遗憾的是，赵元任的符号学构想也缺乏后续传承。中国错失了20世纪符号学发展的两个黄金时期：一个是20世纪上半期的"模式奠定与解释阶段"，这一阶段形成了索绪尔结构主义语言学、皮尔斯逻

---

① 陈力丹：《符号学：通往巴别塔之路——读三本国人的符号学著作》，《新闻与传播研究》1996年第1期。
② Zhao, Y., "The fate of semiotics in China", *Semiotica*, 2011 (184), 271-278.
③ 赵元任：《符号学大纲》，载吴宗济、赵新那编《赵元任语言学论文集》，商务印书馆，2002：177-208。

辑修辞学、卡西尔—朗格文化符号哲学及莫斯科—塔尔图高技术文化符号形式论等基础理论模式；另一个是索绪尔及其追随者引领的世界性结构主义思潮。此后，符号学经历了一个相对平缓的发展期。尽管有格雷马斯、艾科、巴尔特、乔姆斯基等一批重要学者在诸多领域做出重要贡献，但这些贡献大致是在前人奠定的基础模式上进行再发现或局部创新。符号学自身的发展方式，也转而通过学派融合来实现。

20世纪80年代，中国学术从"文革"中复苏时，符号学发展第二阶段已接近尾声。符号学对中国学界成了不折不扣的舶来品。重新起航的中国符号学研究，很大程度上是由一批在海外游学留学的学者带动的。他们译介西典、著书立说、教书育人，影响了一批中国学者。① 王铭玉认为，中国的符号学研究起步较晚但起点较高，在非常短的时间内基本上追赶上了国际研究潮流。② 他将中国符号学发展分为三个阶段。第一个阶段指20世纪80年代上半段（1981～1986年）。这一阶段可称为"学科引介"阶段，以译介工作为主。如1981年王祖望翻译了西比奥克（Thomas A. Sebeok，当时的译名为谢拜奥克）的《符号学的起源与发展》③；史建海发表了《符号学与认识论》④；金克木发表了《谈符号学》⑤；等等。随后，一批符号学经典论著在国内翻译出版：菲迪南德·索绪尔的奠基之作《普通语言学教程》（索振羽等译，北京大学出版社，1986）、池上嘉彦的《符号学入门》（张晓云译，北京国际文化出版公司，1985）、特伦斯·霍克斯的《结构主义和符号学》（瞿铁鹏译，上海译文出版社，1987）、罗兰·巴特的《符号学原理》（李幼蒸译，生活·读书·新知三联书店，1988）、皮埃尔·吉罗的《符号学概论》（怀宇译，四川人民出版社，1988）、艾科的《符号学理论》（卢德平译，中国人民大学出版社，1990）。到20世纪80年代末，中国学者自己撰写的符号学专著相继面世。余建章、叶舒宪的

---

① 赵毅衡：《中国符号学六十年》，《四川大学学报》（哲学社会科学版）2012年第1期。
② 王铭玉，宋尧：《中国符号学研究20年》，《外国语》2003年第1期。.
③ C. 皮尔逊，V. 斯拉米卡《信息学是符号学学科》，张悦校，《国外社会科学》1984年第1期；T. 谢拜奥克《符号学的起源与发展》，王祖望译，《国外社会科学》1981年第5期。
④ 史建海：《符号学与认识论》，《内蒙古社会科学》1984年第8期。
⑤ 金克木：《谈符号学》，《读书》1983年第3期。

《符号：语言与艺术》（上海人民出版社，1988）、赵毅衡的《文学符号学》（中国文联出版公司，1990）等是我国学者贡献的最早一批符号学专著，代表了中国学者在符号学理论方面独立探索的"重新"开始。

从1991年开始，传播学与符号学各自获得了巨大的发展，应用中的边界频繁交叉。传播研究对于符号这一术语基本上无法回避。符号出现在传播学的各个门类中，如：教育传播、电视新闻、广告、艺术设计、建筑。这些文献大多运用了符号学术语与典型分析方法。其中，比较多的是应用索绪尔的能指与所指结构关系及其各种延伸形式，理论深度有限，且这一时期的应用多处于一种对问题解释的自然需求状态，缺乏从方法论本身进行学理性反思。丁和根将1994年到1999年称为国内"传播符号学"的"起步期"，并认为此后进入一个"发展期"。① 20世纪的最后几年，传播符号学的学科方法论受到了更多重视，如周军的《传播学的"前结构"：符号活动的社会根源和基础》（《现代传播——北京广播学院学报》1994年第1期）、陈道德的《传播学与符号学散论》（《湖北大学学报》（哲学社会科学版）1997年第2期）。但此时具体研究新闻或电视的门类符号理论仍然占据较重要位置。如：唐迎春、徐梅发表的《论新闻传受的不对等性——从符号学角度的解读》（《国际新闻界》1997年第6期）；刘智专著《新闻文化与符号》（科学出版社，1999）。2000年之后，学界明确提出"传播符号学"并以之为研究主题的学者逐渐成为传播学领域的一种声音。

清华大学李彬较早地系统介绍传播符号学。他从狭义和广义两个层面界定了传播符号学的学科范畴，提出狭义的传播符号学，是"为新闻传播学所关注、由新闻传播学所推展、被新闻传播学所吸纳的与符号学相关的研究内容……"；广义的传播符号学则是"一切与新闻、传播相关的符号、话语、文本、叙事等方面的研究"。② 他这一时期的文章随后结集为专著《符号透视：传播内容的本体诠释》（2003）。书中开篇即指出："……其实，传播符号不仅是人类传播的'生命基因'……，而且也是人类文明的

---

① 丁和根：《中国大陆的传播符号学研究：理论渊源与现实关切》，《新闻与传播研究》2010年第6期。
② 李彬：《批判学派在中国：以传播符号学为例》，《新闻大学》2007年第3期。

'精神细胞'。"① 从研究方法和理论立场来看，李彬教授的研究有两个特点：一是，将符号学作为传播内容研究的方法；二是，将符号学归于传播学批判流派的方法之一。②

南京大学丁和根教授从话语分析与意识形态分析论入手，关注意义的生成与批判，并上升至方法论的学理性探讨。他的《大众传播研究的符号学方法论》（《新闻大学》2002年冬季号）是这一时期传播符号学方法论讨论最为周详的文献之一。他认为，话语（文本）分析和叙事学的研究取向，已经成为整个传播符号学的重中之重。因为"话语分析最能够体现符号学的整体性思维和研究方法，是传播学研究借鉴符号学方法的便捷之途"。③ 其次，他也倾向于认同符号学路径的批判取向。他认为，传播符号学虽然不能等同于批判学派，但与批判学派理论有着天然的内在联系和共同的学术取向。符号的方法更着眼于深度思辨而不是表层量化，为批判学派提供研究方法和理论资源，是传播符号学重要的意义和价值之所在。

上述两位学者的共同特点是将传播符号学作为传播学中的批判传统看待。如果将他们的研究称为传播符号学中的"批判分析学派"，那么李思屈、隋岩、曾庆香等教授则偏向于"符号实践与建构"。

李思屈教授从广告及消费文化入手，进入消费洞察与建构性操作。从1998年开始，他贡献了一系列广告符号学的论文。主张建构又富含思辨的思路在李思屈教授两部代表性著作中体现得也非常充分。在《东方智慧与符号消费：DIMT模式中的日本茶饮料广告》（浙江大学出版社，2003）中，他结合中国传统智慧，提出了用以指导广告传播实践的"DIMT"模式；而《广告符号学》（四川大学出版社，2004）是国内冠以"符号学"进行广告研究的第一部系统著作。这一思路在他近年的研究中一以贯之，如《传媒产业化时代的审美心理》（浙江大学出版社，2008），立足符号学，兼备质性与量化分析，对当代大众传媒产业和大众消费案例做出了翔实的分析。隋岩教授的《符号中国》从理论、实践两个维度探讨符号的含指项、同

---

① 李彬：《符号透视：传播内容的本体诠释》，复旦大学出版社，2003。
② 李彬：《批判学派在中国：以传播符号学为例》，《新闻与传播评论》2005年第5期。
③ 丁和根：《中国大陆的传播符号学研究：理论渊源与现实关切》，《新闻与传播研究》2010年第6期。

构、元语言机制、自然化机制、普遍化机制；并从中国文化符号传播实践中梳理出象征中国的历史符号的变迁，探究鸦片、东亚病夫、缠足等负面能指符号背后的传播机制，思考如何提炼、打造代表中国、传播中国的强符号。中国传媒大学的曾庆香偏重从新闻话语入手，以新闻传播的符号叙事为基础分析了网络符号、新闻报道、北京奥运会等案例①。她注重建构实例分析，并注意到图像符号这一常常为话语分析所忽略的领域。

上面已经提及，一些学者从不同角度对我国传播符号学的发展进行了观察和分期。若以"传播符号学"的总体发展来看，2008年是一个不可忽略的节点。这一年不仅研究数量大幅攀升，更有内在结构的质变。这一年尤其值得一提的是，已回国任教于四川大学的赵毅衡成立了符号学-传媒学研究所（ISMS），并创办了国内第一份打通传播学与符号学的学术期刊——《符号与传媒》。此后，他带领的符号学-传媒学研究所为中国传播符号学打开了全新的局面。在学科建设方面，四川大学设立了迄今全国唯一一个符号学交叉学科博士点，从2009年起招收传播符号学方向的硕士、博士研究生，培养了一批以符号学为方法论的文化传播研究有生力量。在成果出版方面，四川大学符号学-传媒学研究所组织出版、翻译的符号学几大系列丛书——《中国符号学丛书》《符号学译丛》《符号学开拓丛书》《马克思主义符号学丛书》《符号学教程》就超过80部。在组织机构方面，赵毅衡、蒋晓丽等教授发起成立的"中外文艺理论学会·文化与传播研究专业委员会""中国新闻史学会·符号传播学研究委员会"是符号学与传播学融合发展的全国性学术共同体，汇集了我国该领域主要的学者。此后，四川大学符号学-传媒学研究所还与天津外国语大学、同济大学、苏州大学、南京师范大学、西北师范大学等国内机构发起成立了"中国符号学基地联盟"，以共同推进中国符号学的发展。从2008年至今，我国传播符号学发展处在一个高峰期，参与人数、学术发表量乃至涉及学科都有了极大的拓展。

应当说，经过近40年的努力，中国符号学发展确实取得了长足的进步。在老一代学者的引领、培养下，该领域的新一代学者的学术素养并不

---

① 曾庆香：《认同·娱乐·迷思：北京奥运会开幕式的符号分析》，《当代传播》2009年第5期

输于大洋彼岸的同人。摆在当今中国传播符号学研究者面前的问题转而成为：中国符号学以何种姿态处身全球化学术语境。换言之，若今天正在发生的知识更新在符号学领域引发的变革，将酝酿第三次世界性符号学运动，那么中国学者将如何跻身国际学界？

此问题的答案，或取决于中国学者如何解答人类面临的符号传播与文化变革共通问题。可以观察到，全球学界正在进行一场新的赛跑，且几乎站在同一起跑线上。并且，当今国际符号学发展涌现出许多新的动向。如：塔尔图学派在继承科学与文化交融传统的基础上在生命符号学领域有所拓展；当代美国符号学的研究具有方法论的综合性色彩，并在认知论、行为主义及非语言主义方向卓有成就；法国符号学发展表现出极强的语言文学特性，并与后结构主义文化研究发生融合。① 以艾科为代表的意大利符号学界，在艺术门类结合方面成绩突出——建筑、绘画、电影均有出色成绩，并在一般理论方向上关心意识形态研究。其中，意大利都灵学派的社会符号学特色鲜明；德国符号学则依然体现出优良的哲学传统，并与现象学传统、存在论传统以及阐释学传统融合；北欧符号学既具有浓厚的哲学思辨色彩，又融合了经验研究的新技术手段。丹麦、芬兰、瑞典等国的符号学结合了主体哲学、认知学等跨学科传统，与美国的系统论（贝特森）语用论及行为主义（莫里斯）传统遥相呼应。

纵观当今国际符号学界，多元化、流派融合的学术话语为新理论提供了足够多"素材"——它们就像一锅适合新事物发生的"原子汤"。更重要的是，当今传媒文化的剧变，为符号学乃至整个人文科学供了理论创新条件，同时也提出了亟待解决的现实问题——物理学对宇宙起源解析的突进冲击了哲学与宗教的世界观；人工智能正在改写"智域"的主体和边界；媒介剧变重铸着人类社会连接结构；生物工程，尤其是基因科学的进展，让人类不断尝试僭越造物主的角色……。

与此相对的是，在人类技术文明进步的同时，人类的生活意义却进入了空前危机：消费社会的物化和异化使得传统社会的信仰边缘化而伦理缺失；数字化生存的现实让"真""谬"关系发生了某种不对称的"后真相"转

---

① 李幼蒸：《理论符号学导论》，社会科学文献出版社，1993，第22页。

向；诉诸感官沉浸的碎片信息令传统文化生活的仪式感走向消失。在内爆的信息冲击下，人们失去了意义的追寻方向。国与国之间、民族与民族之间的文明冲突却没有因媒介技术带来的传播便利而稍减——恐怖袭击、暴力冲突甚至大屠杀有了更大规模的杀伤性手段；核威胁、生化武器以及具有更恐怖杀伤力的人工智能武器，仍是悬在全人类头上的达摩克利斯之剑。

这个时代对"意义交流"的需求比以往更加凸显，构成了学术发展的问题导向。而问题发展的基础则植根于所在的知识传统。做出卓越贡献的学者，也必然植根于其所在的学术土壤。符号学界常常热衷谈论皮尔斯与索绪尔的区别，但从学术传统的根源来看，他们的理论却有着共同的西方哲学起点：从研究对象来看，古希腊以来的语言逻辑修辞传统在索绪尔的理论模式中得到了充分体现。众所周知，索绪尔将研究范围界定于"以表音体系，且是以希腊字母为原始型的表音体系"①，这一研究对象即是西方语音中心主义的承袭。而皮尔斯的符号学起点，是亚里士多德以来的西方逻辑学。皮尔斯的逻辑修辞符号学模式，在某种意义上可看作是他的理论抱负——"构建亚里士多德传统能适应于各门学科的科学的逻辑"——的结果。此外，据说皮尔斯能背诵康德的《纯粹理性批判》。另一位康德主义的继承人——恩斯特·卡西尔则提出了"人是符号的动物"这一关于"人"的新定义。

上述学者的理论，都深刻植根于特定文化土壤与理论传统，并与社会发展的需求相结合。就西方符号学的知识传统来看，"东方中国符号"无论是作为对象，还是作为理论思考方式，都未能被恰当地纳入考虑。包括汉字在内的中华传统符号也仅仅是偶尔被作为"东方符号奇观"而加以误读式关照。这种忽略"文化生成生态"的"线性符号达尔文主义"②，其根本指向有悖于文化的多样性本质。

由上，摆在中国学者面前的课题，是对传播学和符号学的双重创新——既融通传统中国文化符号遗产，也接轨当下独特的中国传媒变革现

---

① 费迪南·德·索绪尔：《普通语言学教程》，高名凯、岑麒祥等译，商务印书馆，1980，第51页。
② 胡易容：《符号达尔文主义及其反思：基于汉字演化生态的符号学解析》，《兰州大学学报》（社会科学版）2018年第3期。

实。在这场学术创新话语竞赛中，中国学者提出的理论模式或贡献，应然是基于中国问题生发的，同时关涉"人类意义共同体"的一般规律。由此，当下中国传播符号学者在国际学界的发声，也应有意识地从追随西方理论的阐释，转向融通中西与新意独出并重。其中，涉及中国的对象问题的思考，则必须走出"东方主义"式二元对立框架，以越出仅仅通过与"西方"的比较来实现自身意义的存在。同时，中国传统文化符号思想所蕴含的"意义"必须在"人类意义共同体"的整体语境下被关照和阐发——这应是中国传播符号学界努力方向，也是本套丛书的初衷。"传播符号学丛书"是四川大学"符号学-传媒学研究所"（ISMS）发起并策划出版的一套丛书，旨在推进"传播符号学"的学科建设。本套丛书包括"国际视野"与"理论探索"两个子系列：前者主要译介传播符号学领域的国外优秀成果，旨在展现国内外传播符号学交叉发展的前沿视野和最新动态；后者力图展现中国学者在传播符号学领域的探索和努力。此种兼容并包的思路，是希望读者从这套丛书中能直观比较当前传播符号学国内外学者的视点，同时也在国际学术对话中为推动中国哲学社会科学话语体系的建构而尽绵薄之力。

胡易容

己亥夏四川大学竹林村

目录

导　言 ································ 温弗里德·诺特　宁娜·毕莎娜 / 1

第一部分　自我指涉的媒介：理论框架

媒介中的自我指涉：符号学框架 ························ 温弗里德·诺特 / 9
自指性文化中的扭曲、虚构和揭示：难以抗拒的真实
　之力 ······································· 文森特·科拉彼特罗 / 31

第二部分　自我指涉的印刷广告

广告中的各种自我指涉 ····················· 西格弗里德·J. 斯密特 / 45
元图画与自指的图画 ··························· 温弗里德·诺特 / 59
"绝对的匿名"：不透明广告中的自我指涉 ············· 宁娜·毕莎娜 / 76

第三部分　自我指涉的摄影

自我指涉中的摄影之死 ······················· 温弗里德·诺特 / 91
玛丽莲：对相机凝视的盘点 ··················· 凯伊·克尔齐曼 / 102

第四部分　自我指涉的电影

自指的银屏：一种综合模式的轮廓 ………… 格洛里亚·维塔尔姆 / 117
媒介的/媒介中的怀旧 …………………………… 安德里亚·博恩 / 135
动画电影中的自我指涉 ………………………… 让·西博尔特 / 146

第五部分　自我指涉的电视

论自我揭示作为一种视听指涉性模式的运用 …… 费尔南多·安达赫特 / 157
新中之旧：电视里电视历史呈现过程中档案材料的
　形式与功能 ……………………………………… 乔恩·布莱赫尔 / 173
唯秀而已：作为自我促销的自我指涉
　…………………… 卡林·普林格尔　加布里埃尔·西格尔特 / 184

第六部分　自我指涉的游戏

电脑游戏：自我指涉的缩影 …………………… 露西亚·桑蒂拉 / 197
电脑游戏中的自我指涉：一种形式主义方法 …… 博·坎普曼·沃尔舍 / 209
玩耍和（电脑）游戏中的元交流 ……………… 布里塔·奈泽尔 / 227
电脑游戏中的自指性：案例分析 ……………… 博恩哈尔德·拉普 / 244

第七部分　其他自我指涉的艺术

透过电脑屏幕而视：网络艺术中的自指性 ………… 玛丽-洛尔·莱安 / 257
艺术家及其身体自我：数字艺术/媒介中的自我指涉
　………………………………………… 克里斯汀娜·卢恩伯格 / 277
元小说和元音乐：探索元指涉的若干限制 ……… 维尔纳·沃尔夫 / 288

核心参考书目 …………………………………………………………… / 307

导　言

温弗里德·诺特　宁娜·毕莎娜

　　交流，传递信息，根据大众传播者所自陈的伦理而论，正是媒介的目的。信息及其交流意味着他性（otherness）：它们是关于信息和交流之外的某种东西，关于发生在其他地方和时间、由某个自身言说给其他人的某种东西。可是，尽管有这些他性的维度，信息、交流以及媒介又始终与其自身有关：自我指涉性质的关于信息的信息、关于交流的交流、关于媒介的媒介。街头示威者呐喊出他们的公开宣言，不仅吸引听众注意到他们的信息，而且通过自己的声音、措辞、姿势和表情激发起听众的想象。与其他媒介相比，报纸不仅提供给读者关于这个他性世界的信息，而且提供它如何、为何如此有效提供信息的信息。电影不仅带来关于男女主人公与时俱进的新故事，而且它们激发起人们对于传递关于这些男女主人公的信息的那些人——男女演员——私人生活的浓厚兴趣和好奇心。

　　本书的论题，就是媒介变为自我指涉（self-referential，某些研究者更喜欢使用 self-reflexive 这个表达）的种种方式，以及在何种程度上，媒介（media）就不再在真实或虚构的世界与其受众之间斡旋（mediate）——媒介装作是与这真实或虚构世界相关，装作是要启迪、劝导或者娱乐其受众。媒介及其受众均被纳入其中的那些自我指涉性的网络——实际上，我们都是如此意义重大地被其所塑造的——将会在以下各章中得到深入考察。

　　本文集中所有论文以七个部分来呈现。第一部分"自我指涉的媒介：理论框架"介绍查尔斯·S. 皮尔斯的符号学启发下，关于指涉和自我指涉研究的两种理论方法。在《媒介中的自我指涉：符号学框架》（Self-reference in the Media：The semiotic framework）这篇主旨论文中，温弗里德·诺特（Winfried Nöth）将这个总体性论题置于后现代性文化背景之中，梳理其跨学科意涵，为将媒介中的自我指涉作为一种关乎层次与程度的东西加以研究勾勒出一个系统性框架。文森特·科拉彼特罗（Vincent Colapietro）探讨的是《自指性文化中的扭曲、虚构和揭示：难以抗拒的真实之力》（Distortion, Fabrication, and Disclosure in a Self-referential Culture：The irresistible force of reality），他在皮尔斯真实论的背景下对真实、指涉和自我指涉等概念进行考察，揭示出诸如电视、收音机以及互联网等媒介如何构成错综复杂又堪称孤立隔绝的自我引证、自我评论之网。

第二部分"自我指涉的印刷广告"，研究了印刷媒介广告的图像和文字信息中的自我指涉。西格弗里德·J. 斯密特（Siegfried J. Schmidt）在其对于广告的指涉循环的分析中，针对其与其他社会体系的关系，引入了一种系统的理论视角，同时，他提出一种关于《广告中的各种自我指涉》（Modes of Self-reference in Advertising）的分类方法。基于《元图画与自指的图画》（Metapictures and Self-referential Pictures）之间的区别，温弗里德·诺特揭示了广告中的图画是如何成为关于图画的图画的，宁娜·毕莎娜（Nina Bishara）在《"绝对的匿名"：不透明广告中的自我指涉》（"Absolute Anonymous"：Self-reference in opaque advertising）中，探讨了广告中那些让理解广告变得更为困难的诸多不透明要素如何、为何引起一种媒介中的自我指涉。

第三部分"自我指涉的摄影"，开始的一篇是温弗里德·诺特《自我指涉中的摄影之死》（The Death of Photography in Self-reference），这个论文标题具有暗喻意味，论文中，作者对数码摄影中指涉对象的所谓缺失进行了考察，艺术摄影尤其是关注重点。之后是凯伊·克尔齐曼（Kay Kirchmann）的论文《玛丽莲：对相机凝视的盘点》（Marilyn：A paragon of the camera gaze），研究了玛丽莲·梦露所提供给媒体的照片中诸多自我观察和自我呈现模式，这些照片出自1999年ARTE出版的《百年百照》（Les Cent Photos Du Siècle/One Hundred Photographs of the Century）系列。

第四部分"自我指涉的电影"关注的是电影中的电影、指向其他电影的电影、电影中对其他电影的引用，以及电影自我指涉所产生的怀旧意味。格洛里亚·维塔尔姆（Gloria Withalm）带来关于《自指的银屏：一种综合模式的轮廓》（The Self-reflexive Screen：Outlines of a comprehensive model）的思索，并在罗西·兰迪的社会符号学基础上，针对电影中众多自指性形式，描画出"一种综合性模式的轮廓"。安德里亚·博恩（Andreas Böhn）的论文《媒介的/媒介中的怀旧》（Nostalgia of the Media/in the Media），探讨了作为电影自我指涉的怀旧、记忆、铭刻、遗忘，而让·西博尔特（Jan Siebert）在论文《动画电影中的自我指涉》（Self-reference in Animated Films）中，选取卡通片中的众多例子，对自我指涉的场景和手段进行深入考察，证实幽默、悖论和自我指涉之间存在密切的关联关系。

"自我指涉的电视"是第五部分的主题。在《论自我揭示作为一种视听指涉性模式的运用》（On the Use of Self-disclosure as a Mode of Audiovisual Reflexivity）一文中，费尔南多·安达赫特（Fernando Andacht）对《老大哥》和 E. 库汀霍的一部纪录片进行了研究，阐明这种虚幻的悖论：自指性在这些节目的播出中是一种为"真实"现实提供额外证据的一种媒介手段。在《新中之旧：电视里电视历史呈现过程中档案材料的形式与功能》（The Old in the New：Forms and functions of archive material in the presentation of television history on television）一文中，乔恩·布莱赫尔（Joan Bleicher）阐明，电视的视觉语言，在越来越频繁地呈现回顾电视自身历史的那些档案材料中，已经变为自我指涉的了，由此产生出一种关于媒介的集体记忆。从媒介经济学的角度，卡林·普林格尔（Karin Pühringer）和加布里埃尔·西格尔特（Gabriele Siegert）在《唯秀而已：作为自我促销的自我指涉》（There's No Business without Show-business：Self-reference as self-promotion）中，以统计证据表明，自我促销如何已经变成大众媒介中最重要的自我指涉形式之一。

电脑游戏是第六部分的主题，被命名为"自我指涉的游戏"。《电脑游戏：自我指涉的缩影》（Computer Games：The epitome of self-reference）是露西亚·桑蒂拉（Lucia Santaella）的观点，她在论文中提出了关于游戏中七种类型自我指涉的分类法。博·坎普曼·沃尔舍（Bo Kampmann Walther）提出《电脑游戏中的自我指涉：一种形式主义方法》（Self-reference in Computer Games：A formalistic approach）用以研究电脑游戏中的自我指涉，此方法将规则、策略和互动模式当作核心元素，来考察电脑游戏何以以及在何种程度上能够被定义为复杂的动态系统。布里塔·奈泽尔（Britta Neitzel）在她的论文《玩耍和（电脑）游戏中的元交流》（Metacommunication in Play and in [Computer] Games）中表示，格里高利·贝特森的玩耍理论对于游戏的研究具有根本性作用。本部分结尾的文章是博恩哈尔德·拉普（Bernhard Rapp）的《电脑游戏中的自指性：案例分析》（Self-reflexivity in Computer Games: Analyses of selected examples），论文进行了例证分析并对未来关于本主题的研究提出了设想。

第七部分围绕"其他自我指涉的艺术"这个主题，三篇论文涉及网络艺术、身体艺术和音乐等各具特色的领域。玛丽-洛尔·莱安（Marie-Laure Ryan）在其论文《透过电脑屏幕而视：网络艺术中的自指性》（Looking through the Computer Screen: Self-reflexivity in net. art）将自指性置于从《堂吉诃德》开始的文学史语境，证明自指性在互联网上的数字艺术中具有压倒性优势。克里斯汀娜·卢恩伯格（Christina Ljungberg）在《艺术家及其身体自我：数字艺术/媒介中的自我指涉》（The Artist and Her Bodily Self: Self-reference in digital art/media）中，以视觉艺术家兼表演家洛莉·安德森、影像/数字艺术家赛琳娜·特瑞普以及媒介艺术家查尔·戴维斯等人的多媒介作品为例，建构了一种关于数字艺术中自我指涉程度和形式的类型学。本部分最后一篇论文，同时也是本书收入的最后一篇论文，是维尔纳·沃尔夫（Werner Wolf）的《元小说和元音乐：探索元指涉的若干限制》（Metafiction and Metamusic: Exploring the limits of metareference）。沃尔夫提出了一个不同于狭义自我指涉的元指涉定义，在此基础上，她运用新的分类工具，对元音乐进行了比较研究，并且就未来关于该主题的研究提出了一个综合性方案。

本书是关于媒介中自我指涉这个研究课题的主要成果，特别关注广告、电影、电脑游戏等，该课题于2003年至2006年在卡塞尔大学跨学科文化研究中心进行。此项研究得到德国研究会（DFG）的资助，由温弗里德·诺特主持，合作者包括宁娜·毕莎娜（卡塞尔大学）、布里塔·奈泽尔（现任职于锡根大学）以及卡林·温茨（现任职于马斯特里赫特大学）。除了个别，本书收入的论文都曾提交"媒介中的自我指涉"国际会议，该会议由温弗里德·诺特、布里塔·奈泽尔、宁娜·毕莎娜等在DFG项目框架下组织，2005年7月于卡塞尔大学召开。

感谢DFG对本书的资助以及卡塞尔大学提供必要的设备。尤其值得一提的是，在DFG支持下，"媒介中的自我指涉"这个研究课题与圣保罗天主教大学的符号学与交流研究这个研究生项目达成相互合作，因此有露西亚·桑蒂拉、文森特·科拉彼得罗以及费尔南多·安达赫特等人加入本书的撰稿者队伍。

同时感谢仁尼拉·甘巴拉托博士对几处图表的优化，以及迪耶娜·雅娜卡特在编排方面提供的帮助。

第一部分

自我指涉的媒介：理论框架

媒介中的自我指涉：符号学框架

温弗里德·诺特

1 后现代性中与媒介中的自我指涉

自我指涉是一个讨论得非常多的后现代性特征（Lawson 1985；Nöth 2001；Petersen 2003）。在一个似乎一切都已经被言说过了的时代，"宏大叙事"已经失去其可靠性，呈现已经不再能够呈现（Lyotard 1979：27）。为了逃离这种窘况，文学、视觉的和视听的艺术与媒介已经越来越变得自我指涉、自我反映、自成目的。

不是去呈现某种听到、看到、经历过的东西，或者社会生活、文化和自然中所经验的东西，记者、商业艺术家、设计师和电影导演越来越多地为我们报道的，是媒介中之前看到过、听到过或报道过的东西。媒介人变成了对呈现进行呈现。不是去叙述，而是去叙述他们如何叙述、为何叙述，不是去拍电影，而是去拍他们拍电影。新闻越来越多的是关于新闻中已经报道过的东西，电视节目越来越多地关注电视节目，即使是广告，也不再是关于产品和服务，而是关于广告。媒介的信息都是关于媒介的信息，其源头已经变得难以追踪。在文学中，虚构已经成为元虚构，小说已经成为元小说，文本成为互文本，其所指涉的不是生活而是其他文本。最后，同样重要的是，现在的艺术成了关于艺术的，即使建筑也成了关于建筑的。

媒介被用于描绘世界，而画面和电影的数字化将媒介从对世界的事实指涉这类束缚中解放出来，这种数字化对于自我指涉的增长起到了推动作用。在影片中消极地留下纪录片痕迹的世界不再是源头，新媒介的画面已经变成数字成像和艺术加工的结果，按照产出它们的手段而论，源头在符号机器的软件之中（参见 Nöth 2002）。

在对文化中和媒介中自我指涉的当下之思中，一个最突出的征象也许是近来的"文化恶搞"（culture jamming）（Klein 2000，Chapt. 12），行动者们在公共场所和城市空间中，通过诸如反转广告、涂鸦、快闪、网络入侵、域名抢注或者反向监察等方式，展现其对这个消费主义、全球化、社会监察时代的反抗（参见 http：//en. wikipedia. org，16. 05. 06），从而创造出一种自指悖论：他们依赖媒介，反过来对媒介进行攻击。

2 作为一种多学科研究课题的自我指涉

对自我指涉以及诸如自我相似性、自我组织、自我创生、复制或重复等相关现象的研究，对于各个研究领域而言都可谓有趣的课题。巴特勒特（Bartlett 1987：10 – 24）对多达 21 个领域（从神话学到神经生理学）的相关主题和研究进行了综合性概览，以下是其中一些有待在细节方面展开的领域：语言学（自指性）、空间与时间（环路、圈层、莫比乌斯带）、法律（自指的和自我限制的法律，合同的相互性）、经济学（商业循环）、游戏理论（允许自我修正的规则）、人类学（萨丕尔 – 沃夫假设：文化对语言的决定性以及此种意义上的文化）、神话学（宇宙循环）、精神病学（自恋）、心理治疗（贝特森关于玩耍和双重束缚的理论）、神经生理学（神经网络）以及普遍系统理论（Nöth 1977）。接下来我们将对自我指涉方面的最新研究进行概述，不过其中并不包括针对自我指涉的系统理论性方法，因为它们已经在别处专门运用符号学方法进行过评述（Nöth 2000b；Jahraus and Ort 2003）。

在自然科学领域，物理学和数学（混沌与分形：Peitgen, Jürgens, and Saupe 1992）、化学（耗散结构：Prigogine and Stengers 1984）、生物学（自我指涉，自我描述，自成目的：Hoffmeyer 1996：39 – 51），甚至气象学（蝴蝶效应）等学科中的复杂系统理论，有越来越多的证据，证明自然中自我指涉及其相关现象无处不在：自我观察、自我描述、自我组织、自我复制、自我相似、自成目的、反馈环路、迭代、复制、递归或者下向因果（Andersen et al. 2000），等等，这些是这一语境中的关键概念。

在计算机科学方面，图灵机的递归性（Winkler 2004：170-182）以及自主代理理论（Pattee 1995；Nöth 2002）都与自我指涉理论有关。譬如，当我们考虑到递归性的数学定义就是"使用调用自身函数的自身群组或函数"这样一个群组，递归与自我指涉之间的密切契合就显而易见（http://www.mind-graph.net/foundations/mathematical/recursivity.htm，16.05.06）。

逻辑和语言哲学已经特别注意到自我指涉，诸如同义反复、以待证者为证以及其他语义循环类型（Myers 1966），或者导向自相矛盾和悖论的各种自指性的假设。人们着重关注了元语言中所隐含的各种自我指涉形式（Hofstadter 1979，1985）以及悖论（Whitehead and Russell 1910；Bartlett and Suber 1987；Fitch 1987；Bartlett 1992b；Scheutz 1995；Schöppe 1995）。其他哲学方面的自我指涉，包括了哲学上的自指性（Nietzsche，Heidegger，Derrida：Lawson 1985）、关于自我及其身份的现象学（Büttner and Esser 2001）、自觉意识问题（Potthast 1971；Colapietro 1989；Kienzle and Pape 1991）——这也是认知科学中的一个课题（Brook and DeVidi 2001），此外还有有关自我反映、自我呈现、自我象征等课题，或者美学中以自身为目的所起到的作用的课题（Shir 1978；Luhmann 1984；Menninghaus 1987；Nöth 2000a：425，432；Metscher 2003）。

除了美学，文学研究是有着最为长久的自我指涉理论传统的研究领域之一，因为文学的本质通常正是用暗含自我指涉的方式来描述的。这一领域中的关键概念是美学方面的自我象征（Shir 1978）、自我呈现（Hempfer 1976：70，129；Jay 1984；Johansen 2002：174-288）、文学自主、自治或者文学的自成目的功能（参见 Nöth 2000a：458）。尽管这些理论大多数是在诗歌背景下发展起来的，常常与雅克布森关于诗歌语言是一种自我指涉的语言这一定义有关（Jay 1984；Whiteside 1987；Block 1999；Nöth 2000a：453；Johansen 2002：174-182），散文和戏剧中的自我指涉则是一个更新的课题。学者们首先是 20 世纪 70 年代在元语言这个主题下对其展开研究（Smuda 1970），后来又将其作为元文本，尤其是元虚构（Waugh 1984；

Siedenbiedel 2005），或者元小说（Zavala 2000）。在对叙事的研究中，课题也被置于自指性（Stam 1992）、自我反映（Hempfer 1982；Scheffel 1997；Huber, Middecke, and Zapf 2005）或者严格意义上的自我指涉（Wolf 2001；Krah 2005a，2005b）等普泛性主题之下。对该课题的综合性梳理可以参看谢费尔（Scheffel 1997）和沃尔夫（Wolf 2001）的著作。

关于语言的语言，关于虚构的虚构，或者关于小说的小说，这些在一个非常普泛的符号学层面是显而易见的研究自我指涉的课题。互文性理论（Broich and Pfister 1985）蕴含着相似的普泛性自我指涉模式，因为它研究的是文本指向文本的方式而非指向文本主人公那些冒险事迹。元虚构包括对于文本的反思，这些反思正是在该文本中被叙述，它们有可能被描述成在标识一种更高程度的自我指涉而非互文性。互文的指涉也标识对于文本的指涉，但这些指涉是指向其他文本的。

和文学一样，音乐和传统视觉艺术自哲学美学经典著作起，在其经典定义中就都内含自我指涉。"为艺术而艺术"、自足性、自指性一直是这一传统中的关键概念（参见 Nöth 2000a：434，426 - 427）。后现代性以来的新趋势就是，艺术家们开始在其艺术作品中系统地对艺术进行反思，因而艺术已经成为关于艺术的艺术（Lipman and Marshall 1978），甚至建筑已经成为关于建筑的建筑（Wittig 1979）。对视觉艺术中的自我指涉关注越来越多，这一点明显的体现就是，视觉艺术作品中当下对于呈现和展示艺术家自己的身体自我这种兴趣（参见 Santaella 2004；Nöth and Hertling 2005；Nöth 2006；Ljungberg，本书相关文章）。

媒介研究对自我指涉是每种媒介的根本这种观点进行了探讨。在媒介历史的回顾中每种单一的媒介都有其指向既往的历史轨迹。媒介今天越是相互作用和转向媒介交互，它们在自我指涉循环中就越是指向媒介。这些正是部分理由，让麦克卢汉（McLuhan 1964）宣称，媒介即信息。这一著名论断含义丰富，其中蕴含了这样的观点：媒介中的每个信息都既指向它自身的媒介，又指向其他媒介，由此，信息部分地具有了自我指涉的特征。麦克卢汉（McLuhan 1964：8）在其"媒介作为人的延伸"这一非常广阔的概念基础之上，对这一论断进行了发展，根据他的看法，即使是光，也是一种媒介：

电光是纯粹的信息。它是没有信息的媒介，除非将其用于拼读某个文字广告或者名称。这一事实，所有媒介都具有的特点，意味着任何媒介的"内容"始终是另外一种媒介。写作的内容是说话，正如书面文字是印刷的内容，印刷则是电报的内容。如果被问起"说话的内容是什么？"必然的答案是，"是思考的实际过程，其本身是非文字的"。

要注意，关于媒介中的信息在甚至包括作为媒介内容的思想在内的无限符号活动中如何循环这番描述中，被描述为最具自我指涉性的媒介是光。没有信息却传递"纯粹信息"的媒介，只能是仅仅指向自身的媒介。所有其他媒介在其指向其他媒介的程度上标识自我指涉，这意味着一种分开的指涉。在媒介指向媒介的程度上，媒介是自我指涉的；在媒介指向其他媒介的程度上，这种指涉是（别）指涉性质的（参见下文）。

媒介交互性（Müller 1996；Paech 1998；Spielmann 1998；Helbig 2001；Rajewsky 2002）、媒介中的媒介（Liebrand and Schneider 2002）、媒介变化（Ort 2003），以及再媒介化（Bolter and Grusin 1999）——也就是在数字媒介中重新塑造传统媒介，某种方式上，正是研究与麦克卢汉论断相关的媒介中自我指涉的若干课题。从其他不同角度看，媒介中自我指涉的研究语境包括电影（Karpf, Kiesel, and Visarius 1996；Kirchmann 1996；Paech 1998；Buckland 2000：53–76）、电视（Withalm 1995；Frieske 1998；Bleicher 1999）、杂志（Marcus 1997；Blöbaum 1999；Kohring 1999；Weber 1999）以及广告（Schmidt and Spieß 1996）。进一步的参考，可以阅读本文集中诸篇论文。

与其他文化领域有关的自我指涉的不同方面在霍夫斯塔德那里得到了探讨（Hofstadter 1979，1985），他表示，自我指涉是文化创造性的根本（又见 Schöppe 1995），尤其是对幽默和悖论而言。从漫画到摇滚音乐和视频剪辑的流行文化中的自我指涉，是杜恩（Dunne 1992）关于元流行那本著作的主题。特别与自我指涉有关的文化符号学课题，有镜子符号学（Eco 1984；Ort 2003）和时尚符号学。正是巴特（Barthes 1967：287）将时尚描述为"同义反复系统"，这个系统只有通过自身方能自指性地明确自身，这样一个符号系统"去掉了内容却未去掉意义，是一台加工意义却从未对其进行修理的机器",其唯一的目标就是"让无意义的变得有意义",或者,如戈贝尔(Goebel 1986：476)所说,它是一个永远传递同一信息的系统:时尚因此是"除了同义词外别无他物的一种语言"。

在对后现代文化中越来越多的自我指涉现象做出阐释的过程中,我们发现有"天谴式"(apocalyptic)批判以及与之相对的"集成式"(integrated)批判。波德里亚(Baudrillard 1976,1981,1991)属于前者,他哀叹的是指涉对象消失在一个越来越变得自我指涉的世界中,在这个世界,真实已经退化为被建构的、被仿造的、虚拟的真实。后者把自我指涉解释成在一个对于终极真相失去信心的世界中,代表不断增进的批判性意识的一种东西(Lawson 1985)。不过,集成式批判可能在面对后现代自我指涉困境时缺乏批判距离,天谴式批判则因为它们难以解释它们所哀叹的那些指涉对象的性质,有发现自身陷入悖论的危险(Nöth 2001；Nöth and Ljungberg 2003)。

3 自我指涉与指涉:符号学前提

在目前的对于媒介中自我指涉研究课题这个框架之中(参见 Nöth 2005b),自我指涉这个概念是在与巴特勒特(Bartlett 1987：6)所提出的轮廓类似的一个非常广阔的意义上来使用的,巴特勒特的出发点是对于人类思想中自我指涉的如下反思:

> 当我们把思想用于理解思考的性质之时,当我们试图认识认识中所涉及的各种预设前提之时,我们明确的是这样一个任务:本质上,它涉及我们应该研究的主题。这种类型的各种自指现象涉及广泛:社会学、人类学、生物学以及许多其他学科,如我们将看到的,它们都展现出形形色色的自我指涉。想要理解自指性,让人感到就像是想要通过鞋带把自己举起来。

我们自己的出发点是符号学性质的:任何一个符号,如果它指向自身或自身诸方面，就是自我指涉符号。如果符号并非仅仅指向自身，而是指向符号的部分、方面、构成要素或元素，那么它们在一个有待明确的程度上是自我指涉性质的（参看下面关于其层次和类型的讨论）。

这里所说的广义上的自我指涉，既包括有时被用作自我指涉的同义词的许多概念，又包括媒介和文化研究语境中某些作者明确与自我指涉相区别的某些概念。最常用的同义词是自指性（reflexivity）（Whitehead and Russell 1910; Lawson 1985）。特别典型地，两个词都出现在同一本书中（Bartlett and Suber 1987），即《自我指涉：关于自指性的反思》（*Self-reference: Reflections on Reflexivity*）。其他用到的可替代术语还有 self-reflexivity（Huber, Middecke, and Zapf 2005）、self-representation（Johansen 2002: 174–288），或者 autoreferentiality（Pavličić 1993）。

一些作者是把这些替换性概念和自我指涉分开来用的。与这些分别相关的内涵如下。Reflexivity 和 self-reflexivity 的内涵，譬如，在浪漫主义哲学传统（Menninghaus 1987）、现象学传统（Lawson 1985）或者人类学（Babcock 1980）等之中，是对于作者自身的写作过程或者自我认知以及自我意识的反思; self-representation 通常在美学语境中更受偏爱（Metscher 2003）。在文学符号学语境中，约翰森（Johansen 2002: 174–288）用的不是 self-reference 而是 self-representation（与 other-representation 相对）。从皮尔斯符号学的角度看，这种术语决定是可以理解的，因为在皮尔斯符号理论中，关键的概念是"再现"（representation）而非"指涉"（reference）。沃尔夫（Wolf 2001: 56）做出区分，认为 self-reference 是"非认知的"，而 self-reflection 则是一个认知过程，并用前者来描述文本的诸多重复现象，用后者来标识对于作者自我的反思（可参看其收入本书的那篇论文）。在卢曼（Nikolas Lumann）的系统理论中是没有这种区分的；通用词始终都是 self-reference。卢曼的概念是非常根本性的：这个词指的是一个有生命系统在与非自我——其环境——的互动中，建构向着自身的指涉那种能力和倾向（参见 Nöth 2000b）。

对自我指涉的研究要求澄清其反面，也就是指涉。按照定义，指涉，与自我指涉相对，表示指向其他的某物。当这个术语被与自我指涉对立使用的时候，它又被称为"别指"（alloreference）、"异指"（heteroreference）

（Wolf 2001）或者"他指"（other-reference），与卢曼所用的德文术语 Fremdreferenz（非自我指涉）非常接近。

指涉到底是什么，指涉到底意味着什么？尽管对于"指涉的不可解性"争议颇多（参见 Geach1970；Evans1991；Katz 2004），巴特勒特（Bartlett 1987：5）还是理所当然地使用到这个概念，他把指涉当作人类交流一个不可或缺的构成要素，宣布"没有范围广泛的指涉能力，我们将被剥夺思想、记忆和感受"，于是，"这个世界，当我们感知它、记住它并将其概念化的时候，由于缺乏适当的指涉能力，坍塌成了不可能"。不过，指涉真是人类交流一个不可或缺的元素、符号学中一个不可或缺的术语吗？众所周知，费迪南·德·索绪尔（Ferdinand de Saussure）几十年都禁止指涉进入语言语义学，皮尔斯很少使用这个术语，语言学家罗曼·雅克布森则把语言的指涉功能仅仅定义为言语交流六种功能之一，所有这些功能都与指涉这个概念不同，尽管它们并不排除信息在一定程度上是指涉性质的这种可能性（参看下文关于符号学悖论和程度的探讨）。

英语中，当下意义中的指涉这个概念是马克思·布莱克（Max Black）在把戈特洛博·弗雷格（Gottlob Frege）用德语表示的"Sinn"（意义）和"Bedeutung"（意谓）这组双分对立翻译成"sense"（意义）和"reference"（指涉）时引入的（Münch 1992：385；Nöth 2000a：152-154）。按照这一传统，"指涉"被定义为言语表达与其所指的可观察事物或品质之间的关系；它所指的被称为其"指涉对象"（referent，extension，或者 designatum）。一个指向指涉对象的表达，表明它是单个的或群体的物体、行为或者事件（Kempson 1977：13）。譬如，"国王"（king）这个词，在新千年之际，指西班牙和瑞典的现任国王以及这些国家和其他国家过去的那些国王。相比之下，意义则包括在使用或者理解这个词的那些人脑海中所唤起的想法或者概念。"国王"这个词具有"作为皇室后代统治一个国家的男人"这一概念意义。

按照这种逻辑语义学传统，一个词有意义但没有指涉是有可能的。在2000年，"法国现任国王"这个表达是有意义的，它有意义是因为我们理解与这个表达所用词汇相关的想法，但是，这个表达没有指涉对象，因为法国不存在它现在所指的那样一个人。尽管有些抽象之物，譬如指向由所有想象行为构成那类东西的想象之物，一些词是没有指涉的，因为它们指向的东西没有外延，譬如："and""or""what""whether""of"，以及"独角兽""第一位登月的女人"之类。

有关指涉作为该符号指涉或者指向的外部世界中某种东西这种逻辑理论，并不是没有争议。在索绪尔的结构主义框架中，语言学发展起来的是一种忽视了指涉理论几十年的语义理论（参见 Nöth 2000a：74-75）。一个言语符号的符号结构仅仅在其意义中被找到，而意义只在该符号与其他符号的关系中被研究，而不是在它与它的指涉对象的关系中被研究。反对从指涉维度展开研究，同样是建构主义和系统理论的特点。譬如，尼古拉·卢曼就认为自己把指涉对象从自己关于社会和文化系统的研究中排斥掉是合理的：

> 对于作为一种形式的符号，的确不存在什么指涉；这就是说：您要么用能指/所指这种区分，要么不用。不存在什么迫使您选择二者之一的"外在的"指涉点；也不存在关于选取首要的区分作为出发点的什么真理标准。这就是一种作为符号学而被建构起来的语言理论，必须抛弃语言外部指涉对象这个观念的原因。（Luhmann 1993：24）

不过，尽管有这种反对指涉理论的诉求，"自指"与"别指"在他关于交流、文化、媒介和各种艺术的系统理论中却是一个具有根本性的双分对立（参见 Nöth 2000b）。这两个概念都与观察有关。别指性质的观察瞄准的是系统（或者观察者）环境中的各种现象，自指则瞄准的是观察系统、观察者、观察过程或者交流过程（Luhmann 1995：15，28）。此外，与皮尔斯符号学和索绪尔符号学的基本规则正好相反，卢曼（Luhmann 1993：24）甚至把别指定义为"外在的指涉"（external reference），他宣称"操作方面封闭的、使用语言的系统（……）必须对自我的指涉和外在的指涉进行区分"。无论那可能是什么样子，显然，在没有采取弗雷格对于指涉的看法情形下，自我指涉这个概念能够被用到。

建构主义人士中，S.J. 斯密特采取的是与之类似的立场。一方面，他认为符号并不是在"话语之外的区域"得以定位，因此，不是在指涉对象中得以定位；另一方面，他却还是使用到指涉这个术语，尽管是在一个不同的意义上。指涉，按照斯密特的观点，并非关系到语义学，而是关系到语用学；它涉及的是交流的过程而非符号与指涉对象之间的关系。指涉，按照这种看法，"是从交流到交流的一种回返，它允许联结和接力"（Schmidt 1994：145），而自我指涉关系到交流如何指向交流（因此是指向自身）。斯密特甚至认定，符号和交流，因为本质上是关于符号和交流的，因而始终"首先是"自我指涉的。

自我指涉理论还有一些假设是从查尔斯·S. 皮尔斯的符号学推导出来的，对于媒介中的自我指涉这个研究课题的轮廓描述以及本书中几篇论文正是以之作为基础的。皮尔斯绝对不会同意弗雷格的指涉理论，指涉，无论作为名词（reference）还是动词（to refer）都不属于皮尔斯的基本用语（Nöth 2006）。皮尔斯提到的不是指涉对象或者外延，而是符号的对象（object of the sign），不是说符号指向其对象，而是说符号"表现"（represent）其对象。

皮尔斯所谓的符号所表现的客体，并不一定有外延，而且它根本不必是所谓的真实世界，因为符号或者理念可以是符号的对象。符号的对象是某种先于符号的东西，因而在符号活动中决定符号是对世界一种之前的经验或认知（参见 Nöth 2006）。这样的符号对象可以本身就是一个符号，而这，就是自我指涉以表现符号的符号开始的地方。

更狭义上的表示指向其他某物这个意义上的指涉，是指示符号——仅仅是皮尔斯三大类符号中的一类——的一种符号特征。譬如，"您""那里""那时"之类指向人、地点、时间的指示性词语，表示就说话人、说话之处和说话之时而言处在远端。指示符号通过许多其他方式明确并在这一意义上指向时间和空间中的物体和事件，譬如通过状语描述或者非言语的指点这一动作。不过，指示符号也能够标识自我指涉，即，在使用诸如"我""这里""现在"之类词语表现近端指示的情况下，这些词语指向的是说话人和说话的环境。相比之下，象征符号，譬如"猫""说话人"，在这一意义中是不指涉的；它们表现的是普遍性概念，与我们关于这些物体的经验相关。即使是像似符号，譬如说话人的相片，也不大能够被说成指向它们的对象。相片是表现或者显现对象；不是指向对象。

总结起来，皮尔斯不是用自我指涉，而是用了"自我表现"（self-representation）这个术语，但是，考虑到自我指涉这个术语在媒介理论中已经被更加广泛地接受，这里不使用自我表现这个术语。

4 符号的悖论以及媒介中自我指涉的度

符号，根据其中世纪的定义，是某种代表他物的东西：aliquid stat pro aliquo（参见 Nöth 2000a，2000b，2006）。如果我们不去关注某些与"代表"这个动词有关的东西，承认更大范围的关系动词即其解释，譬如"指""代表"或者"唤起（某概念）"等，公式被简化为一种在关于符号的所有定义中来考虑的二元关系。无论是二元关系还是三元关系，符号与符号所指或所代表的非此符号之外的某物之间的差异，这一基本假设在所有定义中都是会做出区分的：能指不是所指，符号既不是它的指涉对象，也不是它的客体，正如 A. 柯尔热布斯基所说，"地图"不是其"领土"（A. Korzybski 1933）。自我指涉因此产生出一种符号的悖论：符号不再指涉或代表其他的某种东西；它是其自身的客体，是其自身领土的一张地图。

的确，符号除了指涉功能之外还有其他功能。譬如，罗曼·雅克布森就在狭义的指涉这种功能之外至少区分出其他五种功能：表达功能、意动功能（询唤功能）、元语言功能、情感功能和诗性功能（参见 Nöth 2000a：105－106）。它们中的一些，譬如表达功能、诗性功能和元语言功能，的确标识出自我指涉的特征，因为它们都和关于信息发送者或者信息本身及其符号有关，但是，语言如果没有代表、指涉它所代表的世界这种潜力，尤其是如果它不在时间和地点中，语言就无法达成其进化、文化和社会目的。

如果符号的目的就是代表或者指向其他某物，那么，这个目的应该不太会是媒介中那些符号的特征。毕竟，"媒介"这个概念表示的是中介，而中介是一个符号活动的过程。"媒介"在查尔斯·S. 皮尔斯的符号学框架中甚至是"符号"的同义词，而皮尔斯甚至考虑用"符号"概念来替换"媒介"这个术语——在1906年，他感叹道："我的所有观念都太狭窄了。

如果不用'符号'的话，我是不是该说成'媒介'？"（MS 339：526）

媒介必须有能力告知、叙述或唤起来自另一时间和空间的事件、人物、地点和信息。它们做出这些的潜力将世界变成了一个地球村。没有指涉的全球性交流是不可想象的。为了满足其功能，媒介符号必须标识指涉或者表现这种潜力。任何来自大众媒介的信息，只要考虑到要陈述它，都必须是指涉性的，因为它是一个来自别处的信息，譬如电台，是关于发生或源起于世界上又一处的一个事件。即使是我们听到的音乐，也不是没有指向其他时间和其他地点的要素；爵士乐指向新奥尔良，桑巴指向巴西，巴赫指向17世纪的欧洲，但音乐本质上是自我指涉的，尤其是赋格曲艺术，它就是高度递归性质的，而且在这个方面是自我指涉性质的（Hofstadter 1979）。

因此，指涉和自我指涉明显是一个程度问题。不同程度的自我指涉是可以做出区分的：有仅仅指向自身的，也有部分指向自身部分指向其他东西的。媒介中没有什么信息可以完全没有自我指涉。即使是在日常的言语交流中，说话人表示本人是说话人，无论有意还是无意。《纽约时报》中的信息自指性地指向这份报纸的身份和地位；在左上角或右上角显示电视台的台标的每个电视画面，都自指性地指向这家电视台自身，而同时，每个画面又是一个异指信息，用于与所有其他电视台做出区别。美国总统一份关于伊拉克的声明是高度指涉的，因为它涉及非常遥远地方的事件，但它也是自我指涉的，因为该信息指向总统布什、他本人以及美国政治，还有他本人的语言——他发出这份声明时所用到的英语这门语言。

按照其信息是典型地自我指涉还是（异他）指涉，媒介彼此不同。且想想广告、电影和计算机游戏。广告就其根本而言是指涉的，因为它的目的是推广和销售产品或服务。为此，真正的自我指涉是反产出的；真正自我指涉的信息会无法满足其推出一则关于产品和服务的信息这一商业目的。尽管如此，广告却使用各种创造性的自我指涉手段来吸引消费者对信息的关注。与之不同，具有虚构和审美两种品质的故事片，却既是指涉的又是自我指涉的。它们的叙事情节是指涉的或者指示的（Bettetini 1971），因为它叙述的是主人公生活中的事件，它们的审美手段是以自我指涉为基础的，而且，如果利奥塔之宣称的宏大叙事已经终结是对的（Lyotard

1979：27），那么，电影中的自我指涉必然增多则是自然而然的。电脑游戏中，我们最终面对的是这样一种媒介，其中，异指从一开头就是次要的，因为玩耍和游戏产生出它们自身的自我指涉的世界，不同于我们由指涉性的事实和现实所构成的世界。

5　媒介中自我指涉的层次和类型

自我指涉在它所发生的媒介和信息的不同层次发生。自我指涉的程度与等级构成中的层次有关，等级制有从基本符号层次到复杂符号层次，也有从文本或信息层次到作为整体的媒介系统层次。譬如，一篇报刊文章（文本层次），如果是针对（它本身就属于其中的）总体性的媒体做出批判，那么，与一篇只批判报刊而非其他媒体的报刊文章相比，其自指性会低一些；作者对自己故事所做的自指性评论，与作者对于总体性的叙述原则所做的反思相比，（直接的）自指性更高，因为反思只是部分地指向将它包含在内的故事。

不同层次自我指涉之间的区别，在某些关于对各种形式自我指涉构成分类的建议中是暧昧不清的。在其他形式各异的自我指涉中，巴特勒特（Bartlett 1987，1992a），譬如，区分了与说话人意图有自指性涉及的陈述中，指示词层面，悖论句和重言句层面，以及语用或述行性质的自我指涉。而舒茨（Scheutz 1995：24）提出的分类，以自指性象征符开始，第二层次是自指性句子，第三层次是自指性理论。

下面所区分的媒介中自我指涉的各种层次，同样出于建立从最基础到最高级媒介中自我指涉层级系统这一雄心。头三个层次源自皮尔斯关于将解释项分为呈位（rheme）、述位（dicent）、议位（argument）的三分法（参见 Nöth 2000a：65－67）。呈位符号或呈位是语词或图画符号，处在等同于语言中词语或概念的层次。上述的自指性象征符号和指示性词语是呈位性的自我指涉。述位符号对应于语言中句子或陈述的层次。悖论和重言性句子属于这一层次的自我指涉。议位是从中通过前提得出结论的一系列句子。以待论证者为论据（petitio principii）这种谬误以及类似的循环论证标识的是议位性的自我指涉。

这些层次萌生自皮尔斯关于解释项的三个范畴，在对其的拓展中，处于如下更高层次的自我指涉形式可以分为：文本内部的、文本之间的和媒介之间的自我指涉以及陈述性的自我指涉。文本（内部）的自我指涉，关系到单个文本层次，譬如单个广告、电影或计算机游戏，而文本之间的自我指涉，关系到从一个文本到属于相同文类或者媒介的另一个文本的指涉，譬如，分别属于从一个到另一个的广告、电影或游戏。"媒介之间"（intermedial）这个术语会被用于指不同媒介或文类之间的关系，譬如绘画与电影、电影与游戏，或者广告与电影。

除了根据媒介中符号的等级秩序所区分的这些形式的自我指涉之外，还有三种形式的自我指涉可以根据重叠或合并上述等级类型的标准进行区分：陈述性的、像似性的和指示性的自我指涉（参见 Nöth 2007）。陈述性自我指涉与交流场合有关，描述关于符号言说人、撰写人、制作人或创作人的指涉，也描述关于听众或观众所起作用的指涉。像似性和指示性自我指涉与自我指涉性的像似符和指示符有关。并非专为媒介所独有的自我指涉，如交流基本的自指性（我们对我们交流进行交流），不在此种语境中考虑。

5.1 呈位性自我指涉：来自广告的例子

"可能，恰在可能"（Maybe, just maybe）是英国国家彩票的 1998 年的广告宣传语（Knowles 2004：4），它很到位地阐明了呈位性自我指涉。该广告语是一个语言性呈位，一个一切都不肯定、只表示可能的符号，同时，该广告语又是自我指涉的，因为它在其重复中指向同一内容，即，任何一种重复的形式都以一种像似性的自我指涉方式回指其自身。

呈位性自我指涉是广告中一种常用策略。它最为常见的一种形式是吸引消费者仅仅注意到品牌名称而对产品什么都不说。与之平行的策略是仅仅通过图片形式显示产品。两种情形中，信息都包括呈位性符号。与述位不同，呈位什么都不予肯定。譬如，没有内容表述、质量称道，这种广告仅仅在于显示，因而向着众多解释敞开。就像一个没有语境的词语，譬如"啤酒"，呈位并不特定地指明任何东西。它的意义指示一种可能性，它在时间和空间中的语境是不确定的。在广告中，关于产品的呈位性信息的意义被留给消费者的想象，但他们对于产品的先前了解是重要的。新产品是无法通过呈位性广告来推介的。

呈位性广告战略的原型是立在乡村高速公路上的经典可口可乐牌子。它显示的，直截了当的是有这种软饮料作为标签的可口可乐瓶子。"可乐，唯有可乐"（Coke, nothing but Coke）或者"永远可乐"（Coke forever）似乎是模糊的准同义反复性质的信息。因为它没有说这种饮料是否是好的、让人满意的或者独特的，似乎它认定消费者非常了解自身的各种品质。这种心照不宣的认定就是，它可以是同义反复，去重复每个人都知道的东西。然而，不去重复它，让信息同样冗余，因为，如果不需要被说出来，那么广告是有什么其他目的吗？这正是构成这些广告基本的自我指涉性的循环特征。

产品的呈位符号所传递的信息只是它名字或图片的信息，它们与广告牌具有密切关联，譬如，用一张鞋的图片表示一家制鞋店。不过，广告牌与呈位广告之间的区别在符号方面是重要的。制鞋店的符号也是一个呈位符号，因为它对应的只是一个词语，但与可口可乐不同，制鞋店符号在指示方面是指向特定地点的。它是一个呈位指示符，传递的是变指涉性质的信息："此处有制鞋的。"相比之下，呈位性广告只显示产品，不指向什么。如果不指向特定物品，它们就是呈位像似符，它们标识的是该产品的品质而不是该产品。因为它共同拥有该物品的品质，同时因为它在指向该产品众所周知因而预先得到认定的方面是同义反复性质的，所以，呈位像似符性质的广告是一种自指性符号。

这种自我指涉常见于当下的时装品牌的印刷广告之中，它们将其信息缩减到仅仅显示上有设计者徽记的所售服装（比如 Joop、Boss、Gucci 等）。无须更多评论，该信息表明，这个名字或者这个产品都无须任何评论，因为它们能够为自己代言。表面上，它是一个开放式的因而是呈位性的信息，但就某种方式而言，广告绝非开放式的；它们的信息总是预设或者认定，质量和意愿性是产品的特征。按照这种假设，呈位符号掩盖了述位信息，此述位信息强调，只有一种产品值得考虑，这种产品就是最好的、最想要的而且必须买到手的产品。

5.2 广告中的述位性自我指涉

举例阐述述位性自我指涉，可以用著名的德国关于"宝莹"（Persil）洗衣粉的同义反复性质的广告语"宝莹就是宝莹"（Persil bleibt Persil）。明显的同义反复，比如上面的这个，或者准同义反复，都是表述，因此是述位符号。一眼看去，这种说法具有表述性质。但是，它不是叙述性表述，因此不是"A 是 B"这种异指性表述；我们面对的是一种同义反复，所以面对的是"A 是 A"这种自指性表述。同义反复这种修辞是用来提示一种无须再度声明的品质。这条广告语简单地预设人们是知道该产品内在品质的。更新一些的"宝马"汽车宣传策略中，同义反复甚至用了两次"宝马就是宝马就是宝马……"（A BMW is a BMW is a BMW...）。

其他流行类型的述位性循环是通过省略结构产生出来的。"家净"（Domestos）1959 年出品的除垢剂说是"杀死一切细菌"（Knowles 2004：4）。要理解这一信息，读者必须在产品包装上补充被省略了的主语"家净"，加上该产品所指的这个缺失了的专有名词。于是，包装中的产品表达的是这样一个自指性的信息："我杀死一切细菌。"

还有另外一种相当常见的自我指涉循环，是由述位层次的省略结构造成的，它具有开放的表语部分，能够包容它可以有所不同的论断。"宝莹洗得更加白净"（Persil washes whiter）就是一个例子。这个谜题是"与什么相比？"该广告语结尾部分所省略的这个比较部分似乎是"与一切相比"，同时，这样的解释也不排除悖论式的自指性阅读"宝莹比宝莹洗得更白净"。

5.3 广告中的论位性自我指涉

广告中的自指性论位在许多形式的循环论证中发生。它们大多是省略性的，要求消费者去替换论证链条中缺失的环节。2006 年，英国联合利华公司在"灰尘就是好"（Dirt is good）的名义下推出一场广告战略。"宝莹——灰尘就是好"（Persil – Dirt is good）这条悖论式广告语只能被理解成一个省略性论位，或者更确切地说，一个准论位，其准三段论式论证过程定然是：前提 1，灰尘是坏的，前提 2，好的宝莹去除坏的灰尘；结论：坏的灰尘被好的宝莹去除，多好！

不明确的循环式或准循环式论位在广告中非常普遍。在省略性论位结尾所表述的产品质量，是从一开始就被预设好的。这样一种修辞手段被指责犯了循环论证的错误。"温斯顿的味道，香烟应该有的味道"（Winston tastes good like a cigarette should）是20世纪60年代的著名广告语，用到半循环式的论证方式。关于这种香烟所宣称品质的理由，已经在它就是一种香烟中得到暗示。结论只是强调总前提所预设的东西：所有香烟（应该）都有好味道，所以这种香烟也有好味道。"世界变了。词典也一样"（The world has changed. The dictionary also），这是阿歇特（Hachette）公司推出新词典时的广告语。这条广告语中的两个说法听上去就像三段论中的大前提和小前提（"所有S是P"以及"一些S是P"），要求得到的结论是，新词典结合了包括它自身在内的所有世界的新近变化。第二个前提与第一个前提在句法和语义方面与第一个类似，产生出一种像似性的自指循环论位：词典必定是好的，因为它反映了这个正在变化的世界中包括自身在内的众多变化。当然，结论并不有效，因为该词典并不能从好变坏，或者说，根本就不能变化。此外，论位中还有另外一种循环，因为一部词典，作为发生了变化的世界的一个部分，肯定在细节意义上必须随着每次新版而发生改变。

5.4 （内）文本自我指涉：电影与广告

（内）文本自我指涉、诗性特征和元文本段落，对于关于文本的文本而言，有两种主要来源。如雅克布森所说，诗性特征，通过重复、对仗、韵律、回环，或者风格和修辞方式等手段，将读者的注意力导向作为文本的文本。前一类手段标识的是像似性自我指涉，因为它们是基于种种相似和种种形式的同一性，后一类为指示性自我指涉，因为风格总体上标举的是作者、时代或者他性（参见 Nöth 2005a）。自我指涉总体而言在电影环路中尤其明显（Manovich 1999：187-191），比如在电影《罗拉快跑》（*Run Lola Run*）这部电影中，在其英文标题，在其多次回到开头和预示其结尾，都清晰可见是自我指涉的。

元文本自我指涉是对文本、文本叙述形式、文本结构、文本情节、之前或之后各个章节、文本开头和结尾的评论。在电影中，文本性自我指涉发生在电影开始和结尾，其开头有片名呈现，结尾有写着"剧终"的信息。广告中，文本上方"广告"这行字样，指向作为特定类型文本的此文本（而不是指向属于新闻报道的那类）。广告中这类文本自我指涉具有与该文类目标产生冲突的危险。元信息"这是一条广告"提醒读者，该信息是单向的，追求的是影响公众，唯一目的是买这种东西。广告不是（用异指方式）说"某产品是好的"，而是说"此信息是关于某产品的广告"。广告倾向于避免这种自我指涉，因为商业方面的东西可信度一般较低，而同意该信息"仅仅"是广而告之，就是让该信息的有效性处在了一种危险地位。

5.5 文本间和媒介间的自我指涉

引用、典故、改编、影响和从文本、电影或其他媒介中的借用，都是内文本自我指涉的来源。一旦涉及几种媒介，譬如电影中的绘画、游戏中的电影或者电影中的小说，就会出现媒介间自我指涉。在某种意义上，从其他文本或媒介中借用，肯定是异指性质的，因为存在从一个信息到另一个信息的指涉，因此，引用符号的对象是它所不同的被引用符号。另一方面，A电影引用B电影，则A电影构成对其自身媒介的文本间指涉，而不是对两部电影所表现的世界构成指涉，电视广告引用另一电视广告，仍是在广告世界之中。这些信息，就其引用仍然在其自身世界之中而非影片之外这一程度而言，都是文本间自我指涉性质的。此外，每个引用都以重复和同一性为前提，而该前提正是像似性自我指涉的来源。

文本间和媒介间自我指涉中有多种环路和循环，它们在别处已经得到研究。其中之一是媒介间的似曾相识效应，关于这一点，经常使用关于"9·11"新闻报道所产生的某些负面效果来举例。在《"9·11"和相关日子文集》(Essays on September 11 and related dates)的一篇里，齐泽克(Žižek 2002：17)写道："我们打开电视，收看关于'9·11'的报道之时，应该自问的问题很简单：我们在哪里已经一遍又一遍地看到过同样的事情呢？"在我们的语境中，只有齐泽克所说的自我指涉这个方面是有关的。齐泽克提醒我们的是，关于在"9·11"坍塌的世贸中心那些电视画面，不仅激发出震惊、恐慌和绝望，而且还产生出某种似曾相识的感觉。在某种意义上，新闻媒体中关于"9·11"灾难的电影报道，似乎是重复了灾难电影表现了几十年的那类场景。电视画面似乎缺乏绝对的新鲜，因为观看者对于类似的灾难、战火、毁灭、敌人和异星入侵等已经过于熟悉，其中一些甚至就发生在纽约城里。正如提姆·德尔克关于"大灾难电影场景"（Tim Dirk 2006）所列，世界最高玻璃塔建筑之前就曾着火（尽管在小说中塔被放在旧金山），也就是1974年的电影《摩天大楼失火记》（*The Towering Inferno*）所表现的，而且与"9·11"类似的有几十次灾难电影场景，譬如飞机撞击、各种各样的恐怖分子、失控的大火、核灭绝甚至世界终结等。在9月11日，媒体已经走在了事件之前；现实则似乎拖在了后面。简言之，屏幕上的似曾相识效应说明了媒介中自我指涉的一种特殊形式，它存在于同一场景的重复之中，无论该场景是虚构的还是非虚构的。

5.6 陈述的自我指涉：影片中的例子

自克里斯蒂安·麦茨以来，陈述（enunciation）就是电影符号学中的一个重要概念（Buckland 2000；Buckland 1995）。它关系到信息的交流场合，信息发话人与受话人之间的互动方式。在语言交流中，对陈述的研究关系到说话人——尤其是叙述人——的不同声音、他们的意图和操控受话人的方式（Santaella and Nöth 2004：113 – 126）。

陈述性（或者交流性）自我指涉发生在作者、叙述人、演员、读者或者观众成为信息主题的时候。文本不是呈现或者重现世界上其他地方的各种观点或事件，文本处理的是它自身的交流语境、功能、叙述的预设，并且，文本由此而将其自身的交流场景作为它的主题。譬如，阿尔弗雷德·希区柯克就将自己的位置放在镜头后面，与屏幕上的演员混在一起，提醒观众自己始终存在于自己的影片中，即使看不到他这个人。在所谓的屏幕通道中，伍迪·艾伦的一个演员在《开罗紫玫瑰》（*The Purple Rose of Cairo*）这部1985年的美国电影中，甚至走出自己在屏幕上的角色，与观众混在一起。

几十年来，电影一直遮掩自身生产的痕迹，譬如电影制片厂的细节以及屏幕背后的工作人员，尽可能地瞄准创造完美真实生活虚幻这个目的。异指被提上日程。现代数字电影技术增大了虚幻的可能，使之前不可能的对"现实"的异指性呈现变得可能。观众不再被限定于看着海平面上正在下沉的泰坦尼克号，而且能够参与水面下的激烈活动。作为数字图像控制新可能所带来的结果，我们已经难以把真实拍摄和数字增补区分开来（参见 Manovich 1999）。这种图像控制的异指性完善，让我们忘记它的数字构成性质。越来越多的精确再现，以及越来越可能在所有视觉方面表现这个世界，创造出媒介异指的增长。

另外，还有那些关于虚幻的新策略和效果，它们从"真实"世界而来，有利于让人们清醒认识拟像的世界。图像越是远离现实，就越是会产生对于伪造世界的真实性和可信性的怀疑。不断重复的拟像效果摧毁了观众对于制片人和观众之间交流协议的信任。电影打交道的是这种交流协议的前提和条件，将其当作对这一情形进行批判性反思的结果。它最终成为电影化了的再现本身的主题：电影制作人以演员这一角色出现在屏幕上，演员扮演创造者的角色，最后但同样重要的是，他们通过高效的屏幕通道完全离开屏幕，进入影院观众之中（参见 Stam 1992；Karpf, Kiesel, and Visarius 1996，以及维塔尔姆收入本书的相关论文）。应用型自我指涉的新形式正在互动电影中出现，其中，观众成了其自己观看行动的创造者。

陈述性自我指涉在电脑游戏中属于一种不同的类型。与其他游戏不同，对世界的指涉在电脑游戏中是次要的。游戏并不想要模拟真实生活。与其他形式的游戏不同，电脑游戏提供了更多的创造无数新世界的可能。它们的虚拟性质从一开始就是高度自我指涉性质的。游戏者能够与游戏法则互动，从而控制指涉行为，并且他们能够成为文本的创造者。游戏者们交流自我指涉的自主性实际上以何种方式实现，仍然是一个值得进一步探讨的问题。

5.7 像似性自我指涉：环路、重复与回返

在文本、文本间和媒介间自我指涉的像似模式中，最重要的是回返和复现。回返，即同一文本中、其他文本或媒介中循环性地或如环路一般回到先前某一点，与复现这一重复原则类似。存在着多种不同功能和效果。在音乐、艺术、文学中，不同形式的重大复现是审美效果的一个来源：重复快感（repetitio delectat）。作为对同一事物的琐屑重复，复现和回返是琐屑的标志，譬如在肥皂剧中。在电脑游戏中，回返甚至可以是一种惩罚形式，譬如在经典游戏"鲁多"（ludo）中，回到出发点可以是一种表示悬念、满足或者失望的要素。

在广告领域，"万宝路"香烟（Marlboro）的重复策略，是文本间复现因而也是文本间自我指涉的最好例子，因为它们始终回到同一场面。显

然，那位"万宝路"男士不仅以异指方式指向狂野西部那些神秘景象，而且以自指方式指向"万宝路"广告构成的那个永远不变的世界。

在电影领域，我们也已经习惯文本间的自我指涉。譬如，最近的詹姆斯·邦德系列电影就很少按照它们表现了什么来探讨。相反，文本间性成了主题，因为人们的兴趣集中在这些片子和之前那些片子相比如何这个问题上。宁娜·毕莎娜对此有过评论，她对 2002 年英美合拍的詹姆斯·邦德电影《择日再死》(*Die Another Day*) 中的这种自我指涉有过描述：

> 这第 20 部邦德电影，不仅采取成熟且反复出现的詹姆斯·邦德主题（譬如：好人对抗坏人，片头前的系列动作，那句"我叫邦德——詹姆斯·邦德"，等等），而且强烈暗示之前的各部电影，因此真正的行家可以沉浸在一种猜谜游戏中。邦德女郎哈尔·巴利的一幕，与第一部邦德电影 1962 年的《诺博士》(*Dr. No*) 中乌尔苏娜·安德雷斯的一幕类似，在之前电影中起过重要作用的道具再一次出现。大家公认，每部之前的影片都以这种或者那种形式被包括在这部新邦德电影中。此外，媒介间自我指涉的例子，可见于车的产品设置（福特、美洲豹、阿斯顿·马丁）、邦德最喜爱的香槟酒（伯灵格）、间谍工具如欧米茄手表或者爱立信手机等。即使是印刷广告，也自指性地回指到这些产品设置，譬如，一则宝马轿车广告告诉了人们这一事实：新款宝马出现在 1999 年的詹姆斯·邦德电影《黑日危机》(*The World is not Enough*) 之中。另一种媒介间自我指涉形式表现在，麦当娜为这第 20 部邦德电影演唱的主题曲，也叫"择日再死"这个名字，同时，为这首歌制作的录像剪辑重新激活了电影中的场景。

数字电影的特征之一，是越来越可能在环路形式中出现自我重复，比如在《罗拉快跑》这部电影里，同一事件的几个异变都通过事件环路的方式被联系在一起。没有真正的开始和真正的结尾，因为这种形式的文本自我指涉占据着主导地位。除了一系列回返性的环路，什么都没有。然而，环路和回返性，并不只是重复的形式；它们也是异变的轨迹（参见 Winkler 2004：170 – 182）。

在电脑游戏领域，文本自我指涉形式中的回返更为高级。譬如，游戏者在游戏中可以选择某个出发点，然后试探同一策略的无数可能的异变。此外，众所周知的命令"回到X"（即，一个先前的位置）明显证明了文本性自我指涉。从文本方面而言，自指性的回返也许是电脑游戏最典型的特征，因为潜在的数字运算不仅是游戏产生而且是游戏运行的基础。

6　颠覆、游戏和艺术之间的自我指涉

　　媒介中的自我指涉很难说是颠覆性的，尽管它以悖论告终而使它看上去如此；它的功能更倾向于以游戏和审美为主。自指性信息被导向自身，没有想要表现符号之外的世界这种野心，所以它是不能传递颠覆性信息的；这里所谓的颠覆，是指意在削弱社会或文化价值观。

　　然而，自指性信息在打破文类规则和惯例这个意义上可以是颠覆性的。在这一意义上，自我指涉在广告中最具颠覆性，这一领域中，自指信息与广告服务或产品的目标是不兼容的。电影中，自我指涉也是一种颠覆文类的手段，因为它首先是作为一种风格方式被引入的。不过，两种媒介都一直在其诗性和审美维度显示自我指涉要素，因为诗歌和艺术本质上就是自我指涉的。

　　相比之下，在电脑游戏中，自我指涉并不是例外而是规则，因为游戏和游戏性行为始终都倾向于是自我指涉的。棋盘上各种角色的价值，譬如王、后、教士、士兵，在真实生活中很难有所对应。嘉年华在允许农民变成王子这一点上似乎是革命性的，但是，它从未被当权者禁止，因为他们很快就发现，游戏性行为是自我导向的，不能发展出一种革命的动力。

　　然而，电脑游戏已经开始创造出新的现实，开始模仿虚拟现实，这以一种新的方式带来了颠覆这个问题。它们仅仅是推动自指性的游戏活动，为游戏而游戏——就像在下棋中那样，还是创造虚拟现实，具有颠覆文化和社会传统价值观的潜能呢？

自指性文化中的扭曲、虚构和揭示：
难以抗拒的真实之力

文森特·科拉彼特罗

1 引论：文化框架

自指性被当作后现代性的一个标志（Lawson 1985；Bartlett 1992；Dunne 2001；Nöth，本书第一部分）。如此看法无疑是有道理的。因为我们这个时代显然是这样一个时代：自我指涉，尤其是在其最为突出的形式和悖论性蕴含方面，已经成为我们生活一个无所不在因而难以逃脱的方面。①这种自指性的形式和后果远非表面：事实上，它们是我们生活结构的有机组成部分，我们各种样态的具身化、参与性和感受性都包括其中（Lenoir 2000；Gitlin 2002：6；Santaella 2003）。可以说，我们对于反讽的偏好，对于元叙事的怀疑，对于直接性的渴望，这些都是和作为我们时代特征的自指性密切相关的。无论是否可以建构这些关联，自指性是后现代性一个标志几乎是不容置疑的。尽管关于其性质、形式和意义可以有无数探讨，这种关联本身是确定无疑的。

这一点尤为明显地体现在自指性的形式和后果中，这种自指性正是当今媒介——从由来已久的报纸之类到诸如计算机模拟战争游戏的全新技

---

① 温弗里德·诺特在本书导言中清晰阐明了这个观点。在这篇论文中，诺特还仔细区分了自我指涉的形式和手段。此外，不无裨益的是，他强调指出自指性是有不同程度的。我本人对于这个课题的研究方法深受诺特教授这篇文章及其他著作的影响。

术——所构成的相互交织的网络生成并强化而来的（Lenoir 2000）。通过诸如电视、收音机、互联网上的博客等媒介所播送的新闻，复杂又孤立的自我引证且自我评论的网络得以建构。新闻是对新闻进行报道。个人只能因为在媒介中的著名而著名。流行娱乐构成了一个指向娱乐产业自身构成的复杂世界。而在电影的结构中，互文性体现得最为明显。看到这一切，我们似乎生活在一个我们自己制造的世界，在这个世界，关于真实的任何说法都被深深地怀疑，即使不是直接地被摈弃。即使是全球政治这个"真实"世界的性质，也越来越多地呈现为娱乐产业所虚构的世界那种样子（后边我会讨论到这一点）。

表现的危机，因为其通过大众媒介内在的动力机制和理论反思而产生，不可分割地与各种形式的自指性相关，自指性是如此普泛地存在于被如此媒介强烈建构的文化之中。几乎可以直截了当地说，任何事物中可能的指涉和呈现，似乎是越来越多地——也是悖论性地——都被限定在自我指涉和自我呈现那些东西之中。最基础形式中的指示性符号在每一轮都被用到，却在理论上被抹除了。

在一个变得越来越自我指涉的文化中，自我和自身的关系悖论性地起着打碎自我那种被认定具有的统一性和稳定性。自我，至少在理查德·罗蒂的眼中，是随情况变化而变化的种种信念和欲望所构成的一个没有中心的网（参见 Richard Rorty 1989：10）。这一说法似乎特别适合一个由自我指涉媒介构成的不断扩大之网中作为移动节点那些人的感觉。对于此种"自我"，自我意识会采取一种让自我确认变得越来越充满问题和尴尬的形式，而同时，这又是一种让自我陌生化不会寻常般感到自我撕裂的形式。从感受方面而言，自我与身份或努力紧密相关，而很多时候，它能够通过反讽性的自我评论的方式，轻松地与之拉开距离。

在一种越来越变得自指的文化中——比如我们这种文化，我们与一个共同现实之间的关系，如同我们与最深沉的自我之间的关系那样被急剧地改变。实际上，我们对于自己指向共同现实的能力那种信心，会被深刻地动摇，哪怕不是完全受到削弱。既然我们（无论如何，都是单个个体的你、我）缺乏这种信心，那么社会现实本身就成了问题关键。① 对于诉诸共有的理解或指向共同的现实这种能力，我们有着越来越深的怀疑，这种怀疑被普遍感受到，就群体而言我们变得越来越弱。② 我们中越来越多的人是这么感觉的，而且，我们实际上做得越多，我们可能做到的就越少（也就是说，群体规范和理念就越是难以具体地体现在共有的习惯、实践和建制之中）。基于共有的关注、苦恼和希望中的政治对立所要求的那种团结，与诸如构建出来的国家统一感相比，可能更易转瞬即逝（至少效果更弱）。实际的各种形式的团结越来越被认为是无足轻重和缺乏效果的，而虚构出来的——或者更确切地说，幻想出来的——各种身份变得越来越具有核心地位和充满能量。

在皮尔斯的著作中，我们碰到的是这样一位理论家，他将充满活力的现实感与敏锐的脆弱感以及（在很大程度上）自我的虚幻性质结合在一起。因为这个以及其他理由，他的一些最具特色的贡献（首先是他的符号学说，他的实效主义以及更宽泛的他关于探索的描述）似乎尤其与明了我们的自我和我们的世界这个任务有关，因为二者是在一个变得越来越自我指涉的文化中遭遇。对于皮尔斯来说，自我在很大程度上是一种建构之物（CP, 4.68; Short 1997: 307）；而且，渐次地，我们通往现实的唯一路径是通过符号这一中介。即使如此，一个脆弱、有罅隙的、会犯错的自我，又真又幻，还是可能拥有充足的资源（哪怕只是勉强称得上充足）去了解现实。但是，这样一个自我只有在与其他这样的自我的联合中才能做到这一点，由此而形成一个以无止境的自我批判为特征的探索者群体。要阐释皮尔斯，便须谨记，现实这一理念，与群体理念，与群体现实，是不可分割地关联在一起的。

---

① 在《关于四种无能为力的一些结论》（Some Consequences of Four Incapacities）一文中，皮尔斯令人赞叹地探讨了关于认知、意识和自我等的符号学认知，他强调说："因此，真正的东西，或迟或早，是信息（即经验）和推理最后以之为终结的东西，因此它独立于你我的奇思妄想。所以，现实这一认知的源头表明，这一认知本质上和群体这个概念有关，它没有明确限界，能够对知识有一定的增进。所以两个系列的认知——真实和非真实——包括那些，在时间充分的未来，群体将一直继续重新肯定的东西；以及那些在同样情形下将在后来被否认的东西。"（CP 5.311; EP 1, 52）

② 一个重要的现实性问题是，是否这一被广泛感受到的事情能够用作基础之一，来重新发现——或者重新建构——有效群体的地方位置。

2　皮尔斯现实主义观照中的一个当代例子

按照实效主义创始人的说法，实效主义者是这样一位理论家，"对其而言，现实与虚构之间的区别自然而然地是极为鲜明的。但是我无法看到这样一个头脑能够如何否认普遍之物所构成的现实"（MS 313：19）。尽管事实与虚幻、现实与臆想之间的区别异常鲜明，但这一区别是连续性的，因此一方融合到另一方之中（在某种程度上，总是事实开启想象性描述，虚幻开启真实的事件）。但是，对于一个执着这种区别的实效主义者来说，在无数情形中，普遍之物都不仅仅是虚构：普遍之物所构成的现实需要与想象的无所不在性和现实的他性一同得到承认。

皮尔斯这种经过中介的（或者符号学的）现实主义，与影响更大的激进建构主义相比，更能够说明当代文化的复杂现实（Colapietro 2000）。就理论和实际目的而言，不一定为了迎合扭曲的语言或者虚构（或者建构）的语言，就要全然抛弃揭示的语言。本文的目的之一，正是要尽可能简洁并且到位地阐明这一观点。揭示不可避免的是偏颇的、个人观点的、有可能犯错的，正如事实（如这个词的词根所暗示的）有时是淬炼出来的（在某种意义上，事实就是虚或者建构）。即便如此，我们对符号的使用会产生出可能性，现实的一些方面就在这些可能性中得到揭示，这种揭示常常让我们感到惊讶甚至沮丧。我所想做的，就是在媒介超自指性的利齿中，为皮尔斯现实主义提出这个论点，而媒介超自指性的牙齿如何锋利，在《纽约时报》的一篇社论中就有所展示（在该文中，政治世界被映射到电影世界上）。

在《世界的两次大战》(The Two Wars of the Worlds) 这篇社论中（《纽约时报》，2005年7月3日），弗兰克·里奇（Frank Rich）将乔治·W. 布什在加州布拉格堡的讲话和斯蒂芬·斯皮尔伯格刚发行的《世界大战》这部电影进行了比较。[①] 里奇的预设是，总统和导演都是以在其对象

---

① 里奇指出："自从30年前在7月第4个周末上映的《大白鲨》(Jaws) 突破票房开始，独立日就变得不仅代表自由，也开始代表恐怖了。"（2005：11）

中引起恐惧为目的，布什是为了扭转人们对他在伊拉克的冒险所日益滋长的怀疑，斯皮尔伯格是为了娱乐、利益，或许还有启示。① 两人实际上都是在做重复的事情：斯皮尔伯格（按照该片网站的说法）在提供"对于 H. G. 威尔斯影响深远的经典著作进行当代阅读"，布什则在布拉格堡发表"几乎同样的电视讲话，尽管与 2004 年 5 月在宾夕法尼亚州军事学院的演讲相比，提到'9·11'的次数少了 4 次"。不过，军队受众对于布什"夏季重演"是"困惑的回应"，斯皮尔伯格的受众则是激动的回应，两者有显著区别。这主要可能是布什在构思叙事的时候脑袋不大聪明。至少，里奇探讨了这一观点；他的探讨在利用电影和电视历史方面内容丰富。

> 斯皮尔伯格的电影显出［……］布什先生是如何把基本的故事讲述弄得一团糟，而讲故事对于维持公众支持他的伊拉克冒险有着本质的重要性。总统用的是闹剧型电影中的一种套路：好人对坏人，要么你是和我们一道，要么你就是和恐怖分子一道，"死活不论地通缉""抓起来""完成任务"。如果你要按照这种风格接着把故事讲下去（里奇接着说），那么公众希望你遵循这种类型的规范；故事只能以骑士冲进来赢得最后的大战结束。这就是为什么斯皮尔伯格要在《世界大战》中运用一队人马，要采取"拯救大兵雷恩"那种方式。对比之下，布什先生从来就没有统帅好保卫伊拉克安全和领土所需要的军队；他对"完成任务"的定义现在从具体的胜利变成了民主的初步传播。他在开头听起来像巴顿将军，结束时却只能学舌伍德罗·威尔逊总统，这很像观众在看着约翰·韦恩的电影，却惊讶地发现，片子的最后一卷变成了弗兰克·卡普拉的东西。

---

① 里奇报道说，在斯皮尔伯格的电影中，"提姆·罗宾斯（除了他还能有谁？）在外星人占领了一个国家之时，一下就跳起来宣称，'占领永远会失败'。甚至影片中汤姆·克鲁斯那位十几岁的呆头呆脑的儿子也在写'关于法国占领阿尔及利亚'的学校报告"。我不想提醒欧洲人，我却不得不提醒美国人，雅克·希拉克告诉过布什，伊拉克将被证明会成为美国的阿尔及利亚，对此，布什回答说："我根本无法同意您的观点。"或许斯皮尔伯格这部恐怖片中呆头呆脑的儿子，经过自己的研究，要比没有走出青春期的总统更能懂得这个类比。

里奇的结论也特别值得我们注意，因为他不仅继续围绕电影构建他的讨论，而且把布什本人放在一个外星人的位置上。"当下这场战争的不得人心程度，堪比1968年夏天关于越战的盖洛普民意调查数据。"根据众多理由，"（很快就）将陷入危机的，不是混乱状态，而是布什的总统位置"。濒临死亡的外星人这一形象，里奇暗示说，是正在走下坡路的总统的贴切形象："难道总司令在其罩子中孤立到这一点（是他，而不是混乱状态，处在岌岌可危的地步）也看不出来吗？"为此，他用自己的忠告结束这篇文章："布什，给家里打电话吧。"

巴里·布利特（Barry Blitt）为弗兰克·里奇这篇社论画了漫画，这幅插图强调当下这场战争是一个媒体事件，其中，事件本身的意义邀请人们将其与电影加以比较。在这幅漫画中，"海湾战争：续集"被"悬挂"在加各米尔影剧院。但是，在把布什的演讲描述成"夏季重演"和媒介事件的过程中，里奇坚持认为：布什在这篇演讲中所说的东西，大部分"像通常的一样，与现实格格不入"。

所谓真实，其确切的含义，部分来自能够挫败我们最决绝的努力或者摧毁我们的习惯反应的那种东西。① 常常，我们现在的自我，作为确定过去的具体代表，是被我们习惯的韧性带入甚至越过事实上的现在，无法有效与场景进行沟通协调，我们被困在这场景之中，而且，意义更为重大的是，我们还将继续被困在这场景之中。当努力和习惯被证明是无效的（当我们不能与我们困于其中的场景进行沟通协调时），我们需要就我们与我们周遭人与物的共同存在进行新一轮的沟通协调。的确，最能抓住这个过程复杂性的比喻是"重新谈判"（renegotiation）。这一比喻暗示的是一个既是政治的又是群体的过程，其中，权力是经过中介的，人们被重新放在了彼此面对面的位置。

所谓真，是这样一种东西，它照亮我们连续不断的协商所累积下来的结果中那些没有被怀疑过的缺陷。然而，对于皮尔斯所说的真实主义者而言，真的核心所在，与其说在谈判过程的源头，还不如说在一个正在进行

---

① 这或许是第二性中的，以他性、反抗、阻挠或敌对形式出现的现实（CP 1.322，1.324，2.79，8.291）。但是，在皮尔斯的用词中，"现实"是一个含义微妙的字眼，第二性中的现实也难以穷尽其全部含义。

的过程之中那些暂时性的结论上（CP 8.12，8.208，8.284）。真就是这种重新谈判进程迫使我们去承认的那种东西，首先是让我们去承认，如果我们所追求的目标是成功，那么我们应该需要去考虑什么。

人类目的与人类之外的因素，与即使在看上去简单、单一的行为中也最好被看成多个目的剧烈的、同时性的启动这种东西，是相互交织的。我们目的的多重性和我们环境的复杂性、我们当下习惯的推动力量和周遭事物让人沮丧的存在及其特别性质，这些都指向我们必须承认真实的外在性，指向用比我们已有的鲜活现实主义更加具体的方式去述说（Colapietro 2000）。现实不可压制的力量就是如此，无论是以哪种形式被编码和扭曲，它的踪迹（traces）①都难以计数，并且（在某种程度上）既是可以被辨别的，又是可以被解码的（可辨又可解）。这种力量如此突出，因此我们可以定位自己，去更为充分地去感受，更为细腻地去感受它的效力，但是只有在我们坚持自我批判这种严苛理想的条件下方能如此。

我们可以观察到，在各种媒介中明显体现出来的自指倾向中，功能的多重性。这些倾向似乎"主要起着游戏和审美作用"（Nöth），尽管希拉里·劳森和其他人说，在一个终极真理和绝对肯定广泛被当作文化虚幻的世界中，它们对于普遍得不到承认的批判意识起到了增强的作用。一些理论家甚至认为，这些倾向就其内在而言具有颠覆性，就其自身势头而言有削弱传统权威威权的那种力量，它们揭示了人们所以为的亘古真理其实是历史性的。其他人认为（我同意这些人的看法），颠覆并不是那么轻易就达成的（Nöth）。但是，除了刚才提到的游戏、审美、颠覆之类作用之外，笔者以为，重要的甚至更为紧迫的，是对批判功能的强调，正是无尽的自指性使这一功能变得可能，而自指性的特点就是唯有人类使用符号和媒介（这一功能与劳森和其他人所想的不同，他们似乎把批判意识当作一种必然结果，来自构成作为自指性媒介特点的颠覆性倾向那种内在机制）。自我指涉是自我批判的条件，渐次地，自我批判对于充满责任地奠定堪为此

---

① "踪迹"这个概念对于本文的讨论是至关重要的。这意味着指示符的踪迹也至关重要，因为在这一意义上，这里所指的踪迹是一个有关指示性的例子。参见诺特的文章《自我指涉中摄影之死》（文见本书第三部分）。

用的那种东西是不可或缺的。在某些情况下，自我指涉并不是要把我们封闭在一个越来越孤立的世界中，而是要向我们揭示一个在某种程度上始终无法预见的领域，在此领域中，对我们习惯的描述和解释模式进行不断的修正，以及至少偶尔会有的激烈的修正，正是必须付出的代价，为的是建构对世界进行可靠描述（为的是尽我们的力量之极和所能承受的错误之极，去揭示现实的轮廓、面貌和构成）。

至少，这是皮尔斯现实主义的核心主张。皮尔斯本人说，它与他的可错论、协同论和实效论是不可分割的。但是，我不愿意用一种理论方式来探讨他的这一主张，此刻我想的是以一种表面上看来简单的方式来阐述它。然而，我想要让这一阐述拥有说理的力量；我将它当作一种手段，来表明媒介中的自我指涉何以能够为自我批判这一理想服务，并且，渐次地，表明这样一种批判理想何以对于揭示现实至关重要。这种指涉为各种其他功能服务，一些功能经常弱化甚至抗拒自指话语的批判功能。但它也产生自我批判的可能性，无论这可能性是多么脆弱和容易消逝。这样一种批判，根本上说，是道德立场的结果，是让自己对他人负责的结果，为他人所说的东西负责，为人们当作"沉默无声之物"（mute objects）（Bakhtin 1981：351）在回应我们对其的描述时所说的东西负责（参见 Colapietro 2003：14-15）。对于世界某个方面多少算得可靠的揭示，完全依赖于这样一种立场。在媒介中，和在任何地方一样，纵有无数成效显著的扭曲和难以穿透的虚构，我们却可以分辨出这种可能性。现在我来就此举例。

3　一个新闻业自指性的例子

那么，且让我在这里转向报道关于在美国"主流媒体"中工作的记者们所从事活动的一篇报道（Gitlin 2005：6）。这个例子或许关系"超指涉性"（hyperreflexivity）或者"自我指涉性"（self-referentiality）（这里我把二者用作同义词）；此外，超指涉性似乎是我们与现实之间关系因之变得越来越虚弱（如果不是完全断开的话）这些过程的特点。不过，我这么做的目的，并不是要建造一座镜厅，里面所衍生的无数反射，让想要确定这些反射可靠源头的想法无比绝望。我的目的，是把这个媒介中自我指涉的例子当作一种方式，聚焦自指性、理性和现实之间不可化约的复杂关系，尽管在这一方式中，对于自指性的强调是不允许绕开理性和现实的。①

所以，我们要关注的，是媒介中的一篇报道，它是关于美国主流媒介中那些人所从事活动的。更确切地说，这份报告关注的与其说是记者们的行动，不如说是记者们的失败；与其说是他们做了什么，不如说是他们没能做到什么。这个故事，关系近来媒介中一直缺失的东西，以及一直缺位的到底是谁（这里的意思是指没有为了职责而报道，没有做他们誓言去做的事）。在《国家》（The Nation）（2005年7月4日版）这份刊物中一个通常题为"新闻观察"的专题报道中，托德·吉特林（Todd Gitlin）构造了一个动人心魄的案例，来揭示主流媒体令人注意地对于一个重大"事实"根本就未予以报道。

在这一被探讨事件中，他关注的焦点——我重申一遍，是主流媒体没有做到去报道。他文章的题目凸显了这一要点："行动缺席：关于托尔监狱的新闻。"（MIA：News of Prison Toll）这件事上，记者们就是"行动缺席"（MIA：missing in action）那些人。关于被怀疑参与恐怖主义而死去的美国囚犯人数这条新闻，就是新闻中对这个数字没有报道。在《纽约时报》中，托马斯·弗里德曼（一位舆论专栏作者，并非新闻记者）宣称："关塔那摩以及整个美国军事监狱体系中，在滥用手段对付恐怖主义这一问题是已经失控。告诉我，收监美国的现在死了100人以上了，到底怎么回事？心脏病吗？"（2005年5月27日版；引自Gitlin 2005：6）

在吉特林的文章中，一位媒体人士在斥责其他成员，媒体正在表现出一种似乎不可压制的势头，要对自身做出报道。不过，这带来的效果之一，并不是去维持一个越来越孤立的自我指涉之网（尽管人们可以争辩说，结果之一是产生一个由这种指涉构成的越来越细密的系统）。在任何

---

① 理性和自指性的相互关系中一个最为重要的方面，被皮尔斯一下子抓住了要害，他说："'理性'本质上意味着自我批判、自我控制和自我受控制，所以向着无休止的问题敞开。"（CP 7.77）

程度上，自指性在这里都不是为孤立性服务的。相反，它起着推动作用，要建成一个系统，这个系统会承受各种压力——最终，就是现实——而这些压力，正是这个系统竭力想要排斥的东西。换言之，自指性通过一个自我质询的过程满足了这一功能：一位媒体代表以它们（媒体自身）承诺要传递什么这一名义而对其做出质询。渐次地，这种质询是我们理解理性是必须的。承认任何现实都是复杂的（尤其是任何现实都是充满矛盾的），是不可能与对不断的质询做出回应分开的，常常具有越来越自指这一性质。不管我们有可能用理性来指别的什么，在这个方面以及其他方面做出回应，是这个词的最核心的含义。

4 结论："鹅卵石景象"

请允许我用一位当代作家提供的发人深省的形象来结束上述思考。在《被禁锢的头脑》（*The Captive Mind*）这本书的前言中，泽斯洛·米洛斯（Czeslaw Milosz）自我坦陈，作为一个年轻人，"一直以来，我对政治都无所用心，只想把自己关起来，远离生活的现实。但是现实从未让我长时间地保持疏离"（1953：vi）。稍后，他在这部作品中坚持说："人的思考这项工作应该经受野蛮的、赤裸裸的现实做出的考验。或许只有在即刻的死亡威胁之下的那些人眼中仍然有效的东西，才是真正值得的东西。"他以一种让人难以忘怀的方式赞美了这一具有决定意义视角，他写道：

> 在被围困的城市中，一个人在机枪射击下倒在了大街上。他看向人行道，看到一个令人感到有趣的景象：鹅卵石像豪猪的棘刺一般直立。子弹打到它们的边上，将它们掀得掉头或者侧翻。人意识中的这些时刻正是对所有诗人和哲学家做出判断。我们再假设，某个诗人是文学咖啡店里的主角，无论在哪里人们都对他感兴趣、充满敬畏。然而他的诗（或者另外某个人的理论），在这样的时刻想起来，突然觉得是病态的、高蹈的。鹅卵石这个景象无疑是真的，而基于同样赤裸

裸的经验的诗歌，才有可能在经过对于人的虚幻的审判日后，能够成功地活下来。(1953：39)

对于诗歌和理论、新闻报道和总统演讲来说，最具批判性的考验之一，是它们在暴露于如此经验之下是否有能力显得不病态。在从未经中介这层意义上说，这种经验或许绝非赤裸裸的。但是，经过中介而又直接面对被掀得掉头或者侧翻的鹅卵石（或者其他比喻），在我们的经验中捍卫了一种基础，去坚守关于真实与虚构、揭示与编造之间不可化约的（即使不一定是"极为显著"的）区别。自我批判的探索者所构成的自觉的历史社群，其锲而不舍的中介行动，正是保证这些遭遇有意义所需要的，这并非辩称无须直接遭遇现实世界；因为，皮尔斯现实主义所坚持认为的是，我们所有的现实遭遇都是直接而又经过中介的事（Smith 1992：20-25；参见 Smith 1978：87-95；Colapietro 1995：42-44）。承认经验中内在的第三性无处不在，并不要求我们忽视或者否认经验明显的第二性特征（直接面对不可化约的他性）。对人类经验细腻化的理解，不仅意味着我们须信赖我们之直接遭遇者的揭示性潜能，而且意味着我们须坚持不懈地投入没有止境的批判这一工作（Bernstein 1981：116-120）。

现实，如皮尔斯所认为的，是无限长时间里的探索所揭示的东西（但可参看 Smith 1970：104-108）。同时，它也是我们的考察所熟悉的东西中最可靠的那一部分，哪怕最后证明我们所熟悉的东西需要大幅度地矫正（Colapietro 1996：137-38）。就此来看，现实既难以把控和纠缠不休，又是本质上可知的。要揭示现实的轮廓、面相和维度，只要可能，就必须用到自指理性，尤其是在自指性探寻这一形式（更直白地，自我质疑这一形式）的自指理性。媒介中的自指性可以算是这种理性的一个例子。但是，它也可以是关于主要力量的一个例子，以自身为目的的系统所构成的一个越来越孤立的世界正是通过这些力量来维系自身。这一关于当下存在的明显审美性的维度，在技术、交流、教育以及其他网络中，尤为明显地体现在它们在什么程度上、以什么方式表现以自身为目的的系统这一性质。即便如此，越来越自我指涉的媒介那种明显的审美和玩耍功能，并不阻碍批判功能的积极实施，批判功能的运作，经常是借用被费尽心思压制的、系统上被忽视的、总体上被扭曲的那些事物的名义。这样一种功能，对于揭示我们人类以及我们对符号的使用常常"不符现实"到何种程度，是非常必要的。从对权力维系至关重要的扭曲和虚构来看，"不符现实"这种日常表达及其无数类似的说法，渐次地，对于人性批判这一永不止息的工作而言，是至关重要的（Bernstein 1981：118 - 120）。这样一种批判，在如我们所有的这样一种如此凸显自我指涉的文化中，真的会被变得不可能或者不必要吗？

第二部分

❀

自我指涉的印刷广告

广告中的各种自我指涉

西格弗里德·J.斯密特

1 走向自我指涉的媒介文化社会

最近几十年中,媒介文化社会有一种朝向自指结构和进程的清晰倾向。就我所见,这一倾向有三个不同理由:

——对于源头以及交流和社会功能的研究表明在指涉方面自我指涉起着关键作用。今天,指涉可以被看作产生社会结构的基本操作。最好的例子是交流。交流依赖于集体性知识,集体性知识在各个个体的认知自主性和他们必需的社会取向之间搭建桥梁。集体性知识可以用知识领域中的期待反射回路以及动机与意图领域中的归因来描述。作为每个个体知识储备的组成部分,它或多或少是由社会所有成员共同享有的,在协调其行为和交流实践方面起着根本性的作用。

——自指性指涉通过复杂媒介系统的发展,已经在20世纪成为日常经验的组成部分——因为媒介被认作复杂社会系统,其主要用途是使对媒介文化社会的特定自我观察成为可能。此外,媒介越来越多的是相互观察。相应地,出现了一个越来越复杂的观察之网或加工系统,指涉这一根本性的建构操作在自指性方面控制着它的方向。

——社会越是通过自指性媒介系统增进其可观察程度,文化内容的功能和集成表现①这个问题对于行为者和社会子系统之类就越是紧

---

① 我按照"文化"来理解解决社会根本性问题的基本内容。

迫，因为观察的指涉结构不可避免地导向偶然性经验。为此，社会——其现实和文化内容模式一直是复杂媒介体系中一个始终被探讨的对象——在解决传统问题方面，自然会发展出以高多元度和低强制度为特色的多种媒介文化。

根据上述思考，有理由认为，媒介文化社会中的广告也不得不产生出各种自我指涉模式。本文中，广告是按照社会体系来考量的，这个社会体系具有作为经济体系的从属体系这一特点，它遵循自身的体系特定逻辑。广告体系用创造性卖钱。它的目的是吸引人们注意它所提供的媒介，而对媒介的注意又被传递到一心要吸引人们注意的商品、服务、人员和信息。为了唤起注意，广告必须自始至终地把变化发展中的社会事件和进展转化成交流的内容和形式，转化为有经济利益可期的图片和故事。因为广告是以昂贵的媒介供应这种形式出现在公众中的，它必然与三个维度相关，也就是经济（钱）、广告人及其目标受众的创造性加工，以及广告行为所启动的交流过程。这些系统性的相互关系，在我们谈及广告的媒介供应时必须被考虑在内，后者只是这些相互关系的最终结果，并非简单的自我表达。今天，广告不仅是一个重要的经济领域，而且是社会化的一种具有影响力的工具，因为它形成了我们日常生活的一个有机组成部分。譬如，2002 年就有 26 亿条商业广告在德国电视上播出；印刷媒介充满广告；互联网、收音机、城市灯箱让我们每天到处面对数百条广告。此外，因为交流越来越商业化，广告已经成为媒介系统动力机制中一种重要的驱动力量。

2　自我指涉的符号学

在对进行广告中的自我指涉模式进行描述之前，笔者想先表明自己关于符号的自我指涉这一概念。笔者赞成的是一种过程导向的三重概念的"符号"，从系统上来讲，它包括：（1）符号材料；（2）根据特定语言运用此种材料；（3）如此操作的结果。

符号材料由结构方面经过组织的社会经验凝结物构成，它们能够触发认知和接下去的交流过程。这种触发的任意性，要受这一事实制约，即，语言使用者所参照的是作为一种有效操作虚构的符号惯例这一集体性知识，也就是说，集体性知识被认为是社会所有成员所相互共有的。

符号材料的使用可以作为一种受语境限定的操作加以模式化，它指向之前的指涉对象，或者用查尔斯·S. 皮尔斯的话说，指向之前的关于世界的经验或认知。在符号材料的使用中，我们会参照成功的先前使用。换言之，我们并不再现对象、事件等，我们会参照我们认为被社会业已认可的（关于对象和事件）那些之前的描述。相应地，这些参照标志着之前描述和实际描述之间有时间差，它们在社会语境中发生，而且它们必定依赖集体性文化知识。换言之，符号并不表现稳定的参照关系，而是在真实情景中被交流者用来触发交流参与者认知或交流领域中的各种后续操作，而这些操作根据各自系统的不同条件发生。

在符号材料的使用之中，通过符号材料的使用，依赖于主体的认知过程受到触发。这些过程的结果是有序的认知状态的自指性构造，而认知状态则依赖于经过文化编程的知识，社会所接受的关于不同符号材料使用的知识。也就是说，所期待的东西或指涉回路在符号材料和主体的认知操作之间确立了一种从社会方面而言成功的关联关系。再说一次——这一点值得重申——我建构符号操作模式的原则，并不是按照各种东西在语言之外的表现，而是按照有关认知过程和所总结集体性知识的先前参照作为参考。

这些考量意味着，自指性操作以第二层级的观察为前提条件，这是对于第一层级上某人自己或者他人所表现的行为所进行的观察。这种特别的观察模式之所以可能，是因为第一层级和第二层级操作之间的时间差，因为或多或少自动的第一层级的操作必须被中断，这样才能赋予它们各种不同的结构和后续操作。在我看来，正因如此，符号的自我指涉和认知的指涉都属于指涉回路这个范畴。

3　广告中的各种指涉

与其总目标一致——为其所广告的商品、服务、信息和人物创造最大限度的注意——广告系统的特点是特定的交流操作或话语；即，通过特定的宏观形式的交流，与诸如新闻、文学/艺术或公共关系等其他宏观形式的交流相互竞争，这些宏观形式的交流每一种都拥有一种不同的指涉模式。譬如，新闻声称是以客观、可靠、本真的方式指向"现实"；文学声称是按照审美实践和期待指向虚构世界；公共关系声称指向借由之前交流所确立的人物、机构或公司的愿景。广告，与之相比，既不指向真实也不指向客观，而是指向消费者方面的品牌价值，由此而指向经验、期待、情感、愿望、需求等——媒介文化社会中的每个人都知道这一点。所以，每个人都被认为知道，广告是不说谎也不会说谎的，因为每个人都知道，广告为了赞誉它所宣传的东西，都是偏颇的、单方面的和有偏见的。广告必须在情感上触及人心；它们必须让其欢悦。它们说的是人们为了快乐而想要相信也应该相信的东西。浮想联翩来得比语义信息更要紧。相应地，广告交流中重要的是广告所做承诺的意义和重要性，而不是信息的真实性。广告系统中的社会行为者知道，广告承诺，此地此刻就能解决不可解决的问题——你要做的只是相信它们的信息，买下那个产品。

此外，广告指向那些在广告中能够被作为工具使用的集体性知识：著名景点或者建筑（避寒胜地里维埃拉、埃菲尔铁塔）、行业或国民性方面的老生常谈（医生、法国人）或者著名艺术作品（米开朗琪罗的《大卫》或者达·芬奇的《蒙娜丽莎》）。

最后，广告指向关于社会实践的集体性知识，譬如，性别之间与代际的相互作用，宗教或政治行为之间的相互关联，对男性和女性身体的评判，对服装、饮食、体育或时尚休闲运动等的衡量。总之，广告选择性地指向特定目标群体的集体性精神状况、需求和欲望。

4　广告中各种模式的自我指涉

总体上，可以说，唯有靠广告系统中的自我指涉手段，我们作为媒体供应的受话人才能够对广告系统进行观察。这个总体性的假设将阐释如下。

（a）在《媒介中的自我指涉：符号学框架》这篇论文中，温弗里德·诺特注意到，广告中的自我指涉实践可以被纳入互文性这个话题之下，如引用、重复、回指或者其他种种对于符号、文本或其他媒介的指涉方式。这些实践用到的手段，自20世纪90年代以来被称为"循环"（recycling）或者"范例"（sampling）（见图1a、图1b）。

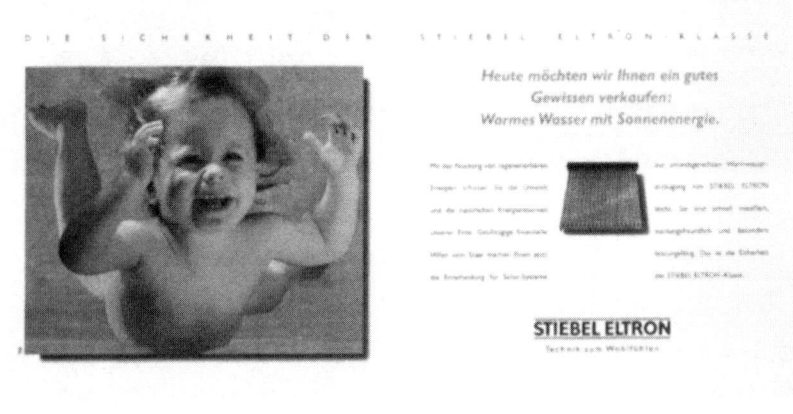

图1a 斯宝亚创热水器广告①

图1b 涅槃（1991）②

---

① 图1a、图2、图4、图5、图6、图7均来自作者关于印刷出版物、电视和户外广告的文档搜集。
② 涅槃唱片集的封面《别在意》。

换言之，媒介供应指向媒介供应，这种策略的效果取决于受话人是否辨认出被循环的元素（图2）。

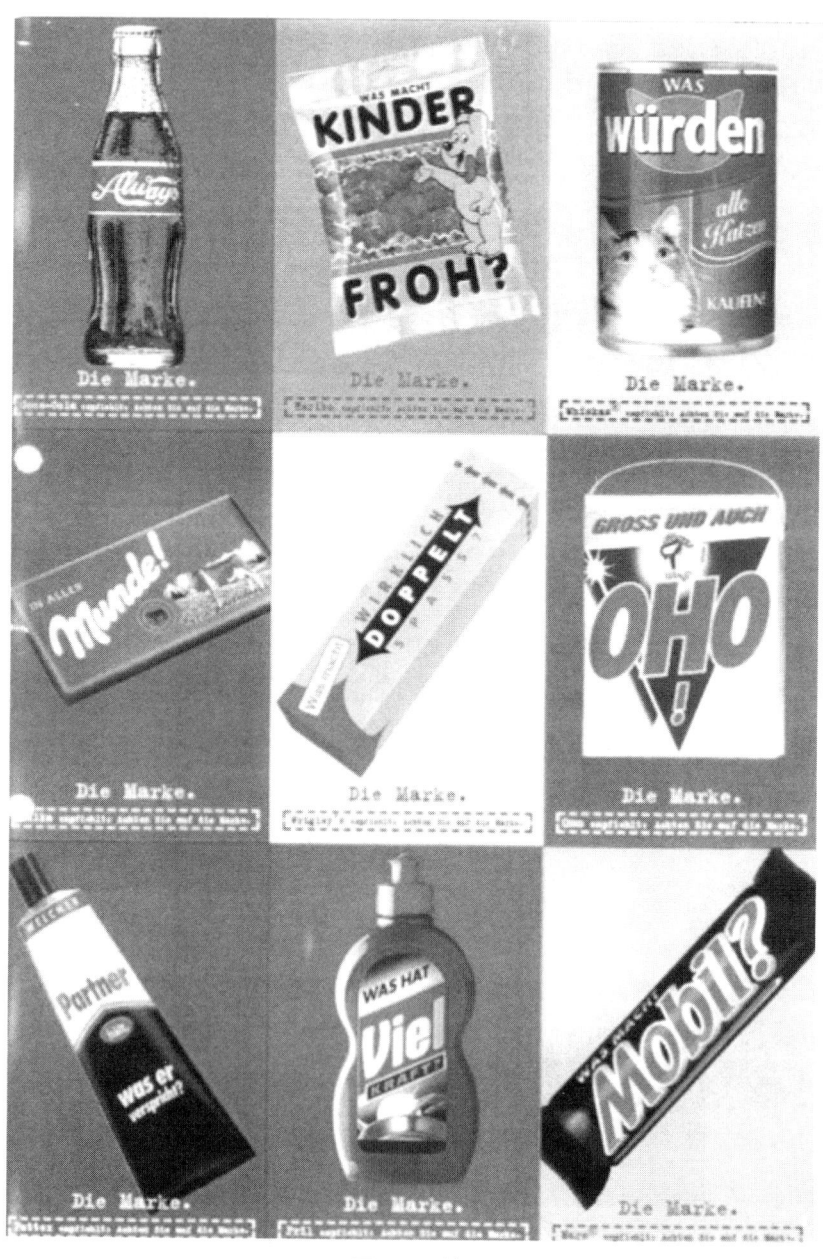

图 2 品牌

根据诺特的看法，广告中的另一种自我指涉类型是"重言"（tautology）或者"准重言"（quasi-tautology）。一个绝好的例子是著名的德国"宝莹"洗衣粉宣传语："宝莹就是宝莹"（Persil bleibt Persil）（见图3）。

图3 宝莹就是宝莹①

这条宣传语声称，无论未来发生什么，"宝莹"都将始终如一。这一承诺对如下悖论做出了修饰：一方面，该洗衣粉制造商亨克尔公司将会、必然会尽可能地开发新的"宝莹"，它们当然会比目前的更好；另一方面，它们仍然将会是"宝莹"而非其他。换言之，只要能够买到"宝莹"，它就是具有出众品质的——这种品质始终会步步得到提升。除了"重言"之外，另外一种自我指涉也可以在这个例子中看到，即，"广告交流的指涉

---

① 参见《宝莹90年：一个品牌的故事》（Wolfgang Feiter, 1997, *Jahre Persil. Die Geschichte einer Marke*, 2nd ed. Düsseldorf: Henkel, p. 49.）。

性固化"(reflexive stabilization of ad communication)。吉多·祖尔斯蒂格(Guido Zurstiege 2003)指出，品牌和消费者之间高度的情感关系是以信任为基础的。"宝莹"的战略因为其重复同一广告模式而出名：电视广告中一位漂亮的年轻女士说，我的奶奶和母亲都成功地用到过"宝莹"，所以我将继续这一成功的传统。信息非常清楚："宝莹"的消费者—品牌关系是由双方信任中的连续性来确定的——这是赘言的一面。同时，这种信任是对制造商的一种挑战，使之对产品进行改进提升，以求得通过客户持续成功地使用这种洗衣粉来保证这种信任——这是变化的一面。持续和变化通过"宝莹"广告几十年里一直不停地自我指涉而达成协同。

另外一个绝好的例子是在奥迪四驱车诞生25年之际，广告反复播放该车在滑雪跳台上的样子（见图4）。

关于自我指涉一个特别不错的例子，可以从下面可口可乐的广告中看到（见图5）。

(b) 从另一个角度看自我指涉，广告指向的是广告系统。这一策略以如下方式得以实现。

——广告是为广告而广告。每一广告媒介供应都如此且作为一个整体的广告系统而广告，并在这一行为中不可避免地产生广告所反对和拥护的一种公共话语：它创造出主题广告，继而允许或激起反对或者赞同（见图6）。

——广告已经成为自己最好的客户。今天，广告系统对广告的投入比汽车行业更甚。

——广告成了广告媒介供应中的一个话题：广告系统需要对它的关注，大多数情况下它采取的是一种讽刺或者幽默的方式，调用的是公众的集体性知识（见图7）。

(c) 广告通过广告机构本身所进行的广告研究这一方式对自己的实践进行观察；譬如，通过目标群体研究以及展开战略效果或社会倾向等研究。譬如，格雷（Grey）这家广告机构就建有大型档案库，过去30年的刊物和广告都有，并且还在不断进行搜集。它还建有被叫作"格雷研究院"（Grey Academy）的战略策划部门，以及进行传播及其发展研究的机

广告中的各种自我指涉 | 53

图 4　奥迪四驱

图 5　可口可乐霓虹灯符号

图 6　处决

构"神秘实验室"（Magic Lab）。这种作为自我观察的自我指涉必须与对广告系统的外部观察区分开来，后者是由包括社会研究和交流研究的其他社会系统做出的。

图7　幸运抽奖（左）："广告的图画完全错了，对不对？
——幸运抽奖。唯此而已。"

（d）另一种自我指涉类型发生在广告机构关于其自身视野、使命和哲学的自我描述性陈述之中。正如下面例子所表明的，这些哲学是极不上档次的。麦凯恩－埃里克森广告公司（McCann-Ericson）相信"被讲好的真相"以及"整个的交流"。索弗广告公司（Scholz & Friends）回答了这个问题：人们会沉迷于各种"想法。但那是什么想法呢？想法要新才行"。DDB广告集团公司承诺："我们相信，了不起的想法会产生了不起的结果。"斯普林格－雅各比广告公司（Springer & Jacoby）遵循"简单，想象，求实"这一策略，如此等等。

（e）最后，近年来，越来越多的广告系统的"明星"出版各种著作，阐述他们关于广告中最佳做法的想法。这些书大部分以"如何做"为特色，但一些广告明星已经开始摸索一种特定的自我反思——从广告当下内在和外在问题、与学科的关系、高效问题解决的策略等方面来看待广告系统。相关的例子包括：让·艾塔耶拿·艾伊比（Jean Etienne Aebi）的《妙想或垃圾：广告成功之道》（*Einfall oder Abfall. Was Werber warum erfolgreich macht*, 2003），乌尔夫－彼得·科姆珀（Wulf-Peter Kemper）的《品牌所有者价值：顾客能够为广告和品牌的更加成功做出什么贡献》（*Brandholdervalue. Was Auftraggeber zu mehr Werbe-und Markenerfolg beitragen können*, 2003），以及霍尔格·扬（Holger Jung）以及雷米·冯·马特

（Remy von Matt）两人合著的《势——今日广告所需要的力量》（*Momentum-die Kraft, die Werbung heute braucht*, 2002）。

5　作为一种自我指涉的广告

迄今为止，研究的焦点都是广告系统中自我指涉的各种模式。最后的考虑将面对这一事实：广告系统本身就是种种自我指涉关系的结果。

广告系统的性质可以说其是一种观察和描述工具；它是社会用以自我观察和自我描述的工具。现代媒介社会不能作为整体或从外部来进行观察或描述，因为每种话语都必然在这个社会中被定位；没有哪个社会系统不是它的一个组成部分。自我指涉因此采取部分性的观察和描述这种形式，在诸如学科门类、文学和广告系统中可以发现这一点。广告按照广告系统的逻辑观察社会现象。也就是说，它的观察既是非常精确的，又是非常有选择性的。观察必须实事求是，因为唯有集体性知识，目标群体的精神状况，他们的需求、目的和梦想能够在广告中得到分辨和归集，毕竟，广告的目标是在这些构成要素和被促销的产品之间建构一种情感方面的劝导性关联关系。唯有以这种方式，广告方能在高度竞争的媒介系统中激发对于其信息的注意。此类观察的选择性有双重理由。一方面，唯有诸如消费、服务、生活方式以及品位等领域在主导其行为的经济方面与广告系统相关。另一方面，如前所述，广告只讲述关于其产品和服务正面的故事。即便贝纳通那种聚焦战争、艾滋病、生态污染、天主教修士与修女之间风流韵事的广告策略，归根到底也是为了广告而广告。通过打破广告系统的铁律——从广告中去除所有负面元素——以及禁止其产品出现在这些策略中，它的广告还是为了关注广告这个目的（见图8）。

从这些考虑可见，很清楚，广告不可能像很多作者所以为的那样是社会的镜子。相反，我认为，它的特点可以说是一种指示标志，指向与商品、服务、信息和人物有关的那些社会现象，广告是为了它们而广而告之。

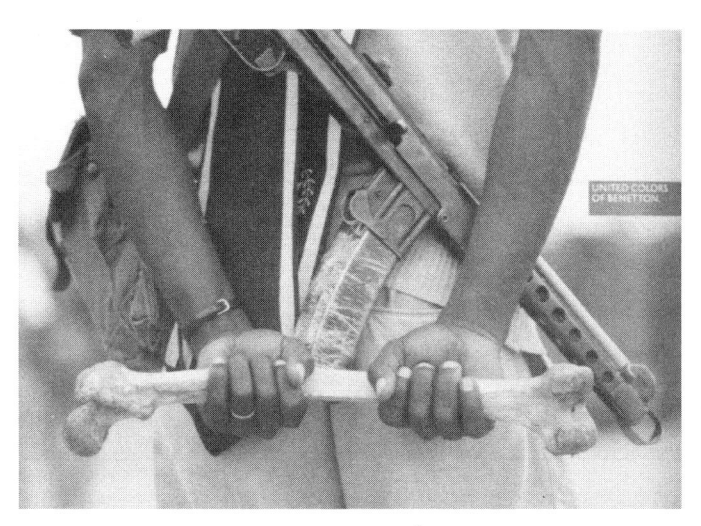

图 8　贝纳通①

广告系统因此可以被看作资本经济与媒介之间的交界面，或者，如迈克尔·苏德森（Michael Schudson 1984：232）所说："广告是资本主义对自己说'我爱你'的方式。"它为社会各种团体提供了对于需求的一种自我观察，这些需求被目标群体的成员认为是相关的，而且，它公开让人们注意到满足他们的机制。广告实现了需求和满足的简短循环。它承诺通过简单的商品和服务消费就可以解决所有问题。因此，如吉多·祖尔斯蒂格（2003：77）所指出的那样，社会做的广告同时也是特定社会所要的广告。

6　结论

本文中，我试图描述广告中以及广告与其他社会系统的关系中不同的指涉回路。很清楚，广告主要是作为一种观察工具而起作用。视频艺术家曼奇耶·托普洛维茨（Maciej Toprowicz）创作了一个视频，他在其中创造

---

① 参看《贝纳通公司的广告策略》（Lorella Pagnucco Salvemini. 2002. *Toscani. Die Werbekampagnen für Benetton 1984 - 2000.* München：Knesebeck，p. 104.）。

了另外一种有趣的指涉回路：他以艺术家身份去观察广告是如何观察社会的，并且以让人纠结的相似或相对的东西，以让人纠结的纳粹政权时期相似和不相似的行动和观察方式，与这种肯定性观察进行对照。托普洛维茨刻意悖反广告系统的原则。通过这种方式，他把我们在我们观察广告如何观察社会时所见到的东西放到了我们面前。

元图画与自指的图画

温弗里德·诺特

1 图画，符号，缺场与在场的对象

图画是再现视觉或视觉想象世界的符号。从石器时代的洞穴绘画开始，图画都是通过相似性来再现的。一幅关于大象的图画，一幅关于风景的油画，一张温斯顿·丘吉尔的照片，都是图画符号，标示着与其所再现对象之间的相似。与其所再现对象相似的图画是像似性符号。相比之下，语言主要是象征性符号，因为文字通常并不标示与其对象之间的相似性，必须通过学习、习惯和规约等形式与其所指东西的相关（参见 Santaella and Nöth 1998）。

尽管文字与图画之间有着这种本质性区别，在其符号潜力之中却也有着基本的相似。文字和图画都是能够激发或者指向缺场对象形象的符号。在其罗列的语言的各种设计特征中，查尔斯·霍克特（Charles Hockett 1977）引入"错位"（displacement）这个术语来描述语言指向遥远时空中的对象这一符号潜力（参见 Nöth 1990：236）。德里达（Derrida 1972：9）将该特征作为普通符号的一个方面进行讨论，他声称："符号代表着在其缺场情形下那种在场的东西。"然而，所有符号都指向某种缺场的东西，这一普泛的说法是无法始终当真的，因为符号还能指向某种在场的东西。镜子的形象和影子，尽管艾柯有过相反的说法（Eco 1986），是指示性符号，是表示其对象在场的形象，并且，如我们将在下文见到的那样，自指性符号也是在其在场情形下指向其对象的符号。

尽管图画的潜力是表明在其缺场或在场情形下的对象,但是,指向对象或者再现对象必然是其主要功能这个说法则可能是错误的。譬如,史前岩画艺术极有可能是用于巫术和仪式目的,并不是用于再现目的(Anati 1994),而更近时期的艺术史的绘画之所以是艺术,并非它们显示什么(指示功能),而是因为它们怎么显示(审美功能)。尽管如此,从今天的媒介文化的观点看,错位肯定是图画一个最重要的特征,因为显然它是全球交流的前提条件。

除了错位之外,"掩饰"(prevarication),即实施欺骗这种潜力,是图画与语言所共有的另外一个符号特征。错位使再现遥远时空中的对象成为可能,而掩饰则服务于相反的目的;一个撒谎的信息所再现的对象,其时间、位置或质性方面的特征都不是该符号所指明的东西。显然,掩饰这一特征并不仅仅使语言使用者和图画制作者能够撒谎,而且使之能够创造幻象和虚构。

本文要探讨的是另一种方式,以这种方式,一幅图画可能不是再现性的;它研究的是元图画和自我指涉的图画。元图画指关于图画的图画(Mitchell 1994:35-82;Alessandria 1996)。它们不是指向非图画对象构成的世界,而是指向其他图画。自我指涉的图画指向它们自身,也就是说,它们有其自身的图画框架之内而不是之外的指涉对象。自我指涉与异他指涉或者单纯的指涉相对,后者正是德里达(Derrida 1972:9)在写到对象的缺场以及符号如何在传统上被定义为指向或代表其他某物而非该符号之时所思考的东西。

2 图画与元图画

自我指涉的图画常常是元图画,也就是关于图画的图画,但并非所有元图画都是自我指涉的。两个分类有重叠,但二者之间的区别常常被忽略,譬如米切尔(Mitchell 1994:35),他把"元图画"定义为"关于图画的图画——也就是说,指向它们自身的图画,被用来表明一幅图画是什么的图画"。我们来尝试区分元图画和自我指涉的图画,将之类比为已经为人们所接受的关于元语言和自我指涉的语言这种语言术语。

元图画这个术语是按照元语言（metalanguage）这个术语造出来的，后者表示关于语言的语言。如"元音""辅音""单词""句子""变位""变格"等都是元语言性质的词语，只指向语言的语言文字符号。与元语言相对的是"对象语言"（object language）。属于对象语言的词语是在非语言文字世界中具有指涉对象的词语，如"鸭""爱""自由"等。按照类比，"元图画"这个术语应该指关于或属于图画的图画。"对象图画"这个术语可以用于指普通的图画，它们并非元图画，而是譬如关于正在飞翔的鸭或者奔跑中的猎豹的图画。我们不用"对象图画"而只用"图画"也可以，不管是否会有弄混的危险。元图画的例子如下：

（1）一幅关于一间房间的图画，带有画框，悬挂在墙上。

（2）一幅以一种新方式引用了一幅著名绘画的图画，譬如杜尚用缺乏恭敬的传奇"L. H. O. O. Q"改头换面地画了列奥纳多的《蒙娜丽莎》。

（3）一幅关于一位画了一位女士肖像的画家的图画（并非自画像）。

（4）一幅关于一位正在拍摄照片的摄影师的图画（并非自拍）。

（5）一幅意义不明的图画，譬如纳克方块（the Necker cube）那种样式。

（6）一幅关于一间房间的图画，房间有一面透视镜，因而能够展现同一间房子看不到的背后内容，就像布拉萨伊（Brassaï）1932年的摄影作品《四季舞厅里一群快乐的人》（*Au Bal-Musette*）那样。

这些图画之所以是元图画，其判断标准如下：图画（1）到图画（3）是描绘另外一幅图画的图画；图画（2）指再现其他图画的内容和方式；图画（3）是关于绘画图画的图画；图画（4）并不是图画的图画，而是关于作图的图画；图画（1）、图画（2）、图画（3）、图画（4）的元图画之间的区别可以像米切尔那样来描述（Mitchell 1994：37），认为它是"显示显示动作"（showing showing）和"显示显示者"（showing the shower）之间的差别；（5）是图画有两种相互冲突的解读那种情形（兔子还是鸭子？老年妇人还是优雅的女士？等等。参见 Mitchell 1994：47–57）。这类图画并不描绘其他图画；它们包括了作为另一种解读的第二幅图画在内，因此创造了两种解读之间的视觉对话。关于图画（6）必须额外说两点。首先，"透视镜"（teichoscopic mirror）可能算是一个新造词；"透视"（teichoscopia）是一种古代的戏剧手段，它通过引入一位传信人，由其从其特别的角度（譬如站在墙上）叙述对于观众而言由于距离而被遮蔽的东西，从而打破戏剧场景的局限，让观众能够得见。类比而言，透视镜就是一面镜子，它通过从其他方式不可能的视角增加一个视域这种方式，拓展了图画的场景。其次，镜子形象并非通常被认为的那样是一幅图画，但它也不是一个"真实世界"场景；相反，它是对这样一个场景的反映，而正因为如此，它是一个关于这样一种视域的指示性符号，它所指向的并非它自己的视域。所以，透视镜肯定是一个符号，关于这样一面镜子的图画（事实上，关于任何镜子的图画，都）肯定是一个元符号。因此让所描绘的穿透式形象被归入元图画这一类，尽管如前所述，镜子形象并不真正的是一幅图画。

图画语境下的大多数元符号都是语言文字信息，但这些并非本文主题（不过，可以参看米切尔1994年的文章《论元图画》["taliking metapictures"] 以及 Santaella and Nöth 1999；Nöth 2003b）。关于语词作为关于图画的符号如何起作用的典型例子，有诸如图画的标题、画家的签名、新闻摄影的说明文字，或者广告的正文主体等。

3 自我指涉的元图画

现在我们为那些元图画引入自我指涉的元图画这个术语，它在一个更为狭义的意义上指向元图画。这类图画之所以是自我指涉的，是因为它们是再现其自身再现的再现，也就是说，它们描绘的图画是关于它们所描绘的东西、它们如何描绘或者它们在何种情况下得以描绘。通常，自我指涉的描绘仅仅是其所呈现的图画的部分再现。例子如下：

（7）一幅"嵌套"（*misen en abyme*）图画，即，一幅再现某场景

的图画，其中包括有一幅关于该场景的图画（参见 Owens 1978；Conant 2005）

（8）一幅某画家"引用"了自己某早期作品的图画

（9）一幅透视镜从另一面镜子中映照出自身的镜子形象的图画

（10）一幅摄影师在镜子前为自己拍照的图画

（11）一幅显示某女士照镜子的图画，镜子中映照的是她自己的镜子形象

（12）一幅关于手（譬如埃舍尔［Escher］的作品）或人（譬如斯坦伯克［Steinberg］的作品）的素描，这只手或这个人在画着自身

与图画（1）~图画（6）不同，图画（7）~图画（12）并不描绘其他图画，而是描绘其自身；（7）在一个更小的图画中包括了自身；（8）在该画家的图画中描绘自身；（9）是自我得以映照的镜子形象；（10）是自我指涉的对自己图片的"显示显示者"，不同于（4），后者是显示不同图画的显示者；（11）是自我指涉的，是因为这个人的肖像在相似视域中出现了两次（而不是一次是正面视角，一次是背面视角）；（12）是自我指涉的，是它采取了一种转换性的方式（参看下文）——图画包括了其自身的再现，此再现似乎是其再现的产物。

关于元图画和自我指涉的元图画所给出的初步定义，可能通过语言学中关于元语言、对象语言和自我指涉的元语言之间的差异描述，能够得到更好理解。譬如，元语言术语"元音"、"音节"、"单词"、"句子"或"文本"等之中，只有"单词"这个术语是自我指涉的元语言术语，因为唯有"单词"本身就是"单词"，而"音节"不是一个音节而是两个音节，而"文本"这个单词根本就不是文本。在句法层面，自我指涉的元语言在书面英语中可以举"This senntence contains a mistake."（本句包含一个错误。）这个例子。它不仅是关于语言的语言（因此是元语言），而且此外，它还有自我指涉，因为其中的"senntence"这个单词的指涉对象——这个单词本来就是一个错拼（正确拼法是 sentence）——就位于这个句子之中，它之中就包含了它所说的错误。相比之下，"The preceding sentence contained a mistake"（前句包含一个错误）是元语言的但不是自我指涉的，因为它指向的是本身之外的一个句子。

因此，元图画证明了图画和语言所共有的一个符号特征，即霍克特所谓的"自指性"（reflexiveness）（Hockett 1977），也就是语言可以创造出自己的元语言这种潜力。然而，元图画与元语言是有区别的。语言具有专门用作文字元符号（verbal metasigns）的特定一类符号，而除了一种例外，图画并没有图画元符号（pictorial metasigns）这种符号上的备用材料。例外的是画框，这个话题我们下面会谈到。

4 像似性的和指示性的自我指涉

元语言的语汇包括象征性符号；诸如"单词""句子"或"介词"等都是规约所确定的符号。相比之下，元图画本质上是相似的；一幅画只有与另一幅画相似才能够对其进行描绘。自我指涉，在语言中和在图画中，都既是相似的又是指示的。"自我指涉"这个术语暗含了两种类型的符号。"指涉"本质上是指示，涉及从符号到其对象的一种指向（指涉）方式，自我指涉，由于其环路特征，表示的是从符号回转到其自身，蕴含的是像似性；在其自身对象中重新出现的符号显然是自身的像似符号。尽管所有自指符号都具有这种双重性，但有些更多地偏向像似，而另一些则更多地偏向指示。我们在自我指涉的语言中，然后在自我指涉的图画中，来更入微地对像似符和指示符所起作用加以考察。如下单词，出于不同理由，都是像似性自我指涉的：

(13) cock-a-doodle-doo（喔喔喔，公鸡的啼鸣声）

(14) quick（快）

(15) English（英语）

(16) Longest（最长的）

(17) black（黑色的）

(18) **bold**（粗体字）

所有这些单词都标示出与其所指的东西之间的某种相似。"喔喔喔"是一个声音的象征性单词；它的声音形式与它所指的声音事件相似。（14）到（18）都是标示它们所指品质的单词，要么是在其声音方面，要么是在其书写形式方面。"快"这个单词本身在发音上就快，是只有一个短元音的单音节。"英语"以一种元语言的方式具有自我指涉性质，发音和拼写上都是如此；它不仅是指向自身的英语语言的一个单词（"英语"显然是一个英语单词），而且听起来是英语的，在拼写方面也是英语的。最高级的"最长的"在关系方面（也就是在图示方面）是像似的。英语中，这个单词并不是很长（葡萄牙语写作 longissimo，有 4 个音节），但最高级的 longest 比原级 long 要长。书面的"黑色的"这个单词在任何未予着色的样态中都是自我指涉的，而"粗体字"这个单词只要是以粗体字样态写出都是自我指涉的。

指示性自我指涉的表达举例如下：

(19) 我（主格）；我（宾格）；我们
(20) 这里；在这座城市
(21) 现在；今天；这个月
(22) 我承诺；我接受；我打赌；我请求您……
(23) 我来了；我们要到了

例（19）、例（20）和例（21）属于所谓的"指向自身"（autodeictic）表达（参见 Harweg 1990）。这类表达指向话语行为的发生情形。第一人称代词"我（主格）""我（宾格）""我们"都是指向说话人的指示符号，诸如"这里""在这座城市"之类表达指向地点，"现在""今天""这个月"指向发话那一刻的话语时间。其他样态的指示性自我指涉发生在诸如"我承诺"等言后的话语行为中。承诺一旦发出便构成承诺指向的那一义务。最后，延续形式中说话的"我"，譬如在"我来了"之中，不仅指某件正在做的事情，而且指关于正在做的事情的话语与之同步。妈妈说"我来了"，那么她不仅做着正在过来的动作，而且（自我指涉地）说她正在过来。（儿子说"我在听"是自我指涉的吗？他能够在做着说话动作的同时听吗？）

5　像似性和指示性自我指涉的对象图画

语言中区分像似性自我指涉和指示性自我指涉的标准，可以用于阐明图画中自我指涉的性质，尤其是对于那些非元图画的图画而言。请思考下面关于像似性自我指涉的对象图画的例子：

(24) 一本几何学书中的一个三角形
(25) 一幅红色的单色绘画
(26) 关于某种对称形式的图画，譬如，蝴蝶
(27) 一幅关于照片的照片

几何学书中的三角形不仅阐述而且再现这种几何图形的特征；它本身就是一个三角形。同理，一幅红色的单色绘画是自我指涉的；它再现一种它自身标示的品质，即，红。像似性自我指涉是抽象艺术的一个特点；抽象绘画被剥夺了指向其他某物这一功能，只显示它们自身色彩方面和几何方面的品质（参见 Nöth 2003a，2004，以及本书第三部分相关论文）。所有对称的形式都是自我指涉的；以对称方式反映出来的形式在很大程度上是像似性自我指涉；进行再现的媒介与被再现的媒介是相同的。

只要其表示其被创造出来的诸种条件状况（地点、时间、方式），那么图画中就存在像似性自我指涉。从一个方面来讲，在口头语言中图画式自我指涉比自我指涉弱。图画式阐述的"我""现在"和"这里"在过去而不是即刻的现在，就像在口头语言中那样。不过，这并不是语言交流和视觉交流之间的一种范畴性差异，因为图画与书面文本一样，就其在卡尔·布勒所称的"源头"而言（Karl Bühler，1934），同样地距离遥远。自我指涉的图像指示符与语言指示符因此必定从书面语言而来，譬如，表明其真实性并因而是真实的文件，作者个性化的并以某种方式部分构成该作者身份的手迹，表示并且同时也正是街道名称的街道牌子。我们按照这一思路，来思考图画中以下自我指涉的例子（它们并非元图画）：

（28）一幅自画像

（29）梵高的自画像

（30）一幅鲁本斯的原作

（31）瓦托所画的一处洛可可景象

（32）我的护照照片

任何一幅自画像都是自我指涉的，正如任何一件产品都是其制造商的指示符（28）。一幅自画像"显示它的显示者"，无须是关于图画制作的元图画。此外，梵高的自画像（29）也在某种程度上"显示它的显示"，这幅画包含着明确无误指向梵高绘画方式的指示符；这幅图画展现了画家及其风格。梵高自画像并不只描绘梵高，而且是一幅梵高（画作）。原始风格在指示方面总是自我指涉的；它明确自身的真实性；鲁本斯的画作传递的信息是"我是一幅鲁本斯作品"（30）。在瓦托的洛可可场景中（31），有更进一步的自指性指示符。描绘穿着绘画当时那种时装的优雅女士那幅洛可可画作，并不仅仅是描绘一个洛可可场景的一幅画；它同时又是一幅洛可可绘画。护照照片（32）就其起源而言只是一幅指示性图画而已，就像所有的照片那样。不过，当我用它表明我本人之时，我是以一种自我指涉的方式使用它。我可以说：这张图是对一度从我身体散发出的光线所做记录；因此它是我身体的一种延伸，甚至是我身体的一部分。在自指环路中，这张图，在其作为我身体部分这一意义上，回指到它所源出的那个身体。——注意，从相反的角度看，譬如边境官的角度，我的护照照片，甚至可以构成我的身份：图片是法律文件，如果我不想惹麻烦，我最好看上去像护照中的照片那样。边境官是首先看照片，然后才看我的脸，这样，他可以判断，我这个他所看的人是否像（像似符号）照片上的人，我是否能够证明我的脸与我的照片之间的对应关系。从这一角度看，护照照片根本就不是自我指涉的。它就像原作（或者"真实"），而我则是图片，是真正的复制品。

下一节要讨论的，是框架这个图画自我指涉的指示性特征。它是元符号还是自指性的元符号？答案取决于框架是被当作图画的一个部分，还是被当作图画之外的一个部分。在第一种情形下，框架是自指的元符号，在第二种情形下，它是元符号，但并非自指性的。下一节的标题预设了以第一种方式来看待框架。

6 框架：自指性图画元符号

每幅画都包含以其框架这一形式出现的自指性图画元符号，这个指示符号传递出诸如"我是一幅图画"之类元信息（因此不是，如，透过窗户看到的一片风景）。处在图画式呈现根基位置的这个元符号，与处在语词交流根基位置的元符号之间，有着一种类似性。语词信息也传递一种根本信息，明确标示场景是交流性的场景。奥斯汀（Austin 1962）将符号产生于其中的话语行为称为"言内行为"（locutionary act）。它的信息，或多或少的，是"我在说话"。普利托（Prieto 1966），考虑到一般意义上的符号，称之为"义素行为"（semic act）。大体上而言，义素行为明确标示一个信息是一个信息，标明"我就是一个信息"。

一幅图画可以用两种方式来说是被加上了框架的。第一种方式和图画在视觉领域中所占据的空间有关。我们可以将它称为空间框架。它的信息基本上是"我所划出的空间是一幅图画"。第二种方式是比喻意义上的框架。它指的是图画信息在其中成为一个由说话人发出、说给受话人听的信息的环境。与克里斯蒂安·麦茨所引入的术语（Metz 1991）类似，在电影研究语境中，这种框架会被称为"宣示框架"（enunciative frame）。

在空间意义上为图画划出界线的框架，要么是物质的，要么是非物质的。物质性的框架不只是划出界线，它本身还要占据一定空间，处在图画及其视觉环境之间。它可能是木头质地或者金属质地的框架，围绕其边缘或者在表面盖上一层玻璃。在印刷出的图画中，它是图画和页面白边之间的白色或彩色边缘，或者把一幅图画和同一页上的另一幅图画分隔开来的白色边缘。物质性框架标志着图画和图画插入其中的视觉领域之间的分界线。

一个意义上，物质性图画框架是图画的一个部分，因为它标志着该图画是具有一定价值的物品，值得保存、展览、卖出或者拥有。另一个意义上，物质性框架并非图画的一个部分。譬如，可以用一个新框架来换掉它，而图画在本质上依然如故。物质性框架这种暧昧特色——似乎是图画的一个部分，同时又似乎不是图画的一个部分——在描绘出一幅带有框架的图画并由此变成一幅元图画的时候，就不复存在了。作为元图画的组成部分，所绘出的框架显然是物质性框架的对象图画。

非物质性图画框架是每幅图画都有的框架，无论它是否由物质材料制作而成的框架。它决定了图画呈现可能的空间限制。每幅图画都有一个非物质性框架，即使这个框架可能是模糊不清或者难以明确的。有时，这个框架是与表面上出现的人物轮廓共存的，譬如，画在一面白墙上的政治领袖人物。这种情况下，该人物的轮廓构成了非物质性的图画框架；该图画的表面不过是一面画有图画的墙壁，而不是一幅图画。没有图画空间界线这一意义上的非物质性框架，图画就会与视觉世界共存，失去其作为一幅图画的特质。即使是从一幅更大图画中切割出来的一幅图画，也是有着非物质性框架的。

宣示性图画框架明确发话人是画家、摄影师、广告代理商、编辑或者出版人，观看者是艺术鉴赏家、杂志读者、博物馆参观者或者暴露于公众视野中的消费者。角度是宣示性图画框架中一个至关重要的元素。它表明，无论发话人是从下还是从上拍照或者绘画，都不得不考虑受话人面对这副图画的视角。关于言语和图画宣示的各种理论，都与叙事性理论紧密相关，因为它所探索的是叙事声音及其真实或意向的读者。

除了空间框架，图画信息并不会调用任何其他特定"片断"符号群来表示图画的自我指涉或元图画特征。语言有着丰富的元语言术语库和指示性词语来明确时间和空间中的发话人和受话人，图画与之不同，并没有一个元符号库，表示自我指涉或元图画指涉的东西必须由观看者从间接证据推导而出。这些推导可能是含混或者误导的，与这些含混打交道常常被用于创造悖论式的图画，譬如，图画描绘的是仿佛画在墙上的窗户，或者反过来，图画描绘的是仿佛透过窗户看到的风景。我们后面还会谈到图画和元图画之间或者图画与自指性图画之间的这类含混，不过我们要先通过例子来考察目前所考察过的各个分析范畴。

7　三只猎豹还是一只猎豹？

我们来详细考察巴西网络提供商"特拉"（terra）一则广告的上半部分元图画和自指性图画的特征（见图 1）。尽管这则广告的下边部分包含了一条语词信息，谈到了这家公司的服务项目，上边部分显示的是一只猎豹的图画。二者之间的唯一关联是速度，这一特点明面上归到了供应商所提供的互联网服务上，间接地或者是以假定的方式归到了画面中高速奔跑的那只猎豹上。动物天性和高技术这两个语义场域的偏差，让读者得出猎豹必须被解释为关于迅疾的一种视觉暗喻。技术提供商和世界速度最快的陆地动物，二者之间似乎没有其他关联。作为一种视觉暗喻，这幅猎豹图画是一幅元图画，用于表示某种其他东西，即迅疾这一理念。就此而言，这幅猎豹图画是他指性元图画而非自指性元图画。

图 1　巴西网络提供商 terra 的一则广告

这则广告的图画信息显示的是摞在一起的三幅相互重叠的图画，每一幅都表现一只猎豹。上面的那幅是不完全的猎豹的抓拍照，一下拍成，焦点去掉了左右空白处的猎豹头尾。下面是另外两幅图画，通过其重叠补充了去掉的部分，第一幅图画中去掉的头和尾被补足，得到了一幅完整的猎豹图画。这一摞中第二幅图画是一只同样大小的猎豹的炭笔画，我们只看到它的尾巴，它的身子显然藏在部分遮住它的第一幅图画的下面。前两幅图画之下的那幅图画是一幅猎豹油画，画家签名在右边底部；它补足了抓拍照中去掉的头，它的其他部分则被另外两幅重叠的图画盖住了。

这则广告的视觉信息可以用两种方式来解读。要么将其看作由三幅图画构成的一幅图画，要么将其看作由对猎豹的三个部分做出的呈现所构成的一幅图画。如果看作由三幅图画构成的一幅图画，这则信息就被解读成一幅元图画，里边每幅图画都包含有与其他两幅图画相关的信息。譬如：(1) 三幅猎豹图画从左到右相互补充；(2) 第一幅猎豹图画在上，第二幅在中间，第三幅在另外两幅下面；(3) 第三幅是右边冒出来，第二幅是左边冒出来；如此等等。

如果被看作一只猎豹的一幅拼合图，图画信息则在两个重要方面被看成自指性元图画。首先，它是关于图画制作的图画。它表示的是摄影师未能成功选定正确焦距时所发生的事情；它表示的是彩色摄影、黑白炭笔画和油画三种图画类型之间的特定差异；它表示的是白边框架、非物质框架和木质框架三种框架构造；它创造出同样大小的三幅完整图画这一脑中形象，每一幅都是另外一幅的像似符号，如此等等。

其次，这摞图画中的最上面一幅极为不同的是自我指涉性质的。它是抓拍照，这意味着它是飞速制作出来的。此外，它显然拍得太快，以至于结果是不幸地得到了一幅不完整的图画。有着这些瑕疵的快拍，表现的是快速运动中的猎豹。图画以暗喻方式对速度进行描绘，将自身作为速度特征加以表现，在这一意义上，它是一幅自指性图画。

三幅图画中，抓拍照和油画清楚地有物质框架标志，照片的是白边，油画的则是木质框架。炭笔画，相比之下，只有其非物质框架，即白纸的空白位置。此外，这一摞的第一个框架和第二个框架有阴影标志，表明其光照来自左上方。宣示性框架表明第一幅图画的发话人是一位摄影师，第二幅的是一位素描者，第三幅是一位画家。如果将其看成一幅图画，那么发话人就是广告的设计者，其将三个信息组合成为一体；是广告代理商在对与其有着合同的人发话；是互联网提供商在对其潜在顾客的人发话；如此等等。

8　幻觉派与欺骗性的宣示框架

现在我们回到宣示性图画框架这个话题，考察几个或许比先前的能更好表现其关联的例子，其中对关联性的描述可以得出相对明显的结果。这些框架的关联，在就图画的宣示性情形而言存在某种含混时，就其发话人、受话人甚至就其作为一幅图画而言存在不确定性时，最为明显。我们将用4个例子来表明这种含混：（1）照相现实主义绘画；（2）图画仿冒品；（3）帕拉休斯（Parrhasios）的超幻觉派帘幕；以及（4）马格里特（Magritte）的反幻觉派烟斗。

照相现实主义。一幅图画也可以是一个完整的自我呈现，其中，做出呈现的图画能与被呈现的图画有相同的扩展空间吗？看上去似乎一幅图画不可能在其总体性中成为自我指涉的。这样一幅图画或许是它自身的自我指涉，那么，如果二者有相同的扩展空间，我们又如何分辨被呈现的图画和做出呈现的图画呢？尽管如此，极为接近总体的图画自我呈现边界状况似乎是存在的。想想一幅照相现实主义的绘画吧。这样一幅绘画创造出它是一张照片这种幻觉，但是，它同时又假装自己不过是一幅绘画而已。作为关于一幅图画的一幅完整图画，照相现实主义绘画和任何复制品一样，都是元图画性质的，但它也是自我指涉的。它是同时指向两种图画的一幅图画，而这两种图画实际上并不是作为两个独立的东西而存在。许多照相现实主义绘画甚至不是已有照片的复制品，而即便它们是，它们对该照片的指涉也是相当微不足道的。既然它们对该照片的指涉只不过是精神上的，描绘和被描绘的图画可以说是有相同扩展空间的。

仿冒品。当人们知道其并非原作之时，复制品和仿冒品都是元图画。二者都是尽可能忠实地呈现其他图画的图画，但是，只要它们不掩盖自己的性质，它们作为复制品和仿冒品的这一元图画指称强调了做出呈现的图画和被呈现的图画之间的不同。一件复制品可以说是传递出"我不是原作"这一信息。因而它既是指向原作又强调它不同于原作。由于有着这种距离，复制品宣布自己是他指性的元图画。人们知道其为仿冒品的仿冒品，也可以如此思考。而被当成原作的仿冒品，相比之下，是作为原作来看待的，所以不是元图画。

帕拉休斯的超幻觉帘幕。语言方面，宣示性框架主要是关于说话的是谁；某人是否在说话这个问题很少出现。说话人需要表示他/她在说话而不是，譬如，在呼吸、聆听、观看、吃喝、唱歌之类，这种情况很少。虽然"你在听我说吗？"这个问题在日常谈话中并非罕见，一个人不得不问出诸如"你在说话吗？"这种问题的情况是难以想象的。说话声音不会与说话人环境中发出的许多声响信号竞争。而图画不同，它们更多地沉浸在相互竞争的非图画符号所构成的视觉领域中，在作为"是否是艺术？"的视觉艺术领域中问到"是否是图画？"的问题则并非偶然，这已经是达达派之后关于视觉艺术的重要话题之一。

这就是为什么图画看上去更需要类似于"我是一幅图画"这种根本性自指信息的原因。这个问题在希腊神话中就已经出现。普林尼（Pliny）讲到过关于宙克西斯（Zeuxis）和帕拉休斯两位画家争夺最佳绘画奖的传说（*Nat. hist.* xxxv：65）。宙克西斯画了一幅葡萄，画得非常好，以至于鸟儿都飞来啄食。很骄傲自己骗过了鸟儿，让鸟儿都以为是真的，宙克西斯转过头看着自己的对手，请他移开帘幕展示自己的画。帕拉休斯胜利了。帘幕是画出来的，他的艺术作品不只骗过了鸟儿，而且骗过了对手，对手把它当成了真的帘幕。这个传说是关于通过图画进行艺术欺骗（参见 Moeller 2003）。两位画家都成功地掩藏了它们的绘画所传递的"我是一幅绘画"这一基本的自指信息。

马格里特的反幻觉派烟斗。马格里特走了相反的路来质疑宣示性框架信息。在他著名的那幅烟斗图画中，通过使用"这不是一支烟斗"这句看似矛盾的言语表达，他所采取的策略是摧毁帕拉休斯所独有的那种图画方面的超幻觉派观念。如果将其读作关于宣示性图画框架的一句评论，那么，他关于这幅图画的言语方面的元信息中是根本不存在什么矛盾的：所呈现的对象当然不该与进行这种呈现的图画混为一谈。

9　言语悖论与图画中的跨层式自我指涉

自我指涉是语言中悖论的来源之一。想想克里特人埃庇米尼德斯（Epimenides）吧，他有句话叫作：所有克里特人都是撒谎者。这句话产生出那个著名的悖论：如果埃庇米尼德斯说的是真话，那么"所有"克里特人撒谎就是假的，因为至少有一个人说真话；如果他，像所有其他克里特人一样，撒谎了，那么他这句话成了自相矛盾，变成"所有克里特人都是撒谎者是一句假话"，双重否定使得意思发生反转，即，克里特人不撒谎。这一悖论来源于其自我指涉性质：说话人的话指向说话人的话语行为，但这一说法的语义层面与语用层面发生冲突——说话人所说的东西以及他所指的东西的范围，部分内容是其他人说的，部分内容是他自己说的。

埃庇米尼德斯悖论表明了一种言语的自我指涉方式，它不是更加狭义上的元语言的，因为克里特人对于音素、词语或句子方面什么都没有说，他也没有谈及任何有关希腊语或拉丁语的什么东西。的确，元语言这个概念偶尔也在广义上使用，它包括了自指性话语行为，譬如埃庇米尼德斯这个，在这一更加广义的意义上，人们可以说埃庇米尼德斯悖论也是一个元语言悖论。然而，更加狭义的元语言与这样一个广义的元语言之间，有着一个重大区别。诸如"词语"或"句子"之类元语言术语明确指向语言，而埃庇米尼德斯悖论仅仅是在不明确的意义上是自指的。言语方面自我指涉的来源是未被表达出来的言后行为，如果以元语言式转换的形式来明确表示就是："我，克里特人，说所有克里特人说不真实的东西。"

埃庇米尼德斯的悖论和图画呈现之间有一个著名的类似：画着这只手本身的埃舍尔（Escher）的手。在这幅图画中我们所面对的这种自我指涉是跨层式自我指涉（参见 Ryan 2004）。"跨层"（metalepsis）这个概念借自修辞学，它是一种叙述手段，叙述人通过这种手段参与其所创造出来的虚构人物的生活，或者反之，作者本人叙述创造的角色开始与作者对话起来（譬如在皮兰德罗［Pirandello］的《寻找作者的六个角色》［*Six Characters in Search of an Author*］这部作品中）。叙述上倒转的自指性在宣示性框架中有所解释：说话人变成了自己说给自己听的受话人。画着其自身的手这幅画中的跨层元素，在于被画出的手转变成了一只正在作画的手。埃舍尔的信息似乎是要传递这种悖论式内容："我，绘画者的手，正在画一只画着这只手的手。"图画跨层这种手段在卡通这种类型中受到一定的欢迎，动物或人物角色偶尔开始改变其外形，因为画出的人物通过添加、省略或者改变自身绘画的线条和样态开始改变自己的绘画。

10　结论和展望

元图画和自指的图画之间的差异和重合正是本文讨论的主题。尽管本研究中确立了众多区分，还须指出的是，仍有其他图画自我指涉值得加以分辨（参见 Nöth，本书第二部分）。此外，对本文中所确立的这些范畴的研究，或许揭示，必须承认元图画、自指的图画以及自指的元图画之间存在逐步转变。从更普泛的符号学角度看，甚至有可能是，所有元图画都调用到某种自我指涉，而所有自指的元图画，在某种程度上，它们都是元图画。毕竟，元图画是图画的图画，这暗示着某种自指的环路。元图画和自指的图画都要求对图画呈现的性质做出反思。然而，即使元图画和自指的图画拥有极为普遍共通特性，在它们之间仍然也应该能够找得出相当微妙的差异来。

"绝对的匿名"：不透明广告中的自我指涉

宁娜·毕莎娜

1 指涉与自我指涉的广告

按照营销战略家们旧式的"爱达"模式（AIDA-formula），广告的目的是吸引注意（Attention）、激发兴趣（Interest）、催生欲望（Desire）并采取行动（Action）。带着这些目的，广告于是成了一种通向目的的手段而非目的本身。这种手段从吸引人们关注信息开始，而信息标榜的是可获取的商品或服务宣称具有的正向品质。"采取行动"的结果，就是创造出消费和利润。手段和目的都证实广告具有的指涉性质。

广告想要传递关于某物的信息。一旦我们发现我们面对广告，我们知道，我们面对的是一个指涉性的，或更确切地说，一个异指的信息——指向市场一个构成部分的信息。自我指涉的广告，即，指向其自身而非产品和服务的广告，于是产生出一种悖论：既然自我指涉的信息是只指向其自身，这样一个信息怎么能够是关于商品和服务的呢？怎么能够达成经济行动这种结果呢？这样一个信息到底是不是广告呢？

2 作为一种自我指涉形式的不透明广告

本文的主题是不透明广告，也就是，在这类广告中，产品或服务、商标、广告人以及广告信息本身都被掩盖起来了，只能通过广告话语阐释者的特殊努力才能够得以发现。根据阐释者的广告识别能力，这些广告可能激发皮尔斯所谓的不完整符号活动过程：它们可能无法达成符号受其对象决定而产生出解释项这种三元操作。对广告起决定作用的对象可能仍然不透明，除了指回信息本身之外的指示符号之外，没有其他任何指示符号。假装要广告的符号对象仍然像个谜团，解释项也不完整。后面将讨论到，这个谜团并不太多地涉及对文本类型本身的确认，因为形式上的标指，诸如摆放、陈设、分类以及其他图形手段明确地把广告和它周围的信息区分开了，由此而在迈向符号活动的第一步中宣示了"这是广告"。然而，在对被确认为广告那种东西加以阐释的过程中，如果不投入更多的时间和努力对其进行解码，读者或许不能明辨广告信息的真正对象。

本文的符号框架是查尔斯·S. 皮尔斯的三元符号模式。与之进行参照的是其他符号学家的模式，按照皮尔斯的说法，是符号及其对象之间的关系，而自我指涉意味着符号指向其自身，而非别处的某个对象。皮尔斯区分了两类对象，直接对象和动态对象，进而区分了三种解释项：直接解释项、动态解释项和最终解释项。

3 符号前提

"一个符号只有被作为一个符号来解释才是一个符号。"（CP 2.308）皮尔斯通过这一说法，描述了符号操作的实用和功能性质。符号可以被描述成对象和思想之间的中介。在广告中，这一操作被称为符号活动，它发生如下：潜在的顾客必须注意到广告（符号），广告的对象是产品、服务、市场、公司等。顾客的思想必定受到有关该对象的信息影响，或许受其鼓动而购买或消费广告所宣传的该产品。这些是构成其解释项的那个符号产生的结果。如果潜在消费者不能成功阐释信息，则符号和经济的运作无法启动。

按照皮尔斯的看法，任何符号活动操作都涉及三个普遍性的范畴：第一性、第二性和第三性。第一性指尚未得以分辨的、独立的可能性和品质就是"如此这般性质"。这是不指向任何其他的存在样态。广告信息，在其第一性中来理解,尚且根本算不上一个信息,因为它的语言和图画方面的要素将会在不与其他任何相关地来理解。在第二性的层面,第一是和第二相关的。第一是广告,第二是产品、服务等。第二性在指示性广告中占据支配地位,指示性广告是指向产品或商品存在的,以购买为诉求。第三性以第一性和第二性为前提;它是中介范畴(处在第一和第二之间),和意义、期待、习惯相关。在广告中,它是熟悉信息、熟悉产品的阶段。如果在记忆和习惯中得到锚定,第三性在广告中的发展就尤为充分。

对于皮尔斯来说,符号构成了一种三元关系,包括指示符号、被符号化了的物以及产生在解释者思想中的解释项。根据他最常被引用的其中一个定义:

> 符号,或再现体(representamen),是对于某人而言在某方面或某能力中代表着某种事物的东西。它对某人言说,也就是说,在此人的思想中创造出一个等同的符号来,或许后者可能发展得更为充分。它所创造的这个符号,我称之为第一个符号的解释项。这个符号代表某种东西,它的对象。它之代表那个物,不是在所有方面,而是就一种理念而言。(CP 2.228)

将之运用于广告,符号的三个相关项就是符号、对象和解释项。符号(或"再现体")是如此这般的广告文本,譬如杂志广告或者电视广告;皮尔斯在其他地方又称之为用作符号的"可感知之物"(perceptible object)。

符号的"对象"本质上是广告在其信息中所传递的某产品、某服务、公司的某种"企业形象"或者一种理念。不过,符号不能依靠自身来确立对于对象的认知;它以熟悉其对象为预设前提。在符号活动中,对象因此实际上是先于符号的。此外,皮尔斯区分了两种对象:直接对象和动态对象。

> 我们必须区分直接对象(the Immediate Object)和动态对象(the Dynamical Object);前者是以符号本身来代表的那个对象,它的存在因此有赖于符号中对其的再现,后者是现实,通过某种方式谋求决定对其再现的符号(CP 4.536)。

直接对象是被符号所再现的对象,动态对象则在某个意义上是符号所源出的现实。然而,后者是不可通达的;它只能通过符号被指示,要想认识它，解释者需要对该对象具有"双边经验"（CP 8.314）。按照皮尔斯的说法，"没有哪个符号能够被充分理解——除非解释者对于它的每个对象都具有'双边的熟识'"（CP 8.183）。对于动态对象的这种了解，或者，用皮尔斯的术语来说，它的现实，只能通过逼近来领悟。学者们在无限的科学研究中，有可能越来越接近符号的动态对象。① 在广告中，如果直接对象是广告所呈现的商品或服务，那么，动态对象就包括市场的所有经济力量、最为详细的产品信息、价格规范和机制等在内——这些繁复的东西即使是经济学家或市场研究员也从未完全明了。

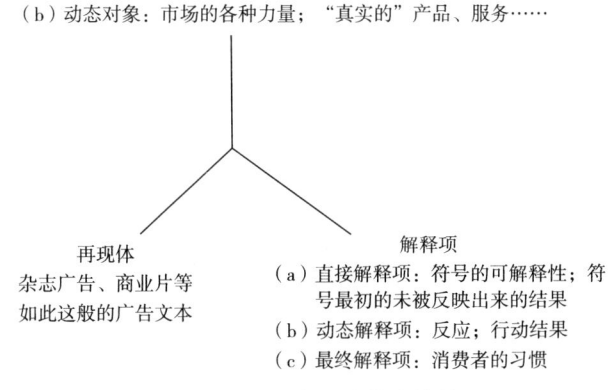

对象
（a）直接对象：符号所代表的产品或服务
（b）动态对象：市场的各种力量；"真实的"产品、服务……

再现体
杂志广告、商业片等
如此这般的广告文本

解释项
（a）直接解释项：符号的可解释性；符号最初的未被反映出来的结果
（b）动态解释项：反应；行动结果
（c）最终解释项：消费者的习惯

图 1　皮尔斯视角下广告中的符号

这些由广告文本在解释者思想中创造或激发的观念、思想、意识、印象和行动，构成了它的解释项，而解释项又渐次地在无限的符号活动过程中成为一个新的符号（CP 2.303）。符号的解释项本身就是一个符号。当该符号，譬如，激起的是一个观念，解释项就是一个精神性的符号，当它激起的是一个问题或者回答，那么它就是一个言语符号，而当它激起的是一个行动，那么解释项就是一个非言语的符号。每个符号因此而在无限的符号活动过程中变成一个新的符号（CP 2.303）。皮尔斯区分了三种解释

---

① 皮尔斯给出的直接对象和动态对象的例子是"太阳是蓝色的"这句话，其中，对太阳蓝色的认知或感受构成了直接对象，波长引起蓝色外观这一物理现象就是动态对象（CP 8.183）。

项：直接解释项、动态解释项和最终解释项（CP 8.315）。① 直接解释项是符号品质可能产生的任何印象或感觉（譬如，广告中的色彩设计或者音乐）。这是一个符号产生的第一作用，但尚未成为一个符号产生的任何具体反应或者直接后果，后者即动态解释项，譬如，按照"进来发现吧"（Come in and find out）这个要求采取行动——这是一家香水厂家的广告语。动态解释项的各种后果，包括精神躁动和肢体行动、消费者的好奇心以及其为了购买某产品而走向货架的动作。逻辑解释项是由法律或习惯决定的。在科学领域，它是研究的最终结果，可以（在理想意义上）宣称是真理和统一的认识（譬如词典中对某个单词的定义）。在广告中，它就是消费者消费广告所推荐东西那种习惯。

图1表现的是将皮尔斯的三元关联符号模式运用于广告这一文类。

4 范例

以下关于不透明广告的例子，表明广告信息的对象和解释项是如何不直接可见的。读者在试图解码广告过程中，甚至可能无法受到对象影响，从而产生与之无关的解释项。不透明广告中的符号操作可能产生混乱、迷惘、惊讶等后果，因为符号似乎根本什么都不代表。符号根本不履行代表其对象这一直截了当的功能；相反，它回指到广告本身，从而几乎变成了自我指涉性质。

图2表示的是一例，是图画谜语形式中的一则自指性广告。尽管根据语境框架（这里是杂志中的一个页面，明显不同于其周围的编辑们的文本），该文本显然可以被确认为广告，然而，由于明显缺乏文字或图画方面的线索，所广告的产品、信息的发送者，对于一般接收者而言都是不透明的。该信息的直接对象是不明确的红色背景，有一个描绘三个白色图形

---

① 这些术语有时与情感、能量和逻辑解释项作同义词使用。但有些学者把情感、能量和逻辑解释项理解成动态解释项的一个分支，对一些学者而言，它是直接解释项、动态解释项和最终解释项这个三元结构的三重再分范畴（Nöth 2000：65）。

图 2　经过掩饰的麦当劳公司标识①

的绿色符号：一个跑步的人，一个指向右边的箭头，以及一个像两道拱廊或者大写字母"M"的图像。按照其对世界的了解，即皮尔斯所谓的"双边经验"，读者可能把带有白色图像的绿色符号认作紧急出口符号——这种样态国际惯例是表示紧急出口符号，所以许多人把这个图像理解成它是以下面信息之一作为其解释项的："遇到紧急情况，跑向（a）……两道拱廊（未予明确）/（b）……汇合点（未予明确）/（c）……'M'（未予明确）。"遇到紧急情况跑向哪里仍然是不确定的。所以，读者可以得到结论，要解决这个谜题，关键在搞清那个未予明确的方向。熟悉广告世界和公司标识世界的接受者，也就是对其而言预计可以得到关于该对象的既有的"双边熟知"那些消费者，会将两道拱廊解码为特殊化了的字母"M"——快餐连锁店"麦当劳"的标识，该标识通常是红底黄字的。通过颜色变化，广告者模拟了一个不太容易弄明白的符号对象，他们创造出了一个会让其读者一时被误导的解释项。成功辨认出该公司标识的接受者会创造出一个将其与自身关于这些地方的经验关联起来的解释项，在这些经验中，他们对这家快餐公司及其提供的服务是熟悉的，从而反转最初的自我指涉，使之指向"麦当劳"的世界。他们对该公司标识之前的熟悉，使它被再度认出成为可能。对于那些认出麦当劳信息的人而言，直接对象，符号所代表的那个对象，更接近该信息的动态对象。那些被误导的

---

① 参看 Willi Schalk, Helmut Thoma and Peter Strahlendorf (eds.). 2000. *Jahrbuch der Werbung 2000*. Berlin: Econ, p. 144。

人——无论是因为他们没能认出经过掩饰的公司标识，还是直截了当的是因为他们对其作为一个知名符号不熟悉——都没有受到这个动态对象的影响。他们必定因为缺乏与之的"双边经验"而不能认出这个标识，只会把这个广告信息当成一个不完整的述位符号，其信息是开放的。他们的阐释被限制在直接解释项层面，产生混乱、惊奇或者缺乏关联性等感受。

图 3 显示的广告，通过遮挡产品名字，使所描绘的瓶子上面的商标模糊化，有意掩盖了其所广告的产品的身份。因此，瓶子图片下面的广告语变得纯粹冗余，因为它只是重复了我们从模糊的商标中已经得出结论的东西：这条信息是"绝对的匿名的"。该符号中所表现的对象仍然谜团一般。尽管广告成功地吸引了观看者的注意，甚至可能激发起他们的兴趣，然而，只要产品身份不透明，欲望和行动就不能被唤起，广告只能指向它自身。①

图 3 不透明的产品名字（Absolut Vodka 的广告）②

---

① 能够识读广告的接受者肯定直接就抓到了这则广告的双关意味，并辨认出它的指涉对象，因为 Absolut 这个牌子的伏特加广告风格几十年如一：伏特加酒瓶加上始终用 Absolut 开始的两个单词的广告语。广告这种重复风格在一个不同方面而言是自我指涉性质的。

② 参看 *Der Spiegel* 46/2002，p. 62。

为了避免信息的完全失败，广告含有能够帮助解码其信息的某些线索。第一条线索是"绝对的匿名的"这条广告语提供的，读者会觉得这句话读起来语法不正确，该用副词"绝对"（absoutely）而不是形容词"绝对的"（absolute），因为修饰形容词的应该是副词（即使是当作形容词，拼写也不应该少了字母 e）。"absolut"这种写法是一个语法错误，它让读者去关注到这条广告语。它可能会让人想起瑞典一种名叫 Absolut 的伏特加，而这一之前知识（"双边经验"）让人能够更好地对这条广告做出解释。但是，那些不熟悉 Absolut 这个品牌名称的人，则仍然需要面对这个关于自指性信息的谜团。不过，如果他们注意到印在瓶子标签上的小字，他们也是能够成功辨认这一产品的。印刷文本告诉他们，广告中所描绘的瓶子包含酒精（酒精度 40%），特别是诸如"超醇伏特加""自 1879 年就以 Absolut 为名行销市场"等字样。对于那些未曾参与寻找对象这个活动中的读者来说，信息仍然是自指性的，没有任何标示指向自身之外的某物。

文字锚定在图 4 所描绘的广告中起着重要的作用。一眼看去，该广告似乎遵循的是传统广告策略。它展示的是一幅图片，尽管图片不太具有吸引力：一个公司标志（大众），以及以广告语（"司机所想"）形式出现的一个诉求。消费者可以很快推断出，这是大众汽车的一则广告。该信息

图 4　不透明的品牌（大众新甲壳虫）
（最底下一行字，左边是"卖场可见"，右边是"司机所想——大众"）①

---

① 参看大众广告数据库，Nr. BE020USPR。

满足符号三元构成（广告本身）、符号对象（可供购买的大众汽车）以及解释项（消费者急于购买大众汽车，并对其质量无比信任）。

但广告左下方的说明文字却让人感到混乱。它那省略句的信息是"卖场可见"。这个说法让读者很是好奇：卖场可见什么？文本只能指向表现几块地砖的图片，地砖中还有裂缝，图片右下角还有一个购物袋。这幅图片和大众汽车没有明显的关联。然而，这句说明肯定了，图片中有着某种有待发现的东西。更仔细地看，图片信息的对象可以得到辨认：地砖中一道凹陷特别突出；它的样子像是大众的甲壳虫汽车。在目前所讨论过的其他所有不透明指涉对象的案例中，符号的动态对象似乎都是不可见的，而实际上却始终是在场的。然而，要辨识信息这种暧昧不明对象，不仅需要读者为解码广告而付出努力，还必须带进关于产品、市场和广告所构成的这个世界的知识。这种知识必须先于符号，并且为其动态对象所决定。在大众这个例子中，消费者要解决谜题就必须熟悉甲壳虫车的形状。无法辨认该车形状的读者仍然能够得出一个非常泛泛的信息，也就是，明白这是一则大众汽车的广告，却抓不到它额外的那种调皮味道。换言之，该广告的自指特征扎根在说明文字以及它对图片的评论"卖场可见"之中。只要读者无法辨认对象在图片中留下"卖场可见"的痕迹，这一评论仍然是充满谜团的、自指的。

现在来看我们的最后一个例子。2000年夏天，德国市场上一家新能源供应商发起了一场吸引了每个人注意力的广告大战，开始让未来的消费者注意到它的存在。这场大战包括印刷广告、广告牌、电视广告片等，所有的都只表现红色，也就是说，杂志中全红的一页，红色的广告招贴，或者几秒钟之久，在电视上的广告片中只有红色。这家能源供应商的名字没有包括在大战中，同时，这家身份未明的公司是市场上绝对的新来者，因此，任何关于该公司及其广告策略等的之前信息都无法利用。消费者只能完全一头雾水地面对自指性的广告信息。在红色的外表上，没有任何关于广告的含义、发送者、意图等的线索。尽管如此，外文本标记明显地表明这些信息属于广告：在电视上，红色外表是出现在商业插播中的；在新闻杂志中，"广告"这一题头将红色这页与其前后的报道文本区分开来，招贴张贴在适于户外广告的广告板上。

仅仅呈现红色，却不指向时空中任何特别之物，这使得该广告信息具有无数的阐释可能。该信息是述位的质符，两次都被赋予作为第一性符号和只表示如此这般的特点。这类不指向他物的符号在每个方面都是自我指涉的。无法确立对象关系（第二性），没有三元符号活动发生。尽管消费者可以把红色看作关于爱、危险或左翼政治团体等的象征，该广告中却没有任何符号表示或支持这种解释。将其关联上单色绘画传统，譬如克劳德·图希尼昂（Claude Tousignant）的《单色画·红》（*Monochrome Crimson*），也无法给这个不透明信息带来任何答案。消费者面对的是一个真正的谜题，与上述例子都不同，它并不包含任何风格或形式上的指示，可以让我们解出广告信息的意义。信息的对象仍然是一个谜，尽管根据红这一颜色，也许其中具有某种第二性的东西，譬如注意力、对行动的压制（红色交通灯）等。图 5 按照皮尔斯对对象和解释项的分类，对此进行了梳理。

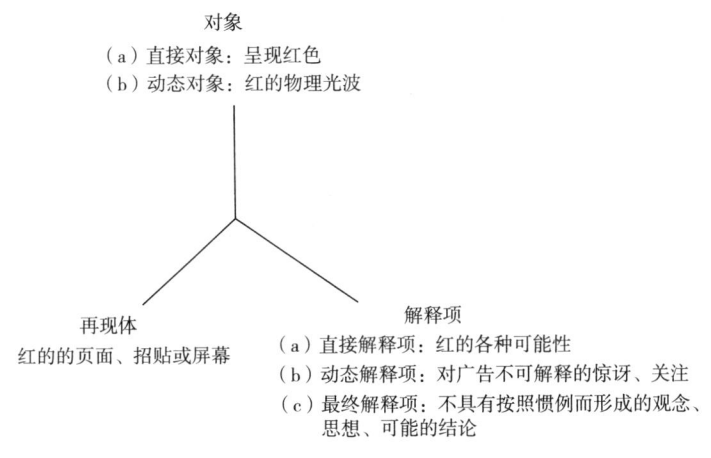

对象
（a）直接对象：呈现红色
（b）动态对象：红的物理光波

再现体
红的的页面、招贴或屏幕

解释项
（a）直接解释项：红的各种可能性
（b）动态解释项：对广告不可解释的惊讶、关注
（c）最终解释项：不具有按照惯例而形成的观念、思想、可能的结论

图 5　自指性广告中不透明对象和谜一般的解释项

这样一则广告的目的是什么？通过违背广告惯用方式，它肯定吸引了注意。它还要求后续的广告大战为这个谜题给出一个解。在红色广告战出现的几周之后，红色表面上补上了公司的名字 *E. ON* 以及公司名头"新能源"。*E. ON* 这家能源供应商是市场上的新来者，广告人想要达成公众对这家新公司的关注，想要确保人们今后想到红色就想到 *E. ON*。这家公司的主页对它的广告策略有如下评论："德国人的确看到了红色。在搞明白了

这种公司颜色之后,秘密就揭开了"。① 红色成了公司自身身份的一个组成部分,在其广告战略中至今仍起着主导作用。

5 谜题与不透明广告

到目前为止,关于不透明广告的讨论都可以被划入谜题类。对谜题的研究可以分成真谜题和假谜题,譬如玩笑或者智力问题(Abrahams and Dundes 1973)。后者,尽管是谜题性质,却不能从问题所呈现的内容中得出答案,玩笑类问题的答案纯粹是主观而武断的,② 智力类问题的答案则取决于解谜人的普遍知识。③ 真正的谜题,与之不同,尽管是为了混淆视听而被设计出来的,却是带有描述或者线索的问题,允许对指涉对象进行猜测。谜题要求人们使用自己的智慧,正确地解释或者"解读"符号,以便达成正确的解。④

谜题式广告让其信息的对象不透明,与真正的谜题相似。完全的谜题式广告不能传达关于其对象的信息,肯定是不成功的。广告人不能承担空洞信息的危险。他们必须在其中纳入可靠的线索,帮助消费者解码他们给出的信息。消费者应该得到信息,为之真正做好准备。毕竟,他们对广告的目的有着清晰的看法,知道其核心信息,即对商品和服务广而告之。他们知道,广告从来就具有这一目的,因此会敏感地去发现关于这一意图最细微的文本线索。无解的谜题是无法得到允许的。的确,E. ON 一度使用了这一手段,但它只是一种临时搁置的方法。在广告战的延续中,解是指日可待的。

6 不透明广告的风格和功能

谜题式广告是一种风格手段,旨在通过偏离该文类的标准模式来创造

---

① http://www. E. ON-ag. COM/E. ON0493106069 (03.02.03).
② 如:什么又红又绿,一直转啊转?——搅拌器中的青蛙
③ 如:《圣经》第一部分是什么?——《启示录》
④ 有趣的是,可以看到,"谜题"(riddle) 和"解读"(to read) 具有词源上的相关性。

好奇心，它们向消费者表明，他们所面对的是某种不同的东西，值得他们加以关注。谜题与暗喻有着某种相通之处，这一点亚里士多德就有过观察。二者都可以在劝导艺术中获益。消费者受到邀请，在解码信息过程中投入额外的努力。然而，广告人所引发的消费者花时间去解谜这一意愿，是受到了限制的。如果信息一直过于不透明，变成纯粹的自指性质，信息的目的就会无法达成。仅仅回头指向自身的自指性信息，不能传递任何广告信息。如果没有特定的指涉对象，其信息可以有太多可能的解读。

偏离广告信息的标准模式，这是一种吸引注意力的手段。这是诗性的符号活动策略之一：偏离文类惯常期许的广告文本不仅会吸引消费者的关注；而且还要求在解码过程中付出更多努力。阿斯马恩（Assmann 1988）引入了"非规范符号活动"（wild semiosis）这个术语，来描述这类创造性过程：通过违反期许的标准模式，某种未曾有过期许、不被了解的东西被创造出来，它将观看者的注意力转向如此这般的文本的物质性质和形式。自我指涉是非规范符号活动手段中的一种。

除了其诗性品质以及其捕捉消费者注意力的潜质，不透明广告还有可能创造出知性愉悦。制作谜题很有趣，它把广告变得既有吸引力，又有娱乐性。而且，它让消费者的才干和广告阅读能力得到展现。最重要的是，不透明广告，尽管有着不达目的的风险，却能够让信息具有更高的记忆价值，从而获得广告战的成功。

7　结论

广告本质上是达成目的的手段，本身从来不是目的。市场的信息是符号，符号的对象是广告人想要推广的产品和服务。为了对产品广而告之，信息必须指向它。指涉功能，一个具有高度指示性符号的过程，于是成为广告的主要功能。然而，创造性广告发现，用自我指涉的面具掩盖其信息会带来好处。它们的信息是不透明的，看上去不是指向别的，而是指向它们自身。这样的信息似乎构成了一种悖论。它们仍然能够达成对产品广而告之的目的吗？此外，它们似乎背离了向消费者传递信息这个首要目的。

不透明广告包含有关于对象的若干标示，但这个对象是被掩盖的，并且它还创造出一个可能尚不完整的解释项。它的谜题式的信息是自我指涉的，除非消费者能够成功发现那个指涉对象。不过，不透明广告从来就并非真就是不透明的和自我指涉的。留心其信息的消费者注定会发现假面之下的那个指涉对象。于是，谜题式广告能够更好地捕捉消费者的关注，激发他们的兴趣和欲望，更好地将它们的信息植根在他们的记忆中，让他们在决定购买该产品时不得不为他们所见到的付钱。

第三部分

✺

自我指涉的摄影

自我指涉中的摄影之死

温弗里德·诺特

1 摄影之死与后摄影时代的诞生

《摄影之死》（*The Death of Photography*）是一部文集充满挑衅的标题，该文集收录了关于 19 世纪和 20 世纪视觉艺术中摄影作用的若干论文（Beckley and Aguilar 2007）。当其出版之际，艺术批评家、艺术史家、符号学家，还有——充满讽刺地——摄影家（比尔·贝克利、萨缪尔·贾米尔、斯里·修斯威特、温弗里德·诺特、马克思·科茨洛夫、雷尼·考克斯等人）于 2005 年 5 月 4 日，在纽约现代艺术博物馆的论坛上就这个话题展开了讨论。自从数字成像的到来，面对媒介的技术转型，这已经不是第一次宣称摄影之死。里钦（Ritchin 1990）在 10 年之前就预见一场"摄影中的革命"，米切尔（Mitchell 1992）在 20 世纪 90 年代就宣称"后摄影时代"开始（参看：Santaella 1997；Santaella and Nöth 1998：166；Carani 1999），大卫·阿克顿（Acton 2004）甚至在他的著作《沃尔切斯特艺术博物馆中的摄影》（*Photography at the Worcester Art Museum*）最后一章中宣称"摄影结束了"。

讽刺的是，人们曾一度认为，摄影本身导致了另外一种图像媒介——绘画——的死亡。1839 年，受法兰西学院委托，对达盖尔摄影法进行慎重考察之后，保罗·德拉洛切（Paul Delaroche）宣布："从今天起，绘画死了"（据 Weibel 2002：611）。

在人们继续创作照片并将其公开展览之时宣称摄影已死，这当然是一个悖论，但众所周知，我们面对的是一种暗喻意义上的死亡。这一暗喻所引出的死亡，意味着通过相机的方式进行图像制作和加工这一新的数字技术诞生。摄影已死，摄影永生！但是，如果摄影作为一种技术和符号方面有所改变的媒介继续存在，那么，摄影中死去的又是什么呢？

对于现在已经死去的摄影，罗兰·巴特（Barthes 1980：87）说过："摄影从来不撒谎：或者，更应该说，它可以对事物的性质撒谎，如果这性质带有偏见的话，但它从不对其存在撒谎。"传统的关于摄影不撒谎的说法是基于这一意义的：在光学和化学因果关系中，对象所散发的光线通过镜头被投射，通过胶片被记录。用米切尔的话说（Mitchell 1992：24）就是："照片凝固了光，其超绝的见证效果常常被归结为修辞性现实与永恒图像之间在曝光的瞬间所形成的特殊纽带。它是直接的物理印刻，就像留在现场的指纹。"

源自这种自然因果关系的关于摄影真实性这种信念，就像这一媒介的历史那么悠久。早在19世纪，画家尤金·德拉克罗瓦（Eugène Delacroix，1799～1863）就对达盖尔摄影法这一摄影先驱技术有过赞美，认为在忠实反映对象方面它十分可靠："达盖尔摄影法不只是一份蓝图，它是对对象的反映"，西波利特·丹纳（Hypolyte Taine）在其1865年的《艺术哲学》（*Philosophie de l'art*）中对这种新媒介的忠实性称道不已："摄影是水平平面上进行模仿的艺术，有着线条与腔调，表现完美，在它必须复制的对象的形式方面，不会犯任何错误。"（见 Arrouye 1978：74）

忠实的摄影——与其指涉对象有着因果联系，在数字模拟时代濒临死亡——是这样一种媒介：它的图片，不管与其指涉对象之间多么相似，按照查尔斯·桑德斯·皮尔斯的定义，首先是指示性符号：

> 照片，尤其是瞬时照片，非常具有启迪意义，因为我们知道，它们在某些方面，非常像它们所表现的对象。但是这种相似，来自照片所产生的条件是它们在物理上被迫点对点地对应于自然。于是，从此方面而言，它们属于第二类符号（即，指示性符号），通过物理关联而来的符号。（CP 2.281，1895年前后）

2　指涉对象的消失与表现的危机

一些人欢呼数字摄影带来的"革命性"变化，另一些人却哀叹"摄影之死"给摄影媒介所带来的失落。对新媒介的赞美，是因为数字图像制作拓展了创造潜力。正如凯文·罗宾斯（Robins 2007：22）所概括的："人们感觉，摄影受到其内在的自动化和现实主义限制，也就是说，受到其本质上被动性质的限制；摄影家的想象力受到了束缚，因为他们想要的不只是对现实的记录。"从历史观点看，后摄影时代还把方向带回到摄影的前导，绘画，而绘画似乎正是被它赶下台的：

> 既然所捕捉到的、"被画出来的"，以及经过合成的像素值能够得到无缝合并，那么，数字图像就模糊了绘画和摄影之间以及机械与人工图片之间的传统区别。数字图像可以部分地是经过扫描的照片，部分的是计算机合成的有色差的视角，部分的是电子"绘画"——所有这些被流畅地合并到一个看上去相互统一的整体之中。可以从找到的文档、磁盘废料、网络空间碎片加以构造。数字图像制作者，通过挪用、变换、重新加工和重新组合的方式，赋予计算机上现成的东西意义和价值；我们进入了电子合成时代。（Mitchell 1992：7）

不仅有对经过加强的视觉表现潜力所做出的赞美，后摄影时代所带来的，还有理论上的推崇，讴歌数字图像制作在符号方面、审美方面甚至心理分析方面的新视野，譬如："摄影时代那些当然性的东西已经被解构，现在，似乎我们准备好了，去面对想象和现实之间那种本体性差别的脆弱。"（Robins 2007：24）

从符号的角度看，后摄影时代最重要的革命性特征似乎是，新图像已经变得"独立于'真实世界'中的指涉对象"（Robins 2007：22）。尽管这种独立性有可能强化艺术家的创作潜能，随之而来的"指涉对象消失"却催生出关于"电子模拟时代"中"现实与其图像之间的危机"这一话语

（Grundberg 2007：63）。在批判的角度看，这种指涉对象消失有可能"通过模糊适当界限以及通过鼓励破坏我们有所依赖的规则，造成困扰和找不到方向"（Mitchell 1992：23）。对仅仅是虚拟的世界进行绝对的操控和模拟，这种新潜力似乎"颠覆了关于真实和原创的传统观念"（Robins 2007：27）。

然而，如果摄影之死是失去其指涉对象的图片的来临，那么，这种"死亡"在摄影历史上已经发生过多次。摄影之死是"表现危机"的一种显现（参看 Nöth and Ljungberg 2003），这一危机在视觉艺术中的根，正是我们从印象主义、点彩派、立体派、抽象绘画、达达派等就已经熟悉的现代性之根。

以为指向一个指涉对象那些指示性照片存在一个不曾被打破的传统，这种看法实属幼稚。指涉对象的消失早在摄影史的早期就开始了，而且这种死亡有许多的形式和模态，譬如为了欺骗而通过重新加工进行删除或者插入，通过对其进行不完全表现、采用扭曲的方式、通过双重曝光，或者为了审美目的让指涉对象变得抽象，使指涉对象变得陌生。

传统摄影中，指涉对象消失的原因可能在异指或自指。异指，即指向他物，是人们所期待的普通摄影的指涉模式。照片是其指涉对象——人、建筑、风景等——的一个指示性符号。如果此对象的消失，是因为被扭曲、模糊、隐蔽、不可辨或者通过重新加工而被虚假化，那么，这种指涉对象的消失就是异指性质的消失。

3　摄影指涉对象七种自指性质的消失

摄影中一个不同类型指涉对象的消失是因为自我指涉。自指性质的照片不是指涉对象的指示性符号，它只显示自身，它让人只关注照片，让人们的眼睛沉浸在摄影构成的形式和色彩之中。通过否定异他指涉，自我指涉的图片部分或完全否定了如此这般的指涉对象。摄影史中创造出了图片自我指涉诸多的形式和策略。下面，我们就其中的七种进行探讨。

3.1 悖论式自画像中被否定的自我

1839年，摄影师希波利特·巴雅尔（Hippolyte Bayard，1801 – 1897）在一张题为"淹死者自画像"（Self-portrait of a drowned man）的照片中刻画了他本人。图片中，他身体弯曲，半裸，闭着眼睛（见 Mitchell 1992：194）。和其他自画像一样，这幅图片在一定程度上是自我指涉的：信息发送者本人就是信息的组成部分，因此图片指向它自身产生的源头。这幅图画的自指性信息同时又真又假。真，是我们看到摄影师的图画，假，是如标题所称，他已经死了。指涉对象因此部分地被标题的虚假宣称所遮掩。我们面对的，不仅有与指涉对象相关的这一虚假指示信息，而且还有一个逻辑悖论，正如自指性陈述中经常发生的那样。根本不需要任何指示性指涉，我们就能意识到，这个被认为是来标明其指涉对象的自指性标题是虚假的。死人不能为自己画像，这是一个逻辑问题。这个悖论的解答把我们带回到照片，而我们轻易就能得出结论，这张照片并非一个淹死者的自画像。

3.2 图片中的相机

大约是在1880年，奥古斯特·吉洛东（August Giraudon）拍摄了照片"凡尔赛城堡中的镜子"（Mirrors in Versailles Caste）（见 Govignon 2004：37）。这是一张关于凡尔赛镜厅中一面大镜子的图片，它不仅表现了对面墙上反射在镜子中的一堵装饰极度华美的墙壁，而且，在图片中心，是正在拍摄这张照片的三脚架上的大型相机。奇怪的是，摄影师没有在这张图片中。照片的自指方面是显而易见的。相机，为非其自身的东西拍照的工具，表现的是它自身，但它只是部分地表现人们认为它应该去描绘的指涉对象。这里有指涉对象——宫殿中的镜子——的消失，因为被反射的宫殿墙壁这个景象被相机挡住了。又一次地，所产生的结果是文字信息和图画信息之间的悖论式联系。文字信息表示的是"凡尔赛城堡中的镜子"，而图画信息是"这张图片并不（仅仅）表现凡尔赛城堡中的镜子，而是表现拍摄关于凡尔赛城堡中的镜子的一张照片"。此外，摄影师的不在场让人们眼中有了第二个悖论式的怀疑：照片能够在摄影师不在场的情况下拍摄吗？

摄影师图像制作工具——这张图片中的相机——的自指性在场，违背了"艺术要求掩盖艺术"（ars est celare artem）这条古老的原则，这条原则可以追溯到昆体良和奥维德那里（参看 Wetzel 2003）。艺术家应该以异指方式表现他自身之外的某种东西。他应该通过掩盖任何关于他的艺术行动的标示来避免自我指涉。违背这条原则，使这张自指性图片同时成为一张图片和一张元图片。

3.3 抽离指涉对象

摄影指涉对象的第三种"死亡"可以用保罗·斯特朗（Paul Strand）1917 年的"抽象。门廊阴影"（Abstraction. Porch Shadows）来阐述（见 Govignon 2004：77）。这张图片表现的是非常具有美感的黑白平行条形状，但要辨认出东西的形式似乎不大可能。尽管有标题给出的指引，标题告诉我们，我们看到门廊阴影，指涉对象却仍然无法辨识。甚至这谜团一样的形式所代表的，到底是门廊的阴影还是门廊中的阴影？我们都不清楚。

不过，指涉对象的不在场并不让我们失望，因为这张照片的审美品质完全在于其物质和形式品质。尽管我们知道，指涉对象是存在的，指涉对象不见了这个印象仍然是突出的。这里，我们再一次地碰到了悖论。标题肯定了门廊的存在，而图片信息并没有这种东西。指涉对象是全然消失的，但是这种自我指涉在审美品质中的收益完全弥补了这种消失。

3.4 双重曝光

在立体派和达达派的影响之下，20 世纪 20～30 年代的实验摄影发现了双重曝光技巧，使图片变成关于两个指涉对象的指示性符号。双重曝光似乎带来的结果是指涉对象消失的反面，因为经过两次曝光的照片是关于至少两个指涉对象的符号。然而，照片的图片空间有限，指涉对象的双重化只能以牺牲两幅重叠图片当中一幅的图片空间才能得以实现。重叠使被这种重叠所遮蔽的那个潜在指涉对象的部分不见了。看看莫里斯·塔巴尔（Maurice Tabard）1931 年的"作品（双重曝光）"（Composition ［Double Explosure］）（见 Govignon 2004：277）。它表现一张面孔的边缘景象，它上面重叠同一张面孔的前部景象。部分消失的指涉对象是这张面孔在边缘角度中的样子。

这张照片与它的指涉对象之间的关联具有双重指示性，因为同一张面孔的两个景象指向它的两个视角，这两个视角是从两个不同角度看到的两个不同面貌。但是，从内部而言，这张照片运用的是从两个视角重复同一张面孔，这使一个视角变成另一个视角的像似性再现，反之亦然。这种内部的像似性是自我指涉的一种样态。再一次，图片的自我指涉产生出图片悖论：这张照片不可能是一张指示性质的照片，因为它反映的是真正面孔一个不可能的角度，然而同时它又不是别的，就是一张照片。

3.5 审美解构

摄影师为了画廊中艺术展览的目的，对照片进行的部分破坏以及各种类似的操控，产生出另一种自我指涉形式，我们以之为例，探讨摄影中第五种指涉"死亡"。阿努尔夫·瑞纳（Arnulf Rainer）1951 年的自画像，题为"空洞的绘画"（The empty painting）（见 Weibel 2002：598），表现的是画廊中的艺术家，置身自己其中一幅作品和两个空画框之间。每一幅自画像都是自指性信息，除了这个意义上的自我指涉之外，这幅照片还引起了一种不同的自我指涉，因为它被艺术家本人撕裂成了两片，他把碎片再归在一起，来展现作为一个新的被解构的整体这一碎片式结果。这张照片同时既是照片，又是元照片。一方面，它是对艺术家的刻画，另一方面，它传递出这样的信息："这是一幅被撕裂后又被重新组合起来的照片。"这个悖论在于元层面上两个相互矛盾的信息，这个悖论可以解释为："这是一张照片，同时又不是一张照片。"艺术家对照片的破坏所传递的信息是，"这不再是一张照片（而是碎纸）"，而他将其再度拼装在一起则传递的是相反的信息，"这就是一张照片"。指涉对象发生在元层面。这是照片被破坏所导致的指涉对象消失，因为碎片化的照片受到阻碍，难以满足其标示其指涉对象这一功能。

3.6 嵌套结构

指涉对象"死亡"的第六种类型，出现在照片中自指性照片的策略中。它所蕴涵的符号意味与双重曝光例子中所讨论过的类似。请思考摄影汇工作室（Arbeitsgruppe Fotoforum）1979 年题为"卡塞尔无处不在，或：我在哪儿？"（Kasserl is everywhere or：Where am I?）这幅照片（见 Heyne

2003：53）。一张一条街道的巨幅照片插入同一视角所拍摄的同一街道的图片中。插入这种方式不是双重曝光，却是摄影上的自我刻画。照片中的艺术家群体带着他们关于同一街道的巨幅照片。除了艺术家之外，一切都被表现了两遍，这构成了真正的像似性自我指涉。同时，艺术家在前景中插入的照片遮蔽了部分的背景景观。它阻挡了位于图片中央的街道景观。然而，由此而来的背景指涉对象的消失，可以从前景中那张照片所表现的景象得到挽救，那张照片是关于不可见的东西的。这里涉及几个悖论。照片是一张照片，但同时它又是两张照片。照片同时可见又不可见。奇怪的是，两张照片都是其指涉对象的指示性符号，在其相互的同一性中，它们都是像似符号，都是自指符号。

3.7　自我删除

上面阿努尔夫·瑞纳的自画像那个例子用到的是摄影破坏方法，而拼贴照片、集成照片，以及跨媒介的杂合照片，是对这种方法加以拓展的泛摄影类型。尽管瑞纳对自己照片的破坏只是部分性的——毕竟，在他的图片中通过撕扯而造成的那种图片消失，对我们的眼睛而言只是稍微有些碍事罢了——提姆·乌尔里奇（Timm Ullrich）在 1973～1976 年的"以绘画方式自我抹除"（Selbstauslöschung durch Malerei）中对本人自画像的破坏才是全方位的（见 Weibel 2002：618）。这一作品得以产生的技术，被描述成"把十张照片一张接一张地叠在纸板上对一张玻璃恣肆地涂抹和过度涂抹"（Weibel 2002：618）。

在左上角，我们看到艺术家在窗户一样的一块玻璃后面完整的摄影自画像。在从左到右以及从上到下的接连十张图片中，乌尔里奇的画像渐渐消失，这时，艺术家被表现在一连串的照片中，在这些照片里，他恣肆地用白色颜料涂抹着自己和相机之间的这块玻璃，这使他渐渐消失不见。玻璃之后的背景显示出处在不同自我抹除阶段的艺术家。只有第一张图片是完整的刻画。从第二张到最后一张，都只有一个画框，他的身体只有部分可以被分辨出来，此时，他的身体正渐渐消失在玻璃被涂抹的部分后面。在第十张图片中，画像变得全然不可见了。它不再是一张艺术家的照片，而是一块被涂抹成了白色的玻璃。

乌尔里奇的元图片充满自我指涉和悖论。十张图片中的每一张都是艺术家的画像，甚至艺术家已经在白色颜料的笼罩之后消失不可见了的最后一张也是，它创造出关于一个不可见的人的画像这一悖论。最终，抹除自身并由此而使摄影画像的指涉对象消失这个自指性动作，让我们不乏悖论式疑惑：最后一张图片到底是一张关于单色绘画的照片，还是一张被删除了的照片？由此而来的是，它是否仅仅是对一张照片的否定？此外，也有了另一个重要悖论：艺术家在自己消失在创作自画像的过程中的时候，如何能够继续进行这种创作呢？

4 没有指涉对象的摄影图片

尽管在目前所分析的七种自我指涉对象"死亡"中，有不同形式的指涉对象消失，传统的摄影还是始终留下关于其所描绘的指涉对象的指示性痕迹。被我们当作黑白条抽象排列的阴影，实际上是镜头捕捉到的门廊中或门廊所散发的光线，而艺术家在一块白色玻璃之后的消失，不仅为我们留下这块玻璃的指示性图片，而且留下通过一个视觉推导过程来重构玻璃背后艺术家形象这种可能性，这把我们带回到其中我们完整地看到他的序列中的第一张照片。

只有在数字摄影中，才有可能有全然失去视觉世界中指示性锚定的照片。它们在设计方面就是有任何指涉的，在一开头它们就变成了自我指涉。摄影中这一潮流的照片不是失去其指涉对象，而是它们从来就没有指涉对象。与抽象摄影相比，它们已经变成了具体摄影；前者是从指涉对象中去抽象，后者是不用抽象而创造自己的形象（参看 Jäger 2003：178）。在一篇关于自己摄影的宣言中，以其 1993 年和 1995 年题为"源头"（Sources）的帆布上的黑白照片为证（见 Selichar 2003：270），奥地利数字摄影师冈瑟·舍利查尔（Günther Selichar）宣称："这些图像看上去像是绘画，述说的是关于新媒介的事情，它们是照片——'媒介语法'的再生品，位于象征与抽象之间如纸一般薄的边界上，最终，它表明如此这般的种种范畴或许已经变得废弃老旧了。"（Selichar 2003：268）

5　作为自指性真正像似符的非再现摄影

从符号的观点看，有待回答的问题是：这些没有指涉对象的图片是否还能被看作符号。难道符号概念不需要指涉对象这个相关方吗，如果是这样，符号学对这些没有指涉对象的符号的研究还能够有用吗？非指涉符号这个概念不是一个矛盾说法吗？

我在别的地方已经以更为细腻的方式，从皮尔斯符号学的角度回答了这些问题（Nöth 2005）。简明扼要地总结：符号并不需要真实世界中之物这一意义上的指涉对象。皮尔斯甚至没有使用过指涉对象这个概念。他用的不是"指涉对象"，而是用的符号的"对象"这个术语，而符号的对象可以是某种真实的东西，也可以仅仅是一种思想、一个概念，或者一个理念。甚至在缺乏"真实"世界中任何指示性锚定的具体照片中，这些图片都是符号。它们的对象是我们关于视觉世界，关于形状、色彩和结构等的之前经验，这些是我们在自己的图画文化中已经熟悉的东西。

后摄影时代主要的符号创新，并非摄影符号对象的消失，而是从指示性图片过渡到真正的像似性图片。属于具体摄影的自指性照片，其视觉信息只在它们的形式设计中，按照皮尔斯的看法，它们是真正的像似符（Nöth 2003）。真正的像似符并不在传统的模仿意义上去做出描绘。它仅仅指向自身的形式、光亮、对比或结构等单纯的视觉品质。真正像似性的符号构成了一种零度的符号性，因为它被化约到第一性范畴，"如其所是的样子那种模式，正面肯定而且不指向任何其他"（CP 8.328）。这样一个像似符纯粹按照其自身品质而成为一个符号，因为它尚未与其对象区分开，它根本就不"指向"或者"代表"其对象。皮尔斯说，真正的像似符"并不在自身与其对象之间做出区分"，因为它之所以是符号，是因为它自身的各种特定品质："[真正的]像似符如此完全地被其对象取代，是因为难以与后者区分开。[……]真品和复制品之间的区别消失了，此刻它成了一个纯粹的梦——不是任何特别的存在，也不是普遍的存在。"（CP 5.74，4.447）

6　结论

"摄影之死"开始于"表现的危机",并与之同步。它以出现正在失去其对视觉世界中对象的指示性指涉的图片开始。传统摄影的这种死亡有若干形式和样态。一些是因为异指,一些是因为自指。照片中的自指首先意味着指涉对象的部分消失,在数字摄影中,我们面对的是从来就没有指涉对象的照片。我们辨识了前数字摄影历史上指涉对象消失的七种类型。后摄影时代并不是"摄影结束",而是新的"后摄影的摄影"开始。具体摄影中的图片是在"真实"世界中没有指涉对象的符号,但在皮尔斯关于符号的定义这个意义上,它们并非没有对象的符号。虽然这些照片什么都不代表,但它们仍然就是符号。现在已经死去的经典摄影产生的是指示性符号,具体摄影这一后摄影艺术则是真正像似符特点的自指性质的艺术。

玛丽莲：对相机凝视的盘点

凯伊·克尔齐曼

在其研究著作《大众媒介的现实性》(*The Reality of the Mass Media*)中，社会学家尼古拉·卢曼（Niklas Luhmann）确信，现实在当代大众媒介中具有一种双重地位。大众媒介的第一现实，卢曼称其为"真正现实"（Luhmann 1996：12），由其自身的操作构成，即体现在如下事实：有印刷、广播和阅读的存在，节目被收听，电影被观看。所有这一切都为前文本和递归要素，为"无数准备性的交流和关于它的随后谈论"所渗透和架构（Luhmann 1996：13）。这就是为什么，按照卢曼的说法，"大众媒介的真正现实不得不被理解为存在于其中并贯穿其间的种种交流"（Luhmann 1996：13）。从系统理论的角度看，对于媒介的操作功能性，某种别的东西更为重要：

> 人们还可能谈到大众媒介现实性的第二个意义，即，作为以它为目的并为了其他东西而贯穿它的现实这个意义。［……］这一意义意味着大众媒介的行动并不仅仅被看作一系列的操作，而是一系列的观察。［……］为了达成对大众媒介的这一理解，我们不得不对它的观察进行观察。为了第一次被引入的意义，对第一秩序进行观察就够了，似乎一切都关乎事实。对于理解的第二个选择，人们不得不站在第二秩序的观察者这一位置——一个观察者的观察者（an observer of observers）。(Luhmann 1996：14–15)

然而，众所周知，在其自身的理论工作中，卢曼对经验主义保持了一种批判距离，同时，在非常普泛的意义上，他的观察的概念仅仅意味着按照系统中所产生的双分编码法（＋／－）做出区别。他的概念因此不能等同于如此这般的（视觉）认知行为（参看 Baraldi, Corsi, and Esposito 1997：124）。但是，在视（听）媒介观察这个语境中，这个术语将不可避免地还带有第二个意义，因为各种手到擒来的区别也（尽管并不全然）以视觉形式加以表述。而且，渐次地，只有在这一形式中，我们才可以作为第二秩序的观察者接触到它们——因为，根据卢曼所做的另一组区别（形式／媒介），媒介本身是不可接触到的，只有通过其所产生的各种形式方可感知（参看 Luhmann 1997：195－215）。相应地，要对视（听）媒介的观察进行观察，意味着实实在在地对种种视（听）形式进行观察；各种大众媒介特色性系统操作的种种形式，被浓缩在"认知对象"之中（Baraldi, Corsi, and Esposito 1997：58）。

总体而言，下面谈到的我所感兴趣的东西，并不过于在乎关于如此这般系统理论的理论建构：我特别感兴趣的，是有着观察藏身其中的媒介功能这种东西——这只是就启发式的基本范畴这一意义而言；此外还有在媒介分析领域中展开具体探索的方法论起点。在（在上述意义上的）无数当代媒介现实现象这一语境中，媒介的自我观察样态对我而言意义尤为重要。卢曼本人断言——从系统与环境、外在参照与自我参照这些基本双分结构来思考（参看 Baraldi, Corsi, and Esposito 1997：128），作为系统，大众媒介能够观察自身，尽管需要通过极为复杂的操作：

> 当观察本身是实施观察的系统的操作，并且是在其自生系统中发生，就会出现一种自我观察的特殊例子。我们所说的自生系统（autopoiesis），并不是指在实施观察中观察自身这样一种操作（这是不可能的事情），而是指对它也是一个组成部分的某种东西进行观察这样一种操作（它就是其中一分子的系统的另一操作）。（Baraldi, Corsi, and Esposito 1997：127）

即使是对这样一种操作所带来的认识论方面的问题暂且忽略不论，我们仍然值得考虑，大众媒介是否可以如此整合起来当作这样一种自我观察的主语、工具、宾语。毕竟，这样一种观察只有在一种媒介之中并且通过该媒介的工具才能发生。考虑到当代媒介的多重性，媒介领域的自我观察要延伸到所有媒介——包括其自身在内,是极不可能的。因此,人们更应该谈的是中介式媒介观察(medial media-observation),即,首先,必定是选择性的,其次,在外部观察和自身观察之间往复。最后,人们将不得不去考察,是否如卢曼所认为的,这种中介式自我观察在使一个系统变得自我活力迸发的过程中已经达到了它的目的(参看 Baraldi, Corsi, and Esposito 1997:128),或者,我们是否发现了截然不同的意图和功能。

我想要通过考察一个组合式例子来思考这些问题:ARTE 这家法德合办电视台 1999 年的一个大约 6 分钟的专题广播节目,这是《百年百照》(*Les cent photos du siècle*)系列的一个组成部分(参看 Robin 1999)。这个系列属于千禧年后在各个不同电视频道上映的"世纪回望"下的一个新的分类(参看 Filk and Kirchmann 2000)。与这一样态中大多数的系列不同,ARTE 系列一开始就是通过强调和反思媒介对我们文化记忆的全面浸润来走进历史。相应地,这个系列甚至并未打算重构一个无须诉诸媒介就可以通达的过去。相反,它专门聚焦于历史的媒介档案;此种情形下即著名照片。尽管单一事件是以单张照片的创造历史为核心,但照片本身被升华为这样一个对象:其中,不同个体的生平,即摄影师的和被拍摄者的,在某个特定时间点上偶然地产生交接。由此,历史被解释为一个由飞逝的事件和邂逅所构成的随机场域,只有在回顾中才获得其历史方面的突出价值。从概念的角度看,《百年百照》援引的是关于历史关联的一个宽泛的定义,根据这一定义,流行文化的历史——因此也是大众媒介的历史——也是历史的构成要素。正是这个原因,该系列还包括题为"玛丽莲 1960"(Marilyn 1960)这个章节,谈到的是图 1 这张照片。

依据观看者的前有知识,用作此章节开篇的这张照片会唤起不同的前文本:所有观看者都可能会认出被拍摄的这个人是玛丽莲·梦露,这渐次地会让人想起这位女演员熟为人知的生平——她本人的问题人生、她神秘的自杀,等等。大部分观众还会认出照片左边空白处那个显得神秘的器材,或者不费劲地把它与电影的录音技术联系在一起——也就是说,他们会恰当地把这张照片放在电影制作这个语境中。另外,真资格的影迷也许立刻就认出照片中的景观,看出它是《乱点鸳鸯谱》的背景,这是约翰·休斯顿出品,是梦露 1960 年在内华达沙漠中拍摄的一部影片。他们也许还

图1 "玛丽莲1960"章节中的核心照片

资料来源：依芙·阿诺德（Eve Arnold）所拍摄的《乱点鸳鸯谱》（*The Misfits*）中的玛丽莲·梦露。

会记起这部电影在电影史上的传奇地位，该地位部分来自这一事实：它是玛丽莲·梦露和克拉克·盖博（Clark Gable）的最后一部电影；玛丽莲·梦露当时的丈夫，戏剧家阿瑟·米勒（Arthur Miller），写了这部电影的脚本，将其当作生日礼物送给她，为她死心塌地要演"严肃"角色这一愿望而做最后一搏；两个人的婚姻却在电影拍摄过程中遭到最后的毁灭，之后他们很快就离婚了；尽管开头有着这些问题和危机，这部电影却一路过关斩将，赢得若干学院奖项，如此等等（参看 Miller and Toubiana 2000：49 - 96）。对于胸怀审美壮志的新闻摄影历史也很熟悉的观看者，所知道的还有，这部电影的整个摄影权都给了著名的"麦格纳姆"（Magnum）图片社，这家图片社为这部电影派出了它最青睐的成员，包括亨利·卡迪耶－布列森、恩斯特·哈斯、康奈尔·卡帕以及拍摄了这张照片的伊芙·阿诺德。

这一开头所唤起的之前知识因此是可分层的，这些层次与观察这个伺服角色的复杂性彼此相关：本例中，是电视这一媒介对摄影这一媒介实施观察，因为它观察着电影制作（回过头来看，那是一部具有传奇性的电影）以及一位著名电影明星，而这位电影明星是20世纪被拍摄最多的人之一——我们则发现自己处在试图对这一几乎无止境的回溯过程进行观察这一位置上。开篇之后，这个电视章节以一种前进模式，展现出摄影史的多重前提以及与此不可分割的众多代表人物的生平。对《乱点鸳鸯谱》的创作它只给了 45 秒的时间，而给梦露生平则是整整 1 分钟，关于"麦格纳姆"图片社在摄影史上的重要性给了 20 秒。显然，这个章节并不太关注如何补足观众在之前知识方面的关键欠缺；它想要做的，更多的是再度激活这一之前知识。与该系列中的其他章节不同，这个部分并不打算提供关于该摄影中若干重要历史片段的当代重估。《百年百照》这个章节把某种截然不同的东西当成了它对中介式观察的对象，这有待伊芙·阿诺德这位如今几乎 90 岁高龄的人来为这个更为深刻的主题发声：

> 玛丽莲喜欢相机镜头——就像她讨厌电影镜头。当她为电影工作的时候，她不得不化妆、准备、记背台词、守时，等等，尤其是，不得不听从别人指点她要如何行事。在拍照的时候，是她控制一切。她的真正工作就是让人为她拍照。拍照是她的玩具。让她能够如其所是地展现自己。她无须做作就知道如何做出表情，如何获得她想要的结果。她知道如何摆动自己的手、如何朝后甩自己的头发以及如何做出她最著名的嘟嘴表情，让她显得更为性感。她真地具有天赋。她不仅知道如何面对相机镜头，而且，她尤其知道如何面对摄影师。（笔者对电视节目的画外音笔录）

很明显，这种中介式媒介观察所服务的目的，是推演出一种关于不同种类的相机注视——因此，也是关于不同视觉媒介——的话语，而这一话语显然青睐的是摄影。电视在这里争辩说，摄影——而不是电影镜头——传递出了对梦露的正确的凝视。下面我将更详细地论述这一理论的推演过程。目前，我想要强调的是，对不同镜头凝视的这种批判性对比，都是在欧洲文化史典型的、泛泛的"盘点"（the paragone）传统这个范畴中的。从文艺复兴到莱辛的《拉奥孔》（*Laokoon*），盘点（其字面意思是"批判性比较，常常是论证争辩的结果"，参看 Reck，1992：120）被用作一种方法，来划分各种艺术自身之间以及艺术与诸如各种科学等其他社会分支体系之间的势力范围。对其所独有的符号材料的美感秩序进行研究，就是确立各种艺术形式的独特性的一种尝试。而根据艺术史学家汉斯-乌尔里奇·瑞克（Hans-Ulrich Reck）的观点，从长远观点看，历史盘点会创造出"关于艺术并非都与相同的材料打交道或者有着相同的意义这一意识"（Reck，1992：120），这里重新浮现的盘点，与不同的、共同存在的媒介中共有劳动这种选择是格格不入的。在这个所谓的媒介时代，对于每种媒介而言，每个对象都不得不是潜在可触的、充足的。面对竞争激烈的市场和与之相伴随的咄咄逼人的精神状态，任何关于共存的概念或者对于对象小心翼翼的歧视，很久以来就被宣称单个媒介形式无所不在又直截了当的竞争性所取代。玛丽莲·梦露，以及就此着眼绝非随性而为的这部 ARTE 专题短片的主题选择，本身就是一个极其具有意义的例子，因为，在她整个一生中，她都是一个媒介对象，处在摄影、纸媒、电影以及尽管当时还较为弱势的电视所构成的竞争性争夺之中。

在这一背景下，我们这个例子的盘点话语从符号层面过渡到本体论层面，可谓再合逻辑不过。我们不再讨论哪一种媒介符号系统对梦露来说是否"恰当"这个传统问题，我们更要问一问，在各种相机凝视中（所有这些都潜在地与所说的对象相关），哪一种有能力为我们展现"真正"的梦露。ARTE 这部短片认可相机镜头而不赞成胶片镜头，若有若无地用到了这种通行的理解：在梦露的银屏形象之下，藏着一个"真正的"、脆弱的、孤独的女人；一个因为残忍的制片厂系统一直给予固化的角色而变成牺牲品的女人，一个金发性感尤物，如此之类。然而，这种论调可以被轻易翻转——尤其是当我们看到那些钉在墙上的照片的时候：它们为玛丽莲·梦露带来名声——甚至是在她的电影生涯开始之前（参看 Arnold 2005：24 - 36）。然而，作为这种中介式媒介观察的观察者，我们不能简单地把眼光仅仅放在玛丽莲·梦露背后的终极"真相"是什么这个肯定属于推测的问题上。相反，我们必须以一种普泛的方式，关注在她的情况中由电视所塑造的这个芜杂的人物形象。再一次，在受过卢曼建构主义训练之后，大众媒介产品是否指向现实这个问题，当然绝对不会指向"本体性的、现存的、客观上可触及的、构成上不可辨的现实"（Luhmann 1996：20）。它只能是："大众媒介如何创造现实？"

受该电视节目所影响的建构，部分是通过有意地指向伊芙·阿诺德所采取的中肯立场而起作用。从其修辞结构看，上面引用过的阿诺德的说法一直强调的，是照片镜头和电影镜头之间的对立，而将该对立联系在一起的，是一个本体性问题。我们专门针对其修辞手段，来再次思考这段引文吧（注意其中的斜体）。

> 玛丽莲喜欢相机镜头——就像她讨厌电影镜头。当她为电影工作的时候，她不得不化妆、准备、记背台词、守时，等等，尤其是，不得不听从别人指点她要如何行事。在拍照的时候，是她控制一切。她的真正工作就是让人为她拍照。拍照是她的玩具。让她能够如其所是地展现自己。她无须做作就知道如何做出表情，如何获得她想要的结果。她知道如何摆动自己的手、如何朝后甩自己的头发以及如何做出她最著名的噘嘴表情，让她显得更为性感。她真地具有天赋。她不仅知道如何面对相机镜头，而且，她尤其知道如何面对摄影师。（笔者对电视节目的画外音笔录；斜体为笔者所加）

伊芙·阿诺德的画外音不过是再次阐述了她在自己关于与玛丽莲·梦露的工作回忆录中反复强调的东西："当你为她拍照时，是她控制和支配着整个场景：我，相机……她知道自己在相机旁边该怎么做，会引出什么反应，我没看到其他人能做到这一点。在这个场景中，她得到了她所想要的一切，因为那种威胁着要埋葬她的拍电影的压力消失了。"（Miller and Toubiana 2000：71）相似地，另一处还说道："为她拍照，对她而言，是一种被爱和被欣赏的安全方式。"（Arnold 2005：137）阿诺德甚至援引同在《乱点鸳鸯谱》片场的"麦格纳姆"图片社的同事英奇·莫拉式（Inge Morath），再次证实玛丽莲与两种镜头的纠结："她掌控着静态的镜头——她是驯兽师，摄影的人是兽。她一直在与电影镜头搏斗，但在相机镜头面前，她是自由的。"（Arnold 2005：72）因为这些发表了一次又一次的说法数量不少，ARTE 的制片人想必肯定清楚他们希望伊芙·阿诺德就玛丽莲和照片镜头方面说出什么，而这种想法定然影响到，在将这些特定照片和这位特定摄影师作为该片段核心过程中，他们所做出的选择。

在书面说法和这里所讨论的这个电视节目的画外音中，主要论点始终保持一致：伊芙·阿诺德把问题搬到了本体论的层次，她的评论把视觉形象和视觉对象之间的功能关系放在了一个可以断言是属人的维度中。在这一维度中，镜头和演员在人化了的、人与人之间的——因此也就是非媒介化的、非技术化的——行动模式背景下相互作用。视觉对象与爱镜头或恨镜头、控制它们或将其变成玩具、摆布它们或迫使它们变成一种不可预料的反应,或者反之,如此等等的一种能力融为一体。在这一过程中,玛丽莲和镜头之间的联系具有情感化关系的所有特征;在这一过程中,镜头主动而且充满激情地服从该演员诱导和摆布的艺术。这种风格化了的情感双人舞引出玛丽莲、镜头以及摄影师之间秘密的共谋一面,它干净利落地平衡到前面所认可的东西:玛丽莲掌控了镜头和摄影师。这种共谋,渐次地,让梦露给予相机镜头——唯有相机镜头——似乎某种特权,使她得以窥探她最为隐秘的自我。她之所以能够如此,是通过主动地选择取得控制,以便对镜头展现自己"真正本性"。正是宣称相互之间心甘情愿地被吸引,使对伙伴和朋友的特别的摄影凝视变得合法——这样一种凝视似乎与阶级等级无关,因此是亲密的,适当的。

玛丽莲偏爱摄影,伊芙·阿诺德这位麦格纳姆图片社的摄影师在内华达沙漠中做出大致如此的评论时,还就如何认识这一点给出中肯的指导:

> 她(指玛丽莲)特别喜爱这张照片,因为它传递出一种孤独的感觉。……当她把双手这样盖在脸上,你有一种她热切需要帮助的感觉。在我看来,这张照片的核心是呼唤帮助。你可以认为她在大声呼唤:"帮帮我,我身处危险!"(笔者对电视节目的画外音笔录)

这个电视节目让人毫不怀疑这一危险真地来自电影这一媒介。如我们所看到的,玛丽莲与相机镜头之间的关系一旦通过一种激情和共谋感受被人格化,这位演员与电影镜头的互动就被诸如力量、控制以及缺乏本真等方面所主导。这些互动无法被人格化为恋人之间的相互联系:相反,它们的特点是让人震惊的压抑:一个年轻女人,在日常生活中,承受着让人不安的、可以感受到的安排——简言之,我们正在看到的是婚后生活中的激情表演。我们能够观察到的,是一张照片经过精心的转化而变成一个叙事,以人们熟悉的叙事主题告终:经典的情节剧式样的叙事,里边是金发、美丽、受苦的女主角,身处两难之间—— 一面是理解她的恋人,一面是想要控制她的丈夫;一面是给予她满足的情感慰藉,一面是通过周密的父权统治机制一直制约着她的婚后生活,让她默默地受苦。既然无法走出这种对立,唯一合乎逻辑的结果,似乎就是这个女人不合时宜地死亡了。

这一叙事框架改变了我们对阿诺德照片的认识以及我们对其的解读。节目反复回到这张单独的照片,并且通过选择和镜头运动,推崇这一经过固化的意义样态。这种重复的艺术手法似乎事实上展示了上述认识的变化:长杆话筒似乎突然变成了一种让人害怕的、几乎野兽一般的工具;沉思而专注的玛丽莲变成了一个沮丧绝望的人,沙漠那奇异的美幻化成了存在斗争的阴暗场所。

回头来看,选择这张照片(以及这位摄影师)在多大程度上是出于这种冷峻的艺术手法理性,变得十分明显了。如果这就是关于玛丽莲生活的东西,那么,其他的,甚至可能更为有名的照片,就不只是适应一个短片语境而已——譬如,梦露死前不久与乔治·巴里斯(George Barris)传奇色彩的最后会谈那张,或者艾略特·厄尔威特(Elliot Erwitt)在比利·怀尔德(Billy Wilder)的《七年之痒》(The Seven Year Itch)片场、被无数次重印那张:玛丽莲站在通风井口,白色裙子被吹了起来。但是,只有伊芙·阿诺德在《乱点鸳鸯谱》片场所拍摄的照片成为意味丰富的典型,让ARTE节目制作人明显感兴趣。所以,赞成使用这张照片的编辑决定纯粹是有意为之的。如果你进一步看伊芙·阿诺德在1960年的作品中所拍的照片(见图2a–f),这张分阶段的重复模式就完全清楚了。顺便说一说,这些照片都没有在电视短片中使用,之所以这样,原因或许是避免太巧妙地证实那张照片所宣称的独一无二。

无论伊芙·阿诺德所拍是玛丽莲·梦露在准备角色、研究剧本(见图2b和图2f),还是拍到她听导演约翰·休斯顿(John Huston)(见图2a)说戏——玛丽莲始终被刻画成在受苦,因为她陷入被电影制造的巨轮的碾压中(见图2a和图2e)。每种制造元素、灯组(见图2c)以及电影镜头(见图2a),都像"部分为整体服务"(pars pro toto)一般,暗喻式地为一个更大的装置发挥作用,这个更大装置的核心信息叫作"力量"。阿诺德用她的相机镜头,譬如,通过她偏爱的角度较为偏低的拍摄,将这个装置呈现得犹如一个怪兽般的巨人,充满了各种具有威胁的内涵。同样的东西也适用于长杆话筒(见图1和图2d),我们在照片中见到,它本身似乎并不

图 2a-f 伊芙·阿诺德在《乱点鸳鸯谱》片场拍摄的六张照片

具有过分的威胁性。然而，阿诺德对这种特别的动机合成有一种偏执。它略微让人有点达摩克利斯之剑或者刽子手的斧头之类联想，或许这是她如此选择的动机。不过，动机样态还微妙地有点阳具意味，这一事实又为这一话语的性副文本添加了额外的蕴涵。

在这个方面，电视节目似乎只是再一次说出伊芙·阿诺德照片的内在结构特征和主题。以如此无批判性的方式推许"阿诺德的典型"的动机，当然不能说是无私的。话语角色是与一种业已运用娴熟的互利的中介式观察紧密相关的，在希格弗里德·J. 斯密特（Siegfried J. Schmidt）看来，这类观察是越来越复杂的极具特色的媒介系统的一个结构性特征："包含复杂而开放的媒介系统的社会急剧拓展其（部分的）可观察性。媒介一切都观察，处处都观察，它们观察它们观察到的事实，而且它们观察到自己在观察。"（Schmidt 1998：68）这些观察仍然是"部分的"，原因是它们凝视的对象往往只是其他媒介——这不仅仅是上面提到的自我观察的认识论意义上的困境所造成。另一个原因是这一事实：此类观察从来就不是没有目的的。实际上，这类操作带给了观察另一媒介的媒介一种"客观性"气息。所以，对于媒介系统的（或在媒介系统中的）中介式自我观察始终是为取得可信性而精细策划的策略（参看 Todorow，Grampp，and Ruhe 2004：202－226）。在一个对媒介操作充满怀疑的社会中，需要进行规划，把这些怀疑重组到媒介系统中去，从而重建可信性和合法性。

讨论到我们的观察对象这个问题，策略如下：正如电视容易对电影这一媒介以及摄影这一媒介进行观察，并且将它们提供给我们来检视，那么，它须小心翼翼地避免任何形式的自我观察；作为一种媒介，电视努力保持隐形。正如相机镜头和电影镜头成为一个讨论话题，而电视镜头仍然是一个禁忌。对其他媒介的镜头加以人格化，意味着将它们变成主体——这样，就微妙而永远地使它们对观察世界的方式不再可信。反过来，电视将自身呈现为似乎奇怪地缺乏镜头和凝视的一种媒介——仿佛在视觉对象及其表现之间不存在什么中介、阐释或选择；仿佛电视屏幕是纯粹透明展现的一个空间。以这种方式，电视将自身确立成一种超媒介（a super-medium），同时，也是一种非媒介（a non-medium）；它假装是一种中心地带的盘点，而实际上它是其沉默的伙伴——甚至是其秘密的赢家。电视与摄影之间表面的联盟关系，不应该在这种盘点的结果方面欺骗我们，因为对电视而言，摄影并非严肃的竞争：摄影总是——正如我们的例子所充分表明的——需要另外一种媒介，这样方可使其捕捉到的时间运动起来而且有序，方可通过语境化叙事让一张照片的丰富内容变得可以解读、可以话语化。电影这一媒介和电视一样，有可能达成所有这一切，所以，电视在这种盘点中真正的对手，需要使之丧失可信性的，是电影。在这部短片的另一个小节中，在一次访谈里，伊芙·阿诺德似乎无心之举地提到，在《乱点鸳鸯谱》制作完成之后，自己用了十年时间，才觉得足以能够以宽慰心态到电影院里去看这部电影——她宣称，之所以如此，是因为她将这部电影的最美形象都记忆在了自己"内心的屏幕"。在作为整体的这部短片的语境中，这种说法似乎显得情形不当，然而实际上，它指向的是独一无二的盘点背景。表面上，她的说法与哪种媒介能最好地把摄影转化成叙事这个问题无关。相反，她提出的是一个更具普遍性的问题：就记忆而言，20世纪最适当的媒介是什么？这是针对这部短片中所用分支样式中肯的比较视角，是对该世纪的一次回顾性检视。

再一次地，我们关于对象考察中的论证脉络变得清晰了：电影似乎对伊芙·阿诺德的记忆形象产生威胁，而电视似乎是延伸这些单个记忆形象、使之言说并从而使之传递到集体记忆之中的所在。这里隐含的结论是，电视是能够胜任储存当代历史并对其展开反思的唯一媒介（参看 Filk and Kirchmann 2000）。

如这里所描述的这般明确的盘点，可能是形形色色中介式媒介观察中的一个特殊个案，但它绝非独一无二的。媒介指涉的类型和样态，在如今众多媒介中极度需要，并非发生在真空之中，从来就不是没有目的和目标的。它们表征的是一个今天仍然非常有利可图的市场区划中一种越来越具有竞争性的态势。这一切都发生在关于媒介的话语朝着完全相反的方向这样一个时刻，或许并非偶然。虽然诸如合并、兼容和多媒体等时髦用语承诺，之前各自为政的媒介会有一个和平的联合（或者至少，它们会无所争斗且干脆利落地消解在包容一切的计算机二元代码中），每种单一的媒介却并不那么情愿无所事事地站在一旁，看着它们的艺术手法，它们关于接受和认识的设计、类型、样态，它们所有独特而且有着自身历史的一切，唯有雨打风吹去。反过来的情形可能才是真实的：它们似乎执着于对其优点和竞争力进行重估，它们复活盘点的传统也并非偶然，而与这种盘点一道，提供种种差异层次这种历史成就的话语，或许太轻易地就在当代多媒体困境中被否定了。

第四部分

✺

自我指涉的电影

自指的银屏：一种综合模式的轮廓

格洛里亚·维塔尔姆

在电影中，从电影到电影的指涉本身就像电影史一样年代久远。这种手段可以在任何时代、任何电影类型以及若干电影交流层次找到。自我指涉或自指性有诸多形式、功能、手段和文本策略，譬如，营造一种讽刺或批判立场甚至一种间离感（布莱希特［Brecht］意义上的）的策略，对电影技术上的种种可能性的单纯迷恋，创造观众和电影或电影明星之间情感纽带的手法，幽默的手法，或者吸引满足于观看这种媒介的观众注意的企图。

为了以一种综合性方式探讨这个主题，本文将提出一种模式，它将涵盖整个范围的自指性文本策略和实践，并将这些与作为社会文化系统和符号系统的电影关联起来。电影方面的自我指涉理论必须提供更为广阔的架构，不会将自身局限在作为文本的电影上。它要求能够完整地覆盖电影的一种方法。一个有望达成该目标的框架，将从意大利哲学家兼社会符号学家费鲁齐奥·罗西-兰迪（Ferruccio Rossi-Landi）的工作中推演而出。

1 费鲁齐奥·罗西-兰迪的社会符号学

费鲁齐奥·罗西-兰迪在符号学中的地位可以用社会符号学这个词来典型体现。罗西-兰迪的符号学扎根于辩证和唯物哲学，或者，如他本人曾概括的，是一种唯物的、哲学的、人类学的方法。尽管从未明确地谈过电影，罗西-兰迪所阐发的概念，可以用作对作为一个整体的电影这一现象进行符号学反思的基础，能够处理电影作为符号系统和社会文化系统所具有的双重性质。

尽管罗西-兰迪的符号学丰富驳杂，需要简要处理的只是他工作的两个方面：他的"符号系统"（sign system）概念以及"社会再生产"（social reproduction）模式。

罗西-兰迪符号学的核心概念当然是"工作"。罗西-兰迪从人类学意义上来思考工作，同时兼顾物质生产和符号生产。因此，符号工作是如此这般工作的一个特例。按照罗西-兰迪的定义，工作涉及六个特点，它们共同构成了工作"基本三元结构"的三个部分：（1）工作得以实施的"物质"；（2）包括工人、实际工作操作、所用工具以及工作目的在内的"操作"；（3）"产品"。这个基本三元结构在辩证意义上可以这样解读：以物质为论题（thesis），以操作为反题（antithesis），以产品为合题（synthesis）（参看 Rossi-Landi 1985：13）。符号工作只是普遍意义上的工作的一个特例，产品，也就是符号自身，不仅仅是工作操作的结果，也是特定类型的一个辩证性的总体，因为"符号是指示项（signans）和意义项（signatum）的合题"，[①]"（通常意义上的）物质和社会之间的中介"（Rossi-Landi 1979：30–31）。

> 用辩证的术语来说，使用到一个符号时所发生的情况，就是"社会论题"通过"物质反题"的方式得到中和。指示项作为反题让该社会事件（pezzo soziale）固着下来，而且将它作为意义项带到一个新的层面……。反题是被社会性运用的一种东西……目的是明确论题是某种已经达到社会层面的东西。……指示项将自己的约束性力量施加到作为其对立面的意义项上。两种不同组织层面之间的矛盾被克服，于是达成合题的暂时"和平"。这一合题就是我们所称的"一个符号的社会结果"（Rossi-Landi 1979：30–31；参看 Rossi-Landi 1985：165）

罗西-兰迪关于符号系统的定义对于电影这种复杂媒介极具启发意

[①] 罗西-兰迪使用的是"新近复活的奥古斯汀式术语"：signatum（意义项，复数形式 signata）和 signans（指示项，复数形式 signantia）；它们由雅克布森重新引入，表示符号的两个构成要素，为的是"避免索绪尔的'所指'（signifié）和'能指'（signifiant）在思考方面的模糊性"（Rossi-Landi 1979：21）。

义，在其定义中，他采用的并非常规的那种整体和要素的描述方式。在下面这个独立的段落中，他表示，自己符号学中的各种概念并不都是孤立的零件，而是关于符号与社会的一种综合理论的彼此相关的构成要素。又一次，他定义的前提是他关于由工人根据规则操作工具和材料的符号工作这个概念。符号系统不能被化约为单纯的符码，因为它还涵盖了符号活动语境，以及包括所有进行信息交换那些人在内的交流条件：

> 一个符号系统至少构成了一个符码，即人们所工作的材料和所工作的工具；但它还包含将后者运用于前者的规则（规则的要点有两个：某种意义上它们身在符码之中；但不止于此，它们身在使用它们的人之中）；它包含让交流变得可能的渠道和条件，此外，还有使用符码的发送人和接收人。符号系统更包含在由该系统自身构成的世界上所有被交流或可能被交流的信息。（Rossi-Landi 1985：242）

罗西-兰迪在此基础上引入了他关于"社会再生产"的核心概念，他阐述了两个要点：没有符号系统就没有社会再生产；任何人类符号系统都不能外于社会再生产而存在。结论是，罗西-兰迪说："一个符号系统就是一小片的社会现实，当然不简单地是一台一直候在那里的象征性机器。"（Rossi-Landi 1985：242）在别处，罗西-兰迪以一种更激进的方式表述了这条社会符号学原则："我们绝对不要把符号系统抬举到社会再生产现实之上。符号系统并非社会再生产的某种核心概要。相反，它们就是社会再生产本身。"（Rossi-Landi 1985：144）

社会再生产是社会符号学的中枢概念，指"一个社群或社会得以存续、发展——或者至少，继续存在——所采用的所有操作的总合"（Rossi-Landi 1985：175）。罗西-兰迪对构成社会再生产的几个因素和操作进行了描述，但这里要谈的只是最基本的那种操作——它也将被用作本文所建构的模式的基础——罗西-兰迪的《社会再生产的范式》（*Schema of Social Reproduction*）（见图1；Rossi-Landi 1975：65, 1985：38）。这是一种"生产"、"交换"和"消费"循环的模式，它们是"三个不可分割的相关方面"，社会再生产"总是以一种建构的方式来理解"它们（Rossi-Landi 1975：65）。

在罗西-兰迪的社会再生产模式的中间部分（见图1），交换被表示为

1.外在的物质生产，尽管它使用符号，生产的却不是符号而是实体

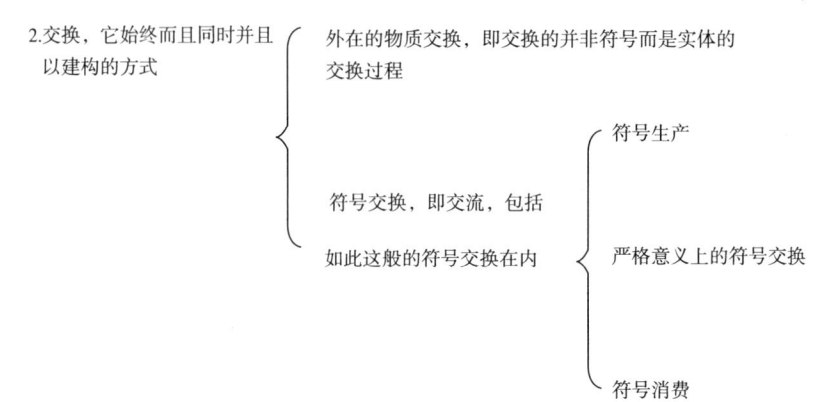

2.交换，它始终而且同时并且以建构的方式
- 外在的物质交换，即交换的并非符号而是实体的交换过程
- 符号交换，即交流，包括如此这般的符号交换在内
  - 符号生产
  - 严格意义上的符号交换
  - 符号消费

3.外在的物质消费，即使在它使用符号之时，消费的也并非符号而是实体

图 1　罗西-兰迪的社会再生产范式

由"外在物质交换"和"符号交换"或称交流二者构成，其中，后者被理解为一个三重再分，再分为"符号生产"、"符号交换"和"符号消费"三个"不可分割地相关的"因素。

按其出版时的样子，罗西-兰迪的范式呈现为在两个点上体现三元关系的一张二维图表。用图形形式再现罗西-兰迪的模式必须有一个三元图形，同时，很说明问题的是，三元关系这个术语在罗西-兰迪关于社会再生产的论著中频繁出现。这种辩证三元关系的三个基本要素不仅相关，而且彼此相关，"它们属于同样的整体性，没有彼就没有此的存在……它们的统一性是辩证的"（Rossi-Landi 1985：180）。[①]

2　自我指涉与自指性：从拍摄到放映

在《电影和文学中的自指性》（*Reflexivity in Film and Literature*）一书第二版的"前言"中，罗伯特·斯塔姆（Robert Stam）讨论了与自己书中

---

① 这种关系，马克思在其关于消费给予产品"完工的一笔"这一个性化描述中，已经有过讨论："我们得出的结论，并不是生产、分配、交换和消费都相似，而是它们都成为整体性的成员，成为统一中的个别。"（Marx 1961：630）

这个关键概念相关的各种各样的用词：

广义的自指性概念产生出令人眼花缭乱的系列相关术语，它们指向自指性的各种特定维度。与自指性相关的术语在词形学上属于源自表示"自主"（auto）、"元"（meta）、"反映"（reflect）、"自身"（self）和"文本性"（textuality）那些词缀和词根。

文学中，在自我指涉和自指性这个话题上，最让读者印象深刻的是，文本会产生与其他文本、文本生产模式、文类、媒介、它自身、它自己的话语等的关系，要处理这些各种各样方式，要用到无数的概念。同样惊人的，是这些所用概念中所建构的各种各样的关系，无论其方式是严格排除某些文本模式，还是采用一个笼统的术语来涵盖不同文本模式所组成的网络。

这一语境中最常用的术语是"互文性"、"内文本性"和"媒介间性"；自我指涉或自指性；自指性或自我反映性；自我意识的、自生的或自觉的小说；元文本性、元小说；元电影、元电影业、元电影摄影；元指涉；元符码或元交流；前景化、展现手法；陌生化、反自动化或去惯常化；场面调度，如此等等。除了这里先给出的散乱无序且远非穷尽的术语罗列，与描述特定文本关系模式相关的术语也可以罗列出来，譬如隐射、戏仿、杂合、引用等。

基于罗西-兰迪的社会符号学，下面将要呈现和探讨的这个模式会努力把所有这些现象包括在内。如上所述，电影，在其发展史上，发展出了多种指涉电影的方式。电影具有双重性特征："作为文本的影片"始终而且必然是嵌入"作为社会文化系统"的影片的，而这两个方面正是自我指涉和自指话语与描述的基础所在。

首先，必须清楚，无论是在物质（包括经济）还是在符号的意义上，任何影片都是服从罗西-兰迪所描述的"生产"、"交换"（或谓"分配"）和"消费"（或谓"接收"）这个根本性循环的。所以，对上述这一循环的三元图形表现将被用作该循环的一种模式（见图2a）。"三个不可分割的彼此相关的"要素可以实实在在地描述一部影片"从拍摄到放映"这个"生命"中的各个阶段。

如上所述，电影满足罗西-兰迪关于复杂符号系统定义的所有标准。

这意味着，所有物质和工具，所有作为符号工作产品的信息，都被生产、交换、消费、接收或者再生产，而且系统本身所建构的整个交流世界是属于这个符号系统的。相应地，对于由影片这个符号系统创造且在影片这个符号系统中创造出来的自指性文本的讨论，就不得不把由"生产"、"交换"和"消费"构成的循环与影片作为辅助符号工作的产物这个因素结合起来考虑（见图2b）。

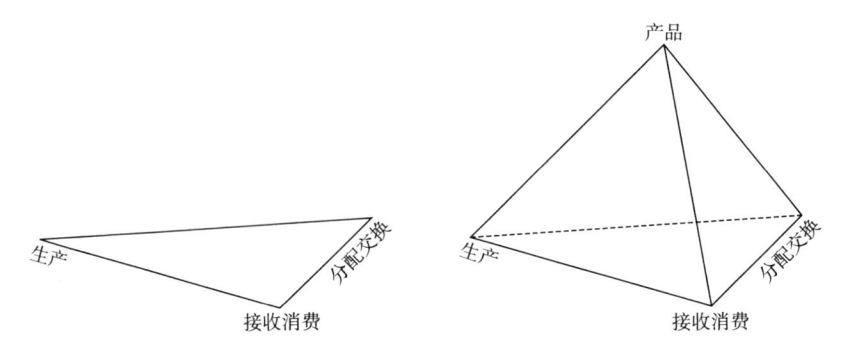

图2a和图2b　生产、分配、接收与产品所构成的循环

两种模式的结合，其一为生产、分配和消费构成的根本循环模式（见图2a），其二为表现符号工作（以及符号系统）的产品的模式（见图2b），引出将在后面讨论影片文本的自指性操作中用到的模式。这种"影片自我指涉范式"（见图3）代表了构成影片的总体循环中所有的领域、阶段或状态，同时，它涵盖了从电影开始以来所发生过的单部影片中所有形式的自我指涉和自指性。

然而，能够在电影中找到的实际的自我指涉模式，并不局限于指向一般意义上影片的诸种影片指涉。此外，该模式还考虑到影片自我指涉的一种特殊情况，笔者将其定义为自指性。自指的影片是聚焦自身或反思自身的影片，也就是说，聚焦或反思正在被观看着的这部特定的影片。为了让观看者在这一意义上注意到影片自身，用到了各种各样的电影手段：对话台词、影片方式的"物质化"，以及在某些非常规情况下，对影片制作和影片放映技术手段等加工处理方式进行展示。

尽管自指性主要和作为产品的影片有关，或者更确切地说，一件它核心关注的实际产品，它却不能简化为这一个因素，因为自指性也与生产、

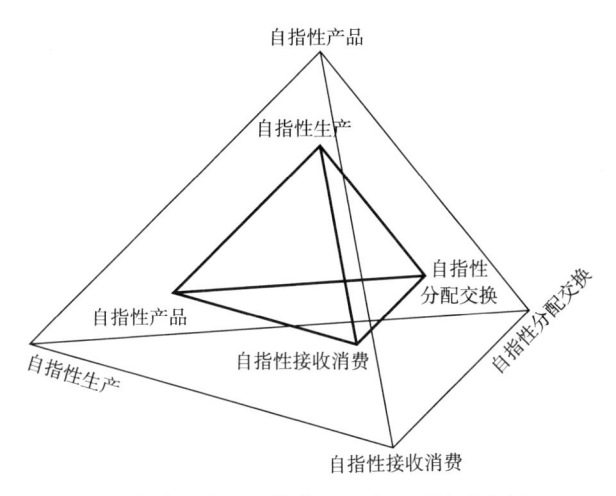

自指的银屏：一种综合模式的轮廓 | 123

图 3　生产、分配、接收以及产品所构成的循环

分配和接收所组成的三个循环阶段有关。所以，整个循环是被重复的，如图 3 所示。不过，对这些阶段各个方面的自指性指涉，始终比影片自我指涉中的更为具体；它始终被限制在所考虑的那部影片上。下面各章节将举出涉及影片再生产的社会符号学循环所有阶段的影片自我指涉和自指性方面的例子。

3　生产——浮华之城好莱坞的工作与生活

"电影世界"中影片的生产开启了整个的循环（见图 4a）。这个阶段包括了生产机构，电影从业人员，以及包括准备、拍摄、后期制作等的实际生产。

制作关于电影制作的电影——常常被标上"电影中的电影"或"关于好莱坞的好莱坞"这种标签——也许是关于影片和电影最通行也肯定是最常见的指涉了。在 1899 年，观众就可以看到，当摄像师拍摄一排精心装饰的车（《豪车大赛》[*Concours d'automobiles fleuris*]，1899 年法国卢米埃兄弟公司出品），一群离开位于中印地区某处的海军军火库的人（《冲出军火库》[*La soritie de l'arsenal*]，1899 年法国卢米埃兄弟公司和加别列·维耶

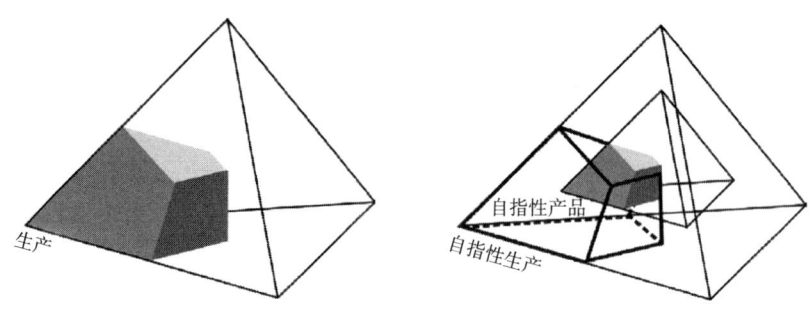

图 4a 和图 4b　自指的与自指的生产

公司联合出品），看上去应该是什么样子。这些影片不仅展现了不可见的摄像师所拍摄的画面，它们还显示了正在拍摄这些画面的第二位摄像师。之后不到十年，整个从脚本到屏幕的影片制作在《拍电影：维塔摄影棚中的一天》(Making Motion Pictures: A Day in the Vitagraph Studio, 1908 年美国维塔公司出品) 中得到了表现。很快，屏幕背后的一瞥这种形式的自我指涉成了套路，正如 20 世纪头十年里的低俗闹剧大多表现电影中的一个角色在拍片现场弄得一团糟的样子，譬如查理·卓别林在《他的新工作》(His New Job, 1915 年美国埃森内公司出品) 中所做的那样。

追寻男女演员生活和事业中的起起伏伏，一直是影迷们最爱的打发时间的方式。相应地，谈到影片对电影人的表现，首先且最多的类型是关于传记的那种，行内人称之为"生平片"(biopic)。从 20 世纪头十年开始，生平片就是好莱坞这座浮华之城点点滴滴的自我写照。这一类型尤其适合满足影迷近距离看到真实或虚幻的明星的生活，有助于对该产业自身制作出来的表象做特别的内部观照。最流行的动机有：一位影星事业开始，按照"好莱坞灰姑娘"故事首次涉足电影，以及由于个人问题或者行业中的剧烈变化——譬如由默片猛地变成有声——遭受事业挫折。讲述一个女孩成功做到这一点的故事，是早期单卷影片《维塔罗曼史》(A Vitagraph Romance, 1912 年美国维塔公司出品) 的中心内容。不顾自己参议员父亲的反对，一个女孩与她所爱的人私奔了。男的是一位有希望的作家，两个人在维塔电影公司找到了工作。男的开始写脚本，女的很快成为女主演。当女孩父亲发现她走上电影之路，于是到布鲁克林的摄影棚，在那里见到公司头目（由真实的高管扮演），与女儿重新团聚。

除了这个情节，这部早期样本影片有几个要素，在许多其他电影中的电影之中出现：表现摄影工作室（真实的维塔工作室）、制片厂老板出镜（这部影片中包括阿尔伯特·E. 史密斯、J. 斯图亚特·布莱克顿以及威廉·T. 洛克等高管），以及由于观众对于明星私人生活的兴趣而被加剧了的明星与明星角色之间的紧张感。女主角克拉拉·金博·杨实际上是爱德华·金博的女儿，后者在影片中扮演的正是她的参议员父亲。后一种影片自我指涉，正是最著名的虚构生平片之一《日落大道》（*Sunset Blvd*，1950 年比利·怀尔德美国出品）的特色，这部影片描写的是日渐衰老的默片明星诺尔玛·戴斯蒙德。主角由另一位默片明星格洛里亚·斯万森扮演，其中与老朋友打桥牌的一幕，和她一道玩牌的是现实生活中正日渐衰老的电影明星巴斯特·基顿、安娜·Q. 尼尔森以及 H. B. 华纳。

生平片中的自我指涉并不局限于虚构的或真实生活中的男女演员。除了许多关于明星生活的例子之外，譬如关于简·哈娄、玛丽莲·梦露或鲁道夫·华伦蒂洛等那些，还有专门关注电影业其他成员的，譬如：作家（《巴顿·芬克》[*Barton Fink*，1991 年乔尔与伊坦·科恩美国出品]、《改编》[*Adaptation*，2003 年斯派克·琼斯美国出品]），场景设计（《早安，巴比伦》[*Good Morning, Babilonia*]，1987 年保罗与维托里奥·塔维亚尼法、意、美联合出品），或者制片人（《坏蛋与美女》[*The Bad and the Beautiful*]，1952 年文森特·米内利美国出品；《演员》[*The Player*]，1992 年罗伯特·阿尔特曼美国出品）。

指涉特征针对生产阶段的第二类影片，是那些能够一睹电影制作场景背后内容的影片，它们让我们能够看到想象或真实影片导演工作的情形。表现真实拍摄阶段的著名例子有：《雨中曲》（*Singin' in the Rain*，1952 年基恩·凯利与斯坦利·多伦美国出品）、《美国之夜》（*La nuit américaine*，1973 年弗朗索瓦·特鲁佛法国出品），或者《法国中尉的女人》（*The French Lieutenant's Woman*，1981 年卡热尔·莱茨英国出品）。其他指向其生产的影片，关注重点是制作之前的阶段，包括影片的规划与撰稿、拍摄前的准备工作（如《八又二分之一》[*Otto e mezzo*]，1963 年费德里科·费里尼意大利出品），或者女演员们的首次排练（《准备》[*Répérages*]，1977 年米歇尔·苏特瑞士出品）。生产后期是关于进程同步

(如《凶线》［*Blow Out*］，1981 年布里安·德·帕尔马美国出品）或者实际编辑乃至这个阶段可能出错那些东西（如《假如电影拍成这样》［*Wenn die Filmkleberin gebummelt hat*］，1925 年德国出品）是这类自指性影片的关注焦点。① 最后，还有那些对真正有的影片的拍摄进行虚构的影片，譬如以 F. W. 麦诺的《诺斯菲拉图》（*Nosferatu*，1922 年德国出品）为基础的《吸血鬼阴影》（*Shadow of a Vampire*，2000 年 E. 艾力阿斯·梅里格美国出品），另外，《毫无意义》（*Insignificance*，1985 年尼古拉·洛格美国出品）中某些场景与《七年之痒》（*The Seven Year Itch*，1955 年比利·怀尔德美国出品）也不无相关。

正如上面所讨论到的，自指性沿着整个循环"内部"的相同阶段展开（见图 3）。因此，集中关注各个生产方面的自指性影片也是存在的（见图 4b）。与关注生产阶段的自指性影片不同，与同一阶段相关的自指性影片并不只是呈现任一影片的生产，而且呈现表现该影片生产的那部影片的生产。以自指方式对生产阶段进行拍摄的几种可能性之一，是表现片场的组成部分和/或团队的组成成员，《起航》（*E la nave va*，1983 年费德里科·费里尼意大利出品）的结尾就是这样做的。这一手法并不局限于专题影片。录像剪辑类中也能找到例子。捷恩斯的《我无法跳舞》（*I Can't Dance*，1991 年吉姆·于奇美国出品），不仅表现了影片故事中的菲尔·柯林斯，而且表现了他为了进行拍摄如何给脸上打粉、梳理头发。毋庸赘言，即便团队成员都是"真正的"专业人士，这种对画面背后的眼见为实，就像影片其他部分一样得到展现。

与生产阶段相关的另外一组自指性影片，关注焦点是拍摄的摄影机。与经典好莱坞风格中摄影机不可见这种传统相反，这些画面让人们关注到环境，正是因为摄影机，我们才能够看到这幅画面和整个的片子，在《使命》（*La tarea*，1990 年吉姆·洪博托·赫尔墨西洛墨西哥出品）中就是这样。表现拍摄中的摄影机的影片，例子有：《掌镜人》（*The Man with the*

---

① 在这部影片中，一位从事剪辑工作的女孩必须在傍晚前完成影片的编辑工作。她在最后一分钟完成了工作，乘坐出租车去影院，交出影片，坐在了观众席。但是在打出片名"早餐桌上的里尔·达戈弗"之后，她意识到出了大错误：出场的不是那位大明星，而是一个赤裸胸部的黑人妇女，她一边逗弄怀里的孩子，一边从葫芦里喝水。

Movie Camera，1929 年德里加·维尔托夫苏联出品），或者《阿格尼斯·瓦尔达镜头下的简·博金》(Jane B. par Agnès V.，1988 年阿格尼斯·瓦尔达法国出品）。在《不羁夜》(Boogie Nights，1997 年美国出品）中，保罗·T. 安德森让我们实实在在地对摄影机进行了探索。甚至还有些影片，其中正在拍摄的摄影机与片中人物或者其他团队成员有直接的身体接触，或者更应该说是与之产生冲突或冲撞。关于这一情节元素的一个很早的例子，是《被碾过的滋味》(How It Feels to Be Run Over，1900 年塞西尔·M. 赫普沃斯英国出品），片中，正在拍摄一辆汽车的摄影机显然是被这车从身上碾了过去。

与生产阶段相关的自指性，最突出的是影片在自身的生产过程中得到表现。这些影片的主题是表现处于自身生产过程中的影片。在叙事策略中，这一种可以标记为"当文字变成活动画面之时"。影片与讲述某个角色所发生的故事同步，就像《千万别给傻瓜平等机会》(Never Give a Sucker an Even Break，1941 年爱德华·F. 克莱恩美国出品）。更进一步的手段，是表现处在生产过程中参与角色对影片的干预和改变，比如《云霄飞车》(Spaceball，1987 年梅尔·布鲁克斯美国出品），或者《趣味大灾难》(Comicalamities，1928 年帕特·萨利文美国出品，动画制作：奥托·梅斯梅尔）。

4　分配：关于市场的电影

社会符号学上的影片再生产循环的第二个阶段，涉及处于分配阶段的影片（见图 5a 和图 5b）。与诸如生产或接收的循环的其他阶段相比，分配领域中的例子非常罕见。生产方面容易通过"屏幕背后的一瞥"这种方式将影片、影星和观众之间的关系神秘化；接收阶段，即"去看电影"的阶段，描述的是观众非常熟悉的一种经验；然而，分配领域却是很少为我们所知的阶段。影片的营销和推广策略构成一个电影业并不想太急于详细揭露的主题。可以讨论的内容有：从事实际分配、从事与影片和影星相关的种种营销和广告活动的那些机构；推广影片所必需的文案，譬如预告片、电影杂志、评论、影迷志、海报招贴等；以及从电影节对影片的赞美到对影片内容的审查，对影片做出的形形色色的批判性评价。

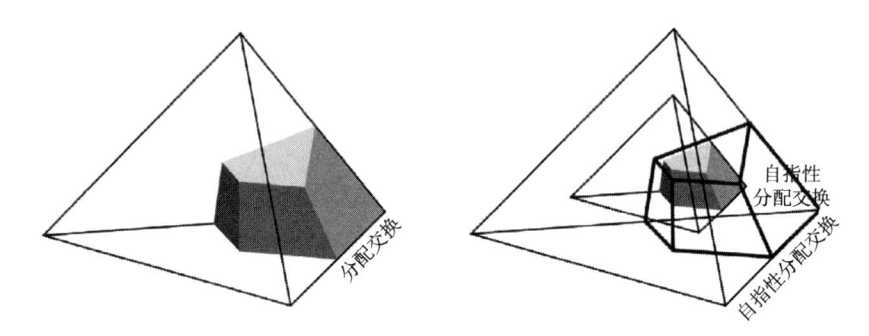

图 5a 和图 5b　自指和自指的分配

以自身文案为关注焦点的最早例子，是卢米埃尔兄弟公司出品的影片《海报张贴》（*Les colleurs d'affiches*，1987 年法国出品）。从这部电影中，我们可以看到宣传"卢米埃尔公司电影"的海报被贴在了宣传竞争对手"四大公司电影"的其他海报上方。一谈到好莱坞的营销策略，就有在营销代理人活动核心环节能够找到好莱坞本身及其地标建筑的影片。在好莱坞影片中非常常见的这些地标建筑之一，是格罗曼的中国剧场，它的前庭非常有名，所有著名好莱坞明星都在其中留有水泥印记。《明星诞生》（*A Star Is Born*，1937 年威廉·A. 威尔曼美国出品）的开头和结尾场景，表现过这个地方。品鉴和评估领域所覆盖的内容，从戛纳或威尼斯的电影节、奥斯卡奖，以及影片的自我监管和内容审查，范围广泛。

与来自传媒机构那些屏幕上的信息这一动机一道，还有一种审查动机的自指性变体，譬如电影院的"管理"。譬如，在《地狱机械舞》（*Hellza-poppin'*，1941 年 H. C. 波特美国出品）中，一旦放映员按照海斯办公室的语言规范，认为角色可能使用脏字，就会插入一张写着"违禁"的卡片，加以制止。

关于分配阶段中的自发性，另一个更进一步的例子是以各种样态在屏幕上呈现（真实的和虚构的）众多公司。为了防止盗版，百代公司的徽标（雄鸡）被用在每部影片上，这正是 20 世纪初开始出现的早期的且颇为有用的一种变体。另一种策略是让公司徽标——譬如派拉蒙公司的山峰，直接延续到影片中去，三部《印第安纳·琼斯》（*Indiana Jones*）影片的开头都是这么干的。广为人知的品牌形象还会受到戏拟，譬如美高梅公司的徽标。两部极为不同但同样具有自指性的电视系列片中，咆哮的雄狮被呜呜叫的猫咪代替，一部是《玛丽·泰勒·摩尔秀》（*Mary Tyler Moore Show*，1976~1977 年美国 CBS 出品），还有澳大利亚的警察喜剧故事系列《警察科坦》（*Kottan ermittelt*，1982 年彼得·帕特萨克澳大利亚 ORF 出品）。

最后，所有谈论自己表演和网络工作具体特色的电视角色，都属于自指性影片的另一个子类别。令人印象深刻的一个例子，是 20 世纪 80 年代 ABS 出品的由西比尔·谢波德和布鲁斯·威利斯主演的《蓝色月光》（*Moonlighting*）系列片。最后一集甚至是以人物谈论他们的节目被取消来结束的。

5 接收，或：电影放映

自我指涉和自指性能够在影片社会符号循环中被找到的第三个领域，与"观众世界"中的消费或接收有关（见图 6a 和图 6b）。情形一方面集中在人们在电影院或家中观看电影和谈论电影，另一方面集中在电影院、在电影院工作的人、电影的放映。

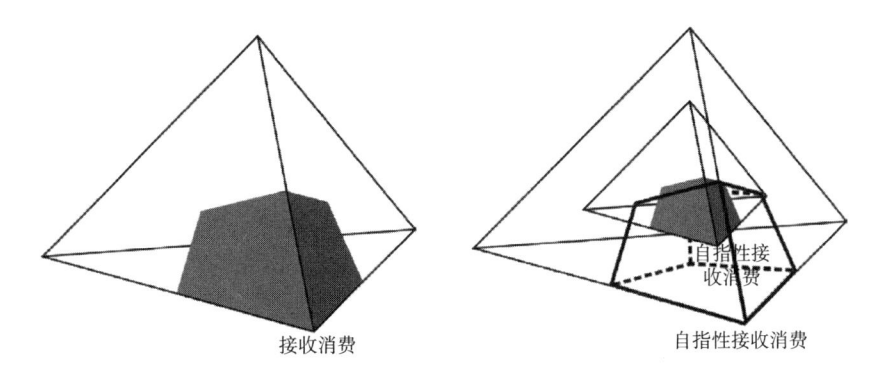

接收消费　　　　　　　　自指性接收消费

图 6a 和图 6b　自指的和自指的接收

从电影史的开始起，电影就表现了观众。早在 1896 年，《走进电影》（*L'Entrée du cinématographe*，卢米埃尔兄弟公司出品）就有关于影片放映之后人群走出帝国影院的镜头。仅仅在五年之后，诸如《乡巴佬和电影》（*The Countryman and the Cinematograph*，1901 年罗伯特·威廉·保罗美国出品）或《乔西叔叔看电影》（*Uncle Josh at the Moving Picture Show*，1902 年爱德华·S. 波特美国出品）就让我们走进影院，观看放映中的景象。这一情节的出发点，是描述不能把真正事件和屏幕上所表现的事件区分开来那种观众的奇怪行为。让-卢克·戈达尔在自己的《枪手》（*Les Carabiniers*，1962 年法、意联合出品）中就用到了这一幕。

与接收有关的第二类自我指涉性影片中，有许多不只描绘影院和工作在影院的人，而且有向影院的旧时光致敬，譬如：《最后的表演》（*The Last Picture Show*，1971 年彼得·伯格达洛维奇美国出品）、《天堂电影院》（*Nuovo Cinema Paradiso*，1989 年朱塞佩·托纳托尔意大利出品）、《荣光》（*Splendor*，1989 年厄托·斯克拉意大利出品），或者《电影人生》（*The Majestic*，2001 年弗兰克·达拉邦特美国出品）。

就自指性而言（见图 6b），观众有倾情于屏幕这一动机，譬如在影院中鼓掌叫好，就会与屏幕和屏幕上的角色进行实实在在的交流。这类互动的顶点，是当代在所谓屏幕打通中消解观众与演职员障碍的第四道墙。第一位以这种方式进入屏幕的影片角色——尽管只是在梦想中——是《小歇洛克》（*Sherlock, Jr.*，1924 年巴斯特·基顿美国出品）中的放映员。这种跨界的更近一些的例子，有《开罗紫玫瑰》（*Purple Rose of Cairo*，1984 年伍迪·艾伦美国出品）、《幻影英雄》（*Last Action Hero*，1993 年约翰·麦克特耶南出品）、《欢乐谷》（*Pleasantville*，1998 年加里·罗斯美国出品）。

6 作为产品的影片

影片工作和符号工作的社会符号学操作，其结果是作为作品的影片。它被定位在整个生产循环的中心位置。有关产品的自我指涉（图 7a）发生在数量相对较小的表现电影史的影片类型中，以及各种各样的互文性手段所构成的最为常见也最为明显的形式中。互文性的例子和影片类型有关，譬如对著名场景的戏仿和隐射、对音乐和台词的引用，或者实际的、在材料方面的（在今天，是数字方面的）借用到其他影片。

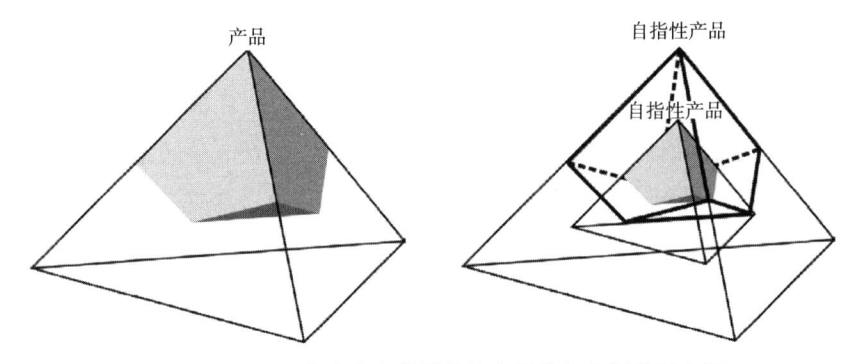

图 7a 和图 7b　作为产品的影片的自指的和自指的诸方面

与作为产品的影片在自指方面有关的影片子类，尤其用到影片引用这种手段。作为引用而被插入的场面，与正打镜头与反打镜头拼接中的新场面合并，创造出不同时间中两个角色直接互动的幻象。例子有：《盖斯特兄弟最后重编版》（*The Last Remake of Beau Geste*，又译《难兄难弟走天涯》，1977 年马尔提·费尔德曼美国出品），有马尔提·费尔德曼对《盖斯特兄弟》中的加里·库珀说话（《盖斯特兄弟》[*Beau Geste*]，又译《火爆三兄弟》，1939 年威廉·威尔曼美国出品），或者卡尔·瑞纳的《大侦探对大明星》（*Dead Men Don't Wear Plaid*，1982 年美国出品），用到了取自 20 多部影片的材料，来表现斯蒂夫·马丁与 20 世纪 40 年代黑白片中从汉弗雷·鲍嘉到拉纳·特纳几乎所有知名人物之间的互动。在这些影片中，被引用到的角色和原来的角色之所以能够互动，是因为观众能够以这样一种方式解读剪辑，通过想象把正打镜头和反打镜头中的角色放在了同一时空之中。

数字剪辑的成功，带来了这一语境中的根本性变革。今天，影片制作人能够把新旧进尺融入同一镜头。甚至一生中绝无可能相遇的角色现在也可以肩并肩地得到呈现。这种相对新颖的"数码文本性"（digitextuality）做法例子很多，不仅有让埃尔顿·约翰与路易·阿莫斯壮组队的健怡可乐广告（《夜晚俱乐部》[*Night Club*]，1991 年斯蒂夫·霍恩美国出品），也有诸如《阿甘正传》（*Forrest Gump*，1994 年罗伯特·泽梅齐斯美国出品）

之类的专题影片。

这些散乱的物质化策略也出现在转换手段中,譬如圈出手段,角色在场景中试图让镜头可变光圈保持开启,譬如《趣味大灾难》中的费力克斯,或者《盖斯特兄弟最后重编版》中几乎被光圈噎死的迪格比·盖斯特。胶片的某些物理特性的文本化,譬如,当诸如胶片框边或齿孔进入角色世界时所出现的物质意义上的胶片叠合,是与作为产品的影片有关的另一种自指模态。例子有:《地狱机械舞》中,当影片似乎穿过放映机时,一群人突然被画框之间横向的边界线分开;或者《沉默的探长》(*Dumb Hounded*,1943 年特克斯·阿维里美国出品)中的狼,突然跑过这部影片的齿孔,跑进了一片莫名其妙的白色之中(是放映机的光吗?)。以影片自身物质性为核心的自指性,最突出的肯定是表现胶片如何突然断裂,譬如在一部叫作《野人岛》(*Goonland*,1938 年马克思·弗莱谢尔美国出品)的大力水手动画片中就是这样,或者,在《面具》(*Persona*,1966 年英格玛·伯格曼瑞典出品)中,甚至表现的是胶片如何燃了起来。

最让人印象深刻的一种自指性影片形式,是使用递推环手段的影片,譬如,在结尾又回到其开头。即将结束的影片叙事把自己变成了另一部影片叙事,譬如《荒唐小混蛋奇遇记》(*Pee-wee's Big Adventure*,1986 年提姆·博顿美国出品)、《矮子当道》(*Get Shorty*,1995 年巴里·索恩费尔德美国出品),以及《维斯·克雷文的新梦魇》(*Wes Craven's New Nightmare*,1994 年维斯·克雷文美国出品)。《荒唐小混蛋奇遇记》在汽车影院结束,当时银屏上正在叙述的是主人公本人寻找自己的自行车过程中所经历的冒险,而他的自行车出现在之前的影片中。在《矮子当道》中,黑帮分子齐力·帕墨(约翰·屈伏塔饰)的故事,以及影片导演兼制片人哈里·齐姆的这部电影,将在最后一幕达到高潮,此刻,没有任何伏笔或转折,最后一个镜头变成影片拍摄中的一幕,而电影就以这部齐力影片的制作完工作为结束。最后,在《维斯·克雷文的新梦魇》中,人们发现,是这部影片,通过其主人公维斯·克雷文,写出了它自身关于上一部《梦魇》片子交代不全内容的脚本结尾。击败了弗雷迪·克鲁格之后,海瑟(海瑟·朗吉坎普)发现了一个脚本,有维斯·克雷文写的如下献词:"海瑟——/谢谢你有勇气/又一次和兰茜打交道。/最后弗雷迪回到了/属于他的地方/敬礼/维斯"。当她开始为自己的孩子读起这脚本的第一页,这一场景实际上重复的是影片将要结束时的开头场景。

7 完整的循环,或:"谁说电视上什么都不行?"

既然影片的社会符号过程各阶段彼此关联,有时甚至相互重叠,那么,关于自我指涉和自指性的例子,就可以归入不只其中一个阶段。此外,有些影片故意走完整循环路数,哪怕包括不了所有,也包括该过程的许多方面(见图8)。

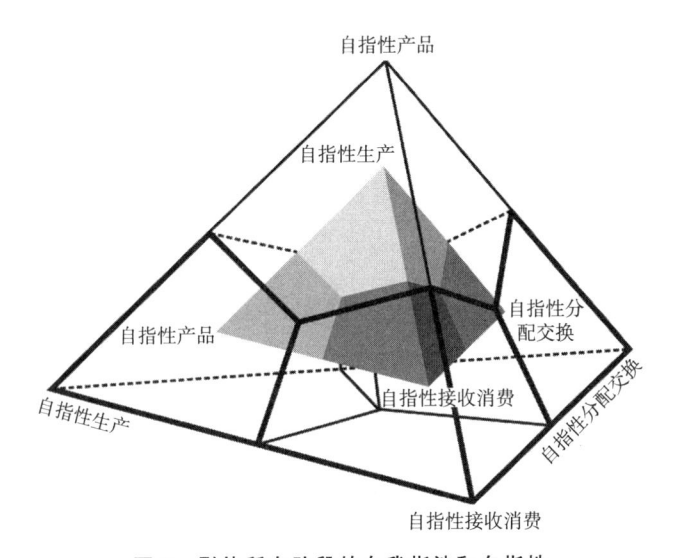

图8 影片所有阶段的自我指涉和自指性

这一类型中的一个典型例子,是我们已经提到过的德里加·维尔托夫拍摄的《掌镜人》(1929年苏联出品),不过,满足这个标准的,还有其他艺术方面知名度不那么高的影片。其中,有乔·普耶卡为"百事可乐"执导的一个60秒广告片《套路》(*Set Piece*,1995年纽约BBDO出品)。片子开始,可以看到一个电视控制室,里边的工作人员正在忙着转播一场篮球比赛。暂停时间到,制片人开始进百事可乐广告。篮球明星"大鲨鱼"

奥尼尔①,出现在其中一个监控器的特写中,他抬起头,把头转向房间另一侧的另外一台监控器,那台监控器中,广告出现,他仿佛听到了主题音乐和汽水滋滋的冒出声。马上,奥尼尔离开了他的(片中表现的)世界——篮球场,也从呈现有他和比赛的屏幕上消失。接下去的银屏内容,是他在若干电影电视节目中的身影。恰好在这一轮进行到一半,他进入百事可乐广告的场景,抓起一瓶百事可乐来。然后,他回到场上投出精彩的一球,这让他最后能够休息一下,喝着他的百事可乐,并且大声感叹:"谁说电视上什么都不行?"

最后一个例子融合了目前为止所讨论过的几乎每种自指性形式,甚至不止如此,它还做出了进一步的创造。生产阶段是自指性的,是因为它表现的是电视网络控制室中从事他们工作的一个团队。分配阶段是自指性的,表现在两个方面。像所有电视直播一样,生产和分配是并行的,因此这一表现体现了自身的分配。此外,该广告在其分配方面产生出自指性,是因为它表现的是商业时间中播出的一则广告,而该广告本身就是作为广告在商业时间中播出。另外,就消费而言该广告也是自指性质的。电视工作人员正在观看自己的节目,不仅是因为这就是他们的工作,而且是因为他们播出的是一场篮球比赛。最后,自指性还存在于我们在主人公的回溯中看到的对影片和电视节目的数字引用,以及由此而来的关于这位明星的没有被我们看到的屏幕经历。

---

① 1995年,"大鲨鱼"奥尼尔这位著名篮球运动员和百事可乐长期代言人仍在奥兰多魔术队打球。该广告上映时,得到一种额外的效果,因为当时的语境是NBA的1995年季后赛。这一语境的后果是不确定的,因为要看奥尼尔的队伍在季后赛成功与否,但是,正如时任百事可乐公司公关经理的加里·亨普希所说,"魔术队已经如此成功,我们已经够幸运的了,广告真就像比赛的一部分。他们在打比赛,接着球就直接进篮了"(引自Winters, 1995)。

媒介的/媒介中的怀旧

安德里亚·博恩

媒介始终是一种带回我们记忆的方式，但是它们也已经变成记忆的对象。媒介的文化和技术发展带来了巨大变化；有些媒介甚至已经消失。结果，过去的媒介变成文化记忆的对象。媒介在过去的样子，以及它们如何变化，已经在媒介中得到表现和反映，这就是自我指涉切入的位置。媒介能够指向它们自身，就像它们在时间中存在的样子，并且指向它们在时间中种种的变化。越来越多地，它们以更具怀旧的方式如此行事，或者说，它们反映了对我们社会中能够找到的媒介的一种怀旧的观察方式。

1 怀旧与记忆悖论

怀旧似乎是我们时代的一个特征，但是，这个概念或者这个现象都不是新的。"怀旧"（nostalgia）这个词首次出现在1678年，被约翰内斯·霍费尔（Johannes Hofer）用作一篇医学论文的标题（Fischer 1980：268，参考文献第8）。这个词出自希腊语 *nostos*（回家）和 *algos*（痛苦）。"怀旧"这个单词的一般意义是渴望某种失去的东西，或者至少是不在身边的东西，它是通过一种空间形象来表现的。怀旧被认为是由远离家乡而造成的病。很清楚，譬如在卢梭的书信中，象征的作用就是被作为怀旧的一个原因而提到。身在国外的瑞士士兵听到瑞士乡曲会想起故乡，变得怀旧；因此，在服役期间是不允许吹奏这支曲子的，违者会被处死（Fischer 1980：12）。不过，我们今天所理解的怀旧这个概念，更主要的是一个时间概念，在20世纪70年代之前是没有的（Fischer 1980：15-16）。因为怀旧已经开始指"对某种远离事物的渴望，这种远离不一定是在空间方面，也可能是在时间方面"，在过去和现在之间充当中介的象征性的表现和对象，变得越来越重要了。

怀旧与可以被称为记忆悖论的那种东西有关。在个体层面，我们的意识由各种直接状态构成，它们的每一个都在时间过程中分解到相邻的一个当中，但意识的每一个状态又和之前和之后的那个状态相连。胡塞尔（Husserl 1893-1917：28，43）描述过意识作为"后延"（retention）和"前延"（protention）的两个延展方向。相互关联的时间过程决定了我们的意识，它们允许我们构建自己的个人连续性，保证我们作为时间中有意识的存在这种身份；每一个直接状态都变成对自身的一种呈现，通过这种呈现在后一意识状态中的后延，我们能够与之打交道。

在集体层面，并不存在什么自动起作用的记忆手段。人类、社会群体以及社会，为了让社会延续和社会身份成为可能，都不得不开发其他创造记忆的策略。时间对于社会稳定性来说是一个永恒的威胁，当社会变化越快，当其成员意识到这种变化，情况就越是如此。创造集体记忆的策略之一是试图消除时间，让现在非常紧密地关联非常受社会看重的过去。一个例子是对"英雄时代"的崇高化，将其当作现在的一个社会和文化的奠基阶段。这些将过去崇高化的策略，其悖论在于这一情形：如果过去不是绝对消逝，记忆就并非必要，而记忆想要把过去表现为某种仍然还在的东西。处理过去的文化策略，会对这一悖论的某一方面有所侧重。仪式复活过去的景象，并且让我们参与远去的事件，它们将过去表现为某种似乎仍然在那里的东西；相比之下，对逝者的哀悼，无法阻挡哀悼者清醒意识到逝者已逝。①

当然，在一个更高级的反映层面，呈现记忆的文化方式还能处理许多其他类型的事件。怀旧作为一种主要是在个人和情感层面痛苦和渴望过去

---

① 这一语境中，博伊姆（Boym 2001：41）对"修复式"（restorative）怀旧和"反观式"（reflective）怀旧进行了区分："修复式怀旧重点是渴望回家，想要重建失去的家，弥补记忆的裂缝。反观式怀旧立足的是痛苦，是沉沦于渴望与丧失，是一种不太美好的记忆加工过程。"

的关系，指向的是不仅代表而且勾起过往的那些东西。它所指向的东西，让我们至少确有一刻，复苏了我们所渴望的过去，这个过程可以被看成三个步骤中的第一步。第二步发生在集合层面，其中，文化对象得以生产，以一种类似的方式为更多的人服务。第三步是在高级文化话语中对这些倾向进行理论上或艺术上的反思。

怀旧作为一种文化现象，已经成为一个研究课题，20世纪70年代之后受到了更多关注。总体上它经常与后现代主义联系在一起，而专门地又与涉及过去的种种方式相关，譬如，电影领域中的时段图片、重拍、引用、对似乎过时影片类型的改编，等等。时段图片在呈现层面指向的是一个过去的世界，重拍则指向的是一部之前的影片，直接或间接地指向起中介作用的那部影片的过去。因此，某些怀旧策略也明显使用到了自我指涉的一些方面，但当怀旧对象是特定媒介，或者当该媒介自身被用来代表怀旧，它们在更高程度上是自我指涉的。

2　媒介、记忆与博物馆化

媒介参与正在扩张的记忆文化中，显现出诸多"博物馆化"（musealization）迹象，就像博物馆里的物件，失去了自身的使用价值，变成了之前使用价值的符号（参看 Böhn 2005），而怀旧可以被看作现代化进程的一个对立面。在现代化进程中，媒介成了富有影响力的社会变革工具，这根本不是因为它们改变了文化记忆的技术。绘画，比之更甚的是书写，是以持久而可持续的方式将记忆外化的首要手段。现代视听媒介，譬如摄影、录音以及电影，大大拓展了文化记忆，还带回了感性的印象，这些印象，早期的每个人都觉得难以记住，难以传递给下一代。声音的质感、典型的姿势、面部表情以及身体动作，如果某人你只见过一两次，是很难记住的；在词语和句子中，这些印象无法通过其他人对所描绘的东西所能做的充分想象来激发。然而，当我们观看一部历史影片，譬如奥利维尔·赫希比格尔的《沉沦》（*Der Untergang*，2004年德国出品），我们不仅能够将布鲁诺·冈茨扮演的希特勒与我们个人记忆中那位独裁者对比（并不是许多人对希特勒作如是观），而且我们能够将其与原本的视听文献以及我们个人关于希特勒最后日子的外在化了的文化记忆进行比较。

我们个人记忆的要素，是关于文化记忆的那些已经成为我们自身生平的组成部分。甚至我们记得的获得知识或经验的时间、地点、情形条件，本身就和关于它的记忆相互关联。我们在电影院、通过电视或者录像等第一次看我们喜欢的那部电影是什么时候？我们第一次听到那只深深打动我们曲子的录音是什么时候？是现场版还是工场版？哪支乐队演奏？谁指挥，何时录制？我们是从老式的、有让人讨厌的吱吱杂音的录音带中，还是在公园慢跑时从MP3中听到？我们第一次听的时候那种场合，常常在我们再次听到同一曲子时被记起。这些例子表明，媒介经验会和我们获得关于它们的记忆的场合相伴。既然媒介属于日常生活世界，它们也就是我们个人记忆的对象。它们在时间流逝中演化嬗变，不再是在我们生命较早阶段的那个样子。我们中的一些人还记得电影景象新颖得让人瞠目的那个时光。我的一个朋友曾告诉我，当他青少年时代第一次（父母换掉了老式黑白电视机之后）在彩色电视机上看到"我梦到詹尼"时有过如何的情感纠结，因为现在，他觉得詹尼性感得过头了。

媒介产品已经成为怀旧的对象，因为它们与许许多多的个人记忆和生平经历相互关联，或者，更确切地说，与每个人的个人生平建构相互关联。年轻一些的很想在电视上看到新片子，而年长一些的看到播放旧片子会高兴，它们让自己想起青春时代。媒介发展出博物馆化，这一倾向既是对求新渴望的反动，又是对它额外的助推力量。2002年卡塞尔丧礼文化博物馆中，在电脑游戏发展史主题展上，当参观者看到他们最早玩电脑游戏那个时代的电脑型号，真正可谓感慨万千。因为电脑游戏面市时间并不太长，这种怀旧反应似乎来得太早，但是可以理解，因为世事无恒定，变化如此迅疾。怀旧似乎不仅取决于事件和怀旧式回想片刻之间的时间间隔，而且取决于变化的多少。变化如此之剧，以至于人们直截了当地无从适应，反过来寻求退回人工编织的怀旧记忆的世界之中。如戈特弗里德·弗莱德尔（Gottfried Fliedl 1990：171）所说，政治巨变的条件，加上对先前社会结构和层级的毁灭，一直偏爱怀旧和博物馆化（参看Fliedl 1996）。

沃尔夫冈·贝克尔的电影《再见，列宁！》（*Good-Bye, Lenin!*，2002

年德国出品）用到了这种怀旧倾向——对民主德国的过去好时光的怀旧（Böhn 2005）。这部电影把民主德国博物馆化的这种倾向，不只延伸到物质文化，而且延伸到媒介。在朋友丹尼斯的帮助下，主人公亚历克斯——一位准电影导演，收集了众多民主德国电视的录像，譬如每日新闻节目"时事镜头"或政治杂志"黑色通道"等，要用它们来制作自己的新闻节目。亚历克斯的妈妈是民主德国的坚定拥护者，心脏病初愈，她不被允许得到昏迷中民主德国已经崩塌的消息。老妈妈不得不卧床休息。这种情形下，她只能通过病房窗户看外边的世界。这种情形——与柏拉图的洞穴暗喻并无不同——让这两位朋友可以轻松对卧病在床的母亲屏蔽正在发生的政治变革。但是，当她看电视的时候，另外一扇通向世界的窗户就被打开了，这就必须进行控制。首先，亚历克斯和丹尼斯只给她放映老节目，之后，他们开始尝试在老画面中加入自己制作的新画面。最后，他们甚至创造了一种别样的德国统一史：他们通过虚构方式，在东边的前社会主义和西边的资本主义之间，让"第三条路"变成了真实。这一切之所以变得可能，部分原因应归于前民主德国的媒介政治。正如弗劳姆（Pflaum）在下面的评述中所指出的：

> 《再见，列宁！》以一种绝妙而聪明的方式，展示了图片与声音的共谋。电影超越了它本身的故事。假得颇为成功，想想吧，民主德国，在其40年的存在期间，一直是活在自我神话的习惯之中，要对所谓真实的文献作伪，简直容易十足。（Pflaum 2003：12）

3 影片的／之中的怀旧

举过一部对民主德国文化进行怀旧式复制的电影中有关电视的小例子之后，现在我们来思考与电影这种媒介本身有关的特别怀旧的例子。一部电影可以通过总体的电影史、特定阶段的电影史的方式，或者通过使用旧样式的方式，创造出怀旧来。一个有关后者的例子是歌舞片，最近在几部制作中都被重新捡起，方式不同，但始终是充满怀旧的回顾。弗朗索瓦·奥宗在《八美图》（*Huit femmes*，2002 年法国出品）中将他对侦探片的回顾与来自歌舞片传统的元素结合在一起。伍迪·艾伦在《每个人都说我爱你》（*Everyone Says I Love You*，1997 年美国出品）中有十二支歌和几个舞蹈场景，从头到尾给人一种歌舞片的印象。实际上，它是对来自歌舞片电影经典时代材料的编辑和修改。配乐是迪克·海曼编排的，歌曲是由演员们自己表演的。特别是舞蹈场景，它们充满了仿拟。在开场处，《恰是你，恰是我》这首歌由两位恋人表演，加入了三位推婴儿车妇女、带着一位护士的老妇人、一位乞丐以及伊芙·圣-洛朗商店橱窗中三具假人的合唱。医院中有一场极度振奋的舞蹈场景，歌曲《乐翻天》由沃尔特·唐纳逊和古斯·卡恩取自巴斯比·伯克利公司 1930 年的电影《乐翻天》（*Whoopee*），还有葬礼教堂中的一群"鬼魂"唱着《快乐过活》。接近结束，这部电影直接指向它那些前辈的作品，马克思兄弟以及他们出乎意料的舞美，歌曲则是来自《神奇马戏团》（*Animal Crackers*，1930 年美国出品）中博尔特·卡玛尔和哈利·鲁比所作的《为斯伯丁船长喝彩》。之后，《我已经爱过》第三次被当作一个伴随慢动作效果的舞蹈场景的曲子。弗雷德·阿斯泰尔与金杰·罗杰斯等人一道的著名场景中那种惬意的风格，得到了模仿和夸张表现，对此，伍迪·艾伦几乎什么都没做，而他的伙伴戈尔迪·霍恩是名副其实地飘在空中。伴随结尾而来的，是卡玛尔和鲁比所作的同名主题曲《每个人都说我爱你》，它来自马克思兄弟的电影《马鬃》（*Horse Feathers*，1932 年美国出品）。

伍迪·艾伦的《每个人都说我爱你》在戏仿和致敬之间保持了平衡，调用了经典美国歌舞片本身传统中的诸多讽刺与戏仿元素。这些元素可以在马克思兄弟的早期音乐喜剧中或者《地狱机械舞》（*Hellzapoppin'*，1941 年美国出品）中找到，后者在艾伦的《解构爱情狂》（*Deconstructing Harry*，1997 年美国出品）中的地狱场景中得到引用。这些早期例子相比更近一些的，是更为直接的戏仿。伍迪·艾伦的电影使用到来自歌舞片的元素，来刻画人物和场景，借来旋律和调子。情感品质通过众所周知的来自歌舞片历史的表达而得以呈现。一方面，它们作为情感表现似乎是完美自然；另一方面，它们明显不是真正感觉的自发流露，而是套路，作为引用来使用，创造出一种具有讽刺意味的距离。这里有从情感表达到仅仅是提及其前辈作品的一种切换，这为这种表达附上了一个历史标记。怀旧的意韵或情愫来自这样一种感觉：这些表达，除非是以一种讽刺或疏远的方式来使用，将其作为引用来使用，已经不再有用武之地了。

在《法国香颂》（*On connaît la chanson*，1998 年法国出品）中，已经在《生活是一部小说》（*La vie est un roman*，1983 年法国出品）中使用过歌舞片元素的艾伦·雷斯纳依，从法国香颂传统而非歌舞片中借来了歌曲（Ochsner 2004）。在结合故事与音乐这一形式层面，偏离原作来得比在艾伦的电影中更显著。这些歌曲在声音方面是借自原初表演，这些声音来自诸如伊迪斯·普雅夫、查尔斯·阿兹纳瓦、基尔伯特·贝柯以及弗朗斯·戈尔等著名歌手。电影中的演员明显不是自己在唱，而是别人的声音。用着一种不同的声音，他们是用根据不同技术录音标准所录下的从前娱乐片中的声音在"唱"歌。有时一个男子甚至用一位女子的声音在唱，有时又反过来。譬如，在开场中，德国占领军的指挥官，在刚刚得到摧毁巴黎的命令时，是用约瑟芬·巴克尔的声音唱"我有两个所爱，巴黎和我的党派"这首歌。尽管这些歌很适合唱歌时的情形，但它们创造出的是一种难以言传的效果。就其自身而言，它们的目的是激发某些情感反应，以便表达和强化感情。把这些歌曲用作叙事元素，可能起到歌剧或者经典歌舞片中同样的目的。然而，上面提到的故事与歌曲之间、演员与声音之间的裂隙和偏离，是与合并叙事及音乐的传统目的不兼容的。情感强化和历史距离处在一种不稳定的平衡之中，这使集中于二者之一而忘掉另一个是非常困难的。不过，尽管这些差别可能成为障碍，让我们难以认同主人公或者带着情感投入故事，它却让我们有可能集中关注这些歌曲，记住它们可能对我们产生的情感重要性。电影变成了关于法国香颂文化的一种"活生生的博物馆"，就像《每个人都说我爱你》对于经典美国歌舞片那样。

莫里奇奥·尼切提的《偷冰棍的人》（*Ladri di saponette*，1988 年意大利出品）不仅引用了影片史类型中的一种特定形式，而且引用到一个历史时期的整个形式特征——意大利战后新现实主义风格。新现实主义不只是一种时代风格。它的意图以及人们对其的理解，是通过迷人的设置和场景来反对法西斯的碑铭主义和干扰。新现实主义电影讲述的是人们在卑微社会环境之中的故事，关于普通人生存条件的故事，关于道德价值观和良心的故事。新现实主义电影构建出新的非法西斯的意大利形象，这种新形象不仅在战后意大利受到高度尊重，而且在国际上也颇受喜爱和欣赏。尼切提电影的名字指向维托里奥·德·西卡的《偷自行车的人》（Lardi di bici-clette，1948 年意大利出品），后者是这种风格中最为著名的范例，获得了 1949 年的奥斯卡金像奖，这也是德·西卡的第二个奥斯卡金像奖。

片名的变化标示着电影中所发生的事情。肥皂是关于肥皂、洗衣粉等的商业广告，它们粗鲁地插播在电视上播放电影的时候。尼切提电影的开始，是以一种新现实主义风格，用电视来呈现电影，向黑白片中的新现实主义致敬。当然，插播时间中的商业广告是彩色的。电影和商业广告中，都有戏仿成分。在某一点上，电影与商业广告混合，此刻，一个来自商业广告的彩色的人物进入电影，黑白场景中现在有了一个彩色的演员。在这一点上，新现实主义和当下的电视广告两种形式处于直接的矛盾冲突之中。电影和商业广告不再是各行其是，它们共同融入尼切提电影的叙述框架，在此之中，它们却仍然明显是两种不同的表现模式。合并之后的场景现在引出叙事角色在其各自故事中的不同目标，譬如困难条件下保持基本的道德原则，新现实主义框架中的家庭价值观或者艰苦朴素以及与之相对的电视商业广告框架中的消费主义。两种框架的混杂还对叙述情节产生影响。战后新现实主义家庭想要逃避苦难，生活在后现代广告的消费者天堂。通过这种方式，新现实主义在 20 世纪 80 年代的时代错位变得明晰了，而商业广告缺乏现实主义和道德也变得明晰了。两个世界在通常的电视节目与电影和平共存中各行其道，然而，当它们彼此碰撞之时却成为碎片，这在《偷冰棍的人》中可见一斑。

准新现实主义的片中片，其本身，就像它所模仿的那些电影一样，是高度感伤的。通过怀旧手法，它能够让观看者在情感上卷入它所提倡的价值观。一眼看上去，专题影片、电视工作室场景、商业广告以及家中看电视的人，这种安排明显奔着价值观吸附去的：专题片的美好旧时光与当下的沦陷相互拮抗，但是，观众这种初始情感取向越来越陷入麻烦。它以不同层面的绝对跨界告终，这种跨界最终侵蚀在开端时所建构的道德体系和情感结构。结果是，跟随影片叙事发展的观看者一方，产生混杂的情感，觉得受到的感染似是而非。

4 怀旧与自我指涉

对以上例子的分析表明，除了正在发展中的类型电影制作以及不断的类型规则调整，除了对各种历史风格的怀旧模仿，还有将类型传统和风格元素结合到电影之中的其他方式。对形式方面元素的引用，可以用来针对与这些形式相关的情感做文章，或者用来创造与它的历史距离，引起将其还原这种怀旧渴望。这些是电影对其自身历史进行反思的一些方式。电影想要面对自身并针对自己对观影者的影响做出反思，这种倾向甚至传递到了电视。加利·罗斯执导的《欢乐谷》(*Pleasantville*, 1998年美国出品)，是一部关于一个喜欢20世纪50年代以来某些旧的电视家庭系列片的孩子的电影 (Dika 2003: 201)。他的怀旧被表现得像《偷冰棍的人》中对应新现实主义的怀旧一般。两部电影都给我们留下过去比现在美好得多的印象，而原因正在于它过去了，并且我们不必真正地再活在过去。《欢乐谷》的主人公对于20世纪50年代家庭系列剧世界的怀旧，这不仅是虚假的，而且当他看到它的时候已经过时了，除此之外的事实是：他根本不知道产生它的那个社会和思想状况。他唯一知道的事情是，这些系列片每一集在电视上重复，它们旧是因为打下了"过去"的印记。

电影不仅用作电视的文化档案，成为一种怀旧的源泉，而且反过来的情况亦然。上面讨论过的《法国香颂》不仅指向歌舞片传统，而且指向法国香颂及其声音录制。其他媒介，如收音机，也能加入其中，正如在伍迪·艾伦的《岁月流声》(*Radio Days*, 1987年美国出品) 中那样，这部电影把对于电视到来之前的收音机的怀旧回想，与叙述者童年时代的个人记忆联系在一起。诸如朱塞佩·托纳托尔的《天堂电影院》(*Nuovo cinema Paradiso*, 1989年法国、美国联合出品) 或者艾托尔·斯克拉的《荣光》(*Splendor*, 1989年法国、意大利联合出品) 等电影，都以类似的方式把个人生活的怀想（前者是以主人公的童年时代作为开始）与个人对特定的放电影场所、使用的技术设备等相互交织。与之相当不同的是，在阿格尼斯·瓦尔达的《一百零一夜》（*Les cent et une nuits*，1995年法国出品）中，电影史按照一位寓言家式的电影先生的记忆，被叙述给一个年轻女子。

在托纳托尔和斯克拉的影片中，通史、个人史以及媒介史是相互关联的，正如《荣光》与第二次世界大战的结束、主人公的归来以及弗兰克·卡普拉的《生活多美好》（*It's a Wonderful Life*，1946年美国出品）上演等相关。当电影院的拥有者第一次在战后走进电影院的那一刻，电影的最后一幕就被呈现。时间是圣诞节，社会和主人公达成和解，人人唱着"友谊地久天长"。曲调在电影结尾响起，整个村子聚集一起，来保卫因为不再能够赢利而处在危险之中的老电影院。电影从彩色变为黑白，尽管在夏至时分，雪却开始飞落。今天很少有人记得它，但是，就其仪式本质而言，为了分享其效应，圣诞节正是将某种东西从深陷的过去拉回到现在的一种方式。从《生活多美好》取来的这个圣诞节场景，把一个小镇上电影院的消亡，与这一媒介的强大历史关联在一起，目的是传递它在面对当下变革时的不懈与抗争这一信息。不过，正如《荣光》这部电影所展示出来的，"比生活更伟大"的东西只在电影中起作用。在这个方面，《荣光》是所有探讨过去电影文化的影片中最为怀旧的一部；就它所代表的这种媒介而言它是自我指涉的，它引发了对之的怀旧之感。

5 结论

本文关注重点是电影中的例子，它们不只遵循怀旧这一倾向，而且以一种相当复杂的方式反映了这一点。在当下的媒介怀旧之风的表层之下，存在广泛的博物馆化潮流，力图反拨对新媒体带来进步的大肆褒扬。即便是在那些讴歌互联网或者沉迷网络游戏的人中，也能够找到怀旧，譬如，对于软盘的怀旧，这种怀旧似乎是关于媒介怀旧的最新表现。对于媒介的怀旧不只是延伸到媒介档案、个人藏品中收集到的，或者博物馆和文化中心展览的物质遗物。媒介怀旧还很明显地体现在媒介表现媒介的那种方式，体现在媒介让我们看到它们所叙述世界的那种方式。媒介越来越多地投身媒介怀旧，依赖于针对其他媒介来定位自身的不同历史方式。媒介中的媒介怀旧是媒介中自我指涉的一种展示，因为媒介指向它们自身，表现它们如何成为娱乐的来源，如何顺应历史变化甚至被毁灭，以及如何被记起或者被遗忘。

动画电影中的自我指涉

让·西博尔特

1 引言

如果我们对动画或"绘制"电影的性质加以考察,① 我们常常可以发现以许多方式指向图像的人工特征那些痕迹,这些使电影制作人将自己印刻在电影故事中。似乎这些电影制作人对于电影制作的态度不同于真人扮演影片的导演所持的观点。在更高程度上,动画电影让其创造者拥有自由,去实验物理和生物法则,去采取真人行为电影中不可能的看待现实的新视角。当动画电影使用动物为主角,从别样角度来讲故事的时候,这一点最为明显。在更普遍的层面上,动画电影常常包括对于单个媒介之间界限的评价,这些界限被反复跨越,因为绘制电影表现出来自漫画书、文学著作、绘画、电脑游戏以及(经典)真人扮演影片的影响。让观看者摆脱虚幻的各种方式都指向其他媒介,让演员对观看者言说,或者假装影片在观看者观看它的那一刻正处在制作状态之中,以上不过略举几招而已。②

当第一部动画电影被制作出来,动态图画这种幻象还远不完美。譬

---

① "动画电影是一帧一帧创造出来的"(Stephenson 1973:14f),而真人动作电影是在镜头前被记录下来的真人动作。本文中,笔者将重点关注占据该类型主流的那些动画电影:它们以绘画出的图像(手工绘制,还有计算机辅助绘制)为基础,而非沙画或黏土动画等之类。

② 这些仅仅是动画电影为了创造喜剧味道而使用自我指涉效果的几个例子而已。更详细的描述可以参看 Siebert(2005)。

如，动画师在加上额外一笔的时候，他们的手如果被不经意地拍摄到，他们并不总是会把这一帧剪掉。他们甚至可能很骄傲地把自己表现为创造者。不时地在某处以千分之一秒的时间出现一根手指，已经成为早期动画电影魅力的一个部分。我们很有趣地看到，尽管新技术能够提供转换完美的图像，今天的动画师在延续其前辈的传统方面，仍然想出了把自我指涉效果包括在内的各种办法。

2 新旧电影中对纸媒的指涉

来自默片时代的最为成功的动画电影之一，是让人难忘的系列片《墨水瓶人》（*Out of the Inkwell*，1918 美国出品）。这部影片是关于它自身的制作的，到处都是关于它如何制作出来的指示标志。每一集中，主人公从墨水瓶中爬出，故事结束他们又重新回去，就像一本书的打开和关上。

另一个备受褒扬的系列片是《菲力猫》（*Felix the Cat*，1922 年美国出品）。每次菲力身陷困境，一个带着问号的思考气泡就会出现在他头顶。于是菲力就会抓住这个问号，将其变成一个能够帮到自己的有用之物。这里，是指涉先于电影的漫画书这一纸质媒体。在默片时代，诸如言语气泡等呈现手段，可以被描述成一种对于角色嘴里说出话语的创造性替代。直到今天，动画片都还使用围绕角色周围的星星、气泡和蹦跳的字母。譬如，在德国影片《维尔纳》（*Werner-Beinhart*，1990 年出品）中，主人公如此愤怒，以至于他的话以红色字母的形式从嘴里冒出，穿过了走廊（见图1）。因为动画电影非常多地用到漫画书的美学（这部电影就改编自一本非常成功的德国漫画书），这种用法似乎并不离谱。

多年之后，当动画片有了声音和色彩，在动画片《平的世界》（*Flatworld*，1997 年德国出品）中，用了对纸媒的类似指涉来创造喜剧效果。这部片子的特点是给人们留下完美印象的二维的轮廓清晰的物品；即使是纸上的标记都可以看得到。《平的世界》创造了自己的规则，它轮廓清晰的形状主导着叙述、影响着行动。它让坐在一辆车中的主人公在疯狂地追车过程中斜着滑到另一辆车的车底（见图2）。街道上的洞用订书机修好

图 1 《维尔纳》（1990 年德国出品）中的漫画书美学

图 2 《平的世界》中二维的纸质物品

了——连订书机也被用作了武器！

《菲力猫》这部片子和《墨水瓶人》系列片子操作大致相同。主人公反抗其特殊环境，故事明确地越界到其他媒介，变得模糊甚至抽象。许多动画片都用到对媒介边界的这种弹性解释，扭曲了大多数真人扮演影片作为基础的现实。一般而言，动画片从来就不能挑战真人扮演影片的真实性。相反，它们力图创造一种不同氛围——一个具有自身规则的世界，其中，不仅角色通过压扁—拉伸而非常具有弹性，而且媒介的边界也能够在非常高的程度上扩张。主人公并不受引力物理规律制约；他们不会死,即使他们的身体中弹无数。正如我们从真人扮演与动画结合而成的影片《谁陷害了兔子罗杰?》(*Who Framed Roger Rabbit?*,1988 年美国出品)所了解到的,动画人物实际上是能够死的;他们只是必须被抹掉。

3 与观看者的互动

喋喋不休的宾尼兔(Bugs Bunny)这个角色之所以是高度自指的,主要是因为他与观看者之间那无数的联络和交流。即使是在典型的追车场面中,他都有可能稍作停顿,和他们聊天。譬如,宾尼兔有可能对故事不太满意,因为它第二次用到了某个桥段。这种将观看者纳入其中的做法,是创造一种自我指涉效果的又一种方式。在另外一部早期的华纳兄弟出品的影片中,观看者不仅对观众群中某个地方有所猜测,而且实际上在影片中起到了作用:《达菲鸭与呆瓜》(*Daffy Duck and Egghead*,1938 年美国出品)中有个场面,表现的是一位猎鸭人(后来知道他叫呆瓜)被一位经过一排排座位从观众中走出的观影人激怒(见图3)。这位观影人的整个身体把屏幕都几乎完全变黑了,猎人害怕他把自己的猎物吓飞了。因为观影人

图 3 观影人被加入影片《达菲鸭与呆瓜》之中

不离开，猎人最后开枪把他打死，他跌倒在地。子弹透过影片的"第四面墙"，将效果用到了屏幕的"另外一面"。

✵

4 制作过程之中的产品

很多时候，电影在呈现给观众之时，会将自己表现为尚处在制作过程之中的产品，所以我们能够看到影片团队的某些部分或者创作人的手等。有时，我们甚至能够看到影片自身的部分材料。在特克斯·阿维里的《沉默的探长》（*Dumb Hounded*，1943年美国出品）中，一个角色动作飞快，以至于他跑出了胶片框，甚至胶片齿孔都清晰可见。在意识到这一点之后，这个角色很快转回来，因为什么都没有，唯留下白色背景——明显是白色的投影屏（见图4）。当然，这一结果缺乏逻辑，因为角色的图像如果在胶片框之外是没有办法被投影的。不过，这个招数没有逻辑却有效果，因为，正如林得瓦尔和梅尔顿所观察到的（Lindvall & Melton 1997：210），动画电影"并不需要现实主义电影那种一致性或者内在逻辑；［……］超文本的东西可以在任何时刻闯入文本之中"。

图4 动画角色在《沉默的探长》中离开了胶片框

《幸运鸭》(*Lucky Ducky*，1948年美国出品) 中一个看上去似乎无尽头的追车场面同样是如此。角色们跑过一个路牌，突然发现自己身在一个黑白片的场景中。音乐戛然而止，他们面面相觑，转过头，注意到路牌上面写着"彩色技术止步"。一旦他们重新走进路牌之后的世界，他们又变成了彩色，音乐也继续响起。这是对当时动画片中典型的无休止的追车的绝妙评价；这一幕持续太长，以至于失去了它的色彩和声响。主人公走到了（动画）世界的尽头。①

每一次当电影制作人让主人公转向镜头或者让他们思考自己作为影片有机组成部分时，他们都将更进一步地靠近观众。绘出的角色走出剧情框架，当他们对其创造者说话，观看者就会得到现场直播的印象，屏幕于是变成了舞台。电影似乎是处在制作过程之中。

《空中大灌篮》(*Space Jam*，1994年美国出品) 表现的是孩子们和华纳兄弟公司众多角色观看经典系列电视片的情形。两个主人公正在战斗，突然被另一个打断，要他们和他一道去参加动画片演员大会。他们都离开了，此刻的场景变得空空荡荡。这表明，所有华纳兄弟角色们在没有止境的重映中都有事干。在《空中大灌篮》中，观看者实际上能够看到，角色们在他们空余时间在做些什么。他们甚至会抱怨在动用他们名字和面孔的商业广告大战中没有拿到钱。

5 新的发展

过去十年中，许多计算机生成的影片上市，它们成功地把这一类型推到了新的高度。《玩具总动员》(*Toy Story*，1995年美国出品) 是第一部完全由计算机生产的专题影片，其他非常成功的影片接踵而至，譬如：《虫虫危机》(*A Bug's Life*，1998年美国出品)、《怪物史瑞克》(*Shrek*，美国2001年、2004年出品)，以及《海底总动员》(*Finding Nemo*，2003年美

---

① 也有可能是绘画师对提供越来越多的场景这种事情受够了，而前者正是对总是反复使用同一场景的一种反讽性评价。

国出品）。一种崭新而且极为有趣的发展是，我们现在对于制作人对于自己动画片中自我指涉手段及其喜剧效果方面的思考有了更多了解，因为这些以非常专业方式制作而成的影片的DVD版，为我们带来了"制作内幕"方面的相关访谈。因为DVD上市，剪余片、制作内幕、预告片等已经成为媒介的组成部分。剪余片典型地表现了因为各种理由而最初被拿掉的那些场景，譬如演员忘词、口误或者其他种种败笔。《玩具总动员》、《虫虫危机》和《怪物史瑞克》等的DVD版都包括剪余片，都假装或者模仿真人扮演影片那个样子。动画片的"剪余片"根本就不是坏片，没有什么"剪去不要"。它们都是专门制作，为观影人提供彩蛋。在《虫虫危机》中，我们可以看到一位"坏蛋"，正在为不要留下冷酷之人这个印象而犯愁。另一幕中，制作人从同一家公司制作的第一部成功之作《玩具总动员》中，借来了主人公伍迪。伍迪想要帮助导演这部影片，结果是，拍摄材料的其他部分（如麦克风、镜头等）都变得可见了。这些伪装的剪余片中的角色，就像是有血有肉的人一般行事。其中一处，可以看到一只身体巨大而胆子颇小的鸟，把翅膀猛力张开，想要让小虫虫觉得自己无比强大。突然，这只鸟的动作伴随一台老旧失调机器的噪声磨磨蹭蹭地停下来了。计算机动画周围环境的完美，机器时代遥远的荣光，二者之间的对比，明确指向（或者甚至是致敬）必须在没有蓝屏技术、没有计算机辅助后期制作条件下创造出真人扮演形象的时代。

动画片的新近DVD中，人们偶尔可以发现，不仅有伪装的剪余片，还有伪装的演员访谈。这不算是全新的手段；从这一媒介的早期起，动画片的制作者就已经比真人扮演影片的导演更为频繁地用到它了。不过，自我指涉效果更近一些的贯彻实施，似乎在以一种嬉皮笑脸的方式表示："是的，我们都知道我们搞的是高度人工制作化的形象。我们的主人公可以做不可能的事情，所以让我们评价关于世界这些充满弹性的阐释吧。让我们跨越我们这种媒介边界的各种方式进行试验吧，试验喜剧的、漫画的或者真人扮演影片的，由此而让观看者意识到其中众多可能的操作。甚至动画角色也意识到这些操作，运用他们的知识。"——诸如《谁陷害了兔子罗杰?》之类影片，甚至专门描绘的是这样的动画角色，他们碰到了"真正的"人，并且从彼此身上学到了东西。在《面具》（*The Mask*，1994年美国出品）这部以漫画书英雄为基础的真人扮演影片中，一位银行职员戴上面具，变成介于人与漫画角色之间的一种东西。他能够从漫画书英雄最重要的那些特征中受益；他是不可战胜的，他的身体能够改变形状，适应新的环境。我们可以看到，不仅动画片可以从真人扮演影片的压倒性优势中学到东西，而且反之亦然。

第五部分

✺

自我指涉的电视

论自我揭示作为一种视听指涉性模式的运用

费尔南多·安达赫特

1 论自指性在纪录片类型中的运用

本研究是当代媒介的现实再现研究这个进行中项目的一个组成部分,① 该研究包括纪录片和电视现实节目,两种文类都是以指示符号为主导作为基础。② 这两种非虚构都以对自指性的相反却互补的运用为特色:就纪录片而言,自指性是一种自觉、积极而且明确的策略,旨在让观看者注意到他们所观看影片所产生的现实效果的虚幻性质,其方式类似社会建构主义中许多研究的认识论核心(Hacking 1999)。就电视现实节目而言,这一点将以《老大哥》(*Big Brother*)的成功模式基础展开研究,自指性对其正常发挥作用十分关键,但它是以一种自我嘲弄的、世俗的、明晰的方式来强化该电视节目的娱乐价值。基于林奇关于自指性作为社会科学中一种方法工具的使用和滥用的审慎探讨(Lynch 2000),笔者将论证,自指性在有着伦理关怀的优秀纪录片类型中无拘无束地运用,最终与作为其形而上学基础的二元论相关。

本文所分析的媒介自指性,与诺特所谓的"交流自我指涉"(communicative self-reference)相对应(参看本书第一部分之 5.6)。它涉及影片本

---

① 目前的工作在巴西 CNPq 研究基金资助下已经完成,属于正在进行的研究"当代媒体的现实再现"的组成部分。
② 对有关这些指示符类型的基础分析,参看 Andacht(2002, 2003, 2004, 2005)。

身纳入纪录片制作场景这种做法在伦理和审美方面的合理性。这种自我揭示是诸如巴西的库汀霍（Coutinhuo）以及法国的科莫里（Comolli）或洛奇（Rouch）的艺术纪录片中自指性诗学的一个关键特征。艾伦（Allen 1977：37）对这一实践有如下定义：

> 自指性在这里被定义为指向其自身生产过程的影片的任一方面：对影片的概念化、使技术成为可能的必需措施、拍摄过程本身。[……]通过以自指方式呈现它们，纪录片能够让观众意识到生产过程对影片中立立场的限制、它做出客观记录的能力。在这一过程中，电影让我们注意到选择和重构事件来传递意义的过程。于是，自指性成了针对强调逼真的传统式纪录片的一种反动或者一种对抗方式。①

纪录片《大楼人生》（*Edifício Master*，2002年巴西出品，下文简称《大楼》）以片子职员在导演埃德瓦尔多·库汀霍（Eduardo Coutinhuo，1933-，圣保罗生人）带领下，历经辛苦来到里约热内卢的科巴卡巴纳的大楼这些场景开始。片中三套镜头同时工作，其中只有两个可见：主团队携带的镜头，扫视整幢大楼的电子镜头，以及，最后但并非最不重要的，拍摄这部片子自身拍摄活动的自指性创造镜头，不过这套镜头当然是不被拍进纪录片的。角度众多是这位纪录片人典型的制作风格，对此，评片人曼妥思（Mattos 2003）在他关于库汀霍的作品研究中描述说："面对面电影的组成部分，是对影片内部的记录工作进行展示。总是利用复制主镜头中轴的辅助镜头，来对摄制团队的到来进行记录，自《二十年后》（*Cabra marcada para morrer*）以来，已经成为一个专门标志。"

观众得以看到片子后台实际、材料制作的某些关键时刻，譬如，看到经过谈判被允许进入公寓之中，公寓居住者被邀请参与到片子中来。很快，大家就清楚，几次努力以失败告终。这样，片子观众加入研究团队，经过不懈努力，拜访了生活在276间平房中的大多数居民，最后找到了35位访谈者，其中27位在编定的片子中保留下来，这一点导演在开头的画外

---

① 为了简练以及避免艾伦关于"自我反映性"（self-reflexivity）概念中的某种冗余这一目的，我在本文中将把这种现象通称为"自指性"（reflexivity）。

音中做出了交代。在这部纪录片中，自指性在相处过程中也得到了体现，此刻，辅助镜头从居住者（他们是主要说话的人）切换到他们全神贯注的访谈者，让观众能够瞥见导演以及他身后的拍摄团队。

在优秀纪录片类型（譬如"写实电影"［cinema vérité］）的知性实践中，这种自指性的结果是自我揭示行为，可以将之定义为自我批判的自指性。我分析的目的，是把这种媒介自指性模式与关于真实再现的两个不同的假设条件关联起来。尽管纪录片制作人并非符号学家，他们秘而不宣的辩证性观点却的确在其创造性工作中起着一种关键的作用。纪录片人对自指性的运用，很大程度上取决于对于二元论学说一种不自觉的信念，这种思想，按照皮尔斯的说法（CP 7.570），"用一根轴线进行分析，把最终要素当成彼此无关的东西"。我的批评，打算揭示一个位于自指性纪录片诗学核心处的谬误，它正是后现代反客观主义思想的特点。① 这里所捍卫的非二元前提是，现实及对其的表现之间并不存在不可跨越的鸿沟，不管是性质方面的、事实上的还是一般意义上的。这正是皮尔斯对笛卡尔化约式二元论所做有力批判的要点所在，它与皮尔斯的符号学是不可分割的，它意味着"一种基于一个绝对原创概念的替代性方法，即思想作为符号这个概念"，桑德拉有如是解释（Santaella 2004：24）。让某物成为符号的并非物质性的；② 它是一种能力，因为它的"本质功能是让无效的关系变得有效"（CP 8.332）。符号能办到这一点，是因为它的"在其对象与头脑之间起中介作用的这种能力"（CP 6.445）。这是所有符号的合成方式，结果是不断的"理性的增长"（CP 5.4）。因此，除了皮尔斯所提出的——包括"日报"在内（CP 6.455）——这些例子，再加上电视现实节目，或许并无不当。

笔者将用威廉·詹姆斯（William James）的观点来结束这里的介绍，他是皮尔斯一生的朋友，是皮尔斯实用主义学说差强人意的阐释者，对于媒介中自我批判自指性有着重要却又是不经意的贡献。就独立于人类思考的现实是否可能这个问题，他写道：

---

① 关于对后现代思考中这种与皮尔斯符号现实主义对立立场的详细描述，参看 Colapietro 1998。
② 本文中，凡提到"符号"（sign），都应该被当作与"再现"（representation）同义。

我们可能瞥见它，但我们绝对抓不到它；我们抓到的总是它的某种替代之物，某种之前的人类思考已经将它胨化和加工以供我们使用。① 如果允许我们使用一个如此粗俗的表达，那么，我们可以说无论我们在哪里找到它，它都已经被作假了。（James 1963/1906：109；强调为原文所有）

自我批判自指性的思辨基础，在于詹姆斯对再现所做特殊描述的核心：詹姆斯声称符号对于真实所做的——真实是与它的被再现相分别的——是将其扭曲到消解的程度，用他关于消化的比喻来说，就像酶对于我们所吃的食物所做的事那样。尽管无法说有实际的、历史的影响，但是，在詹姆斯将其当作自我批判自指性事实上的哲学基础这种坚持中，是有着充分的知识上的亲近关系的，这在当代纪录片的忧郁诗学中就有体现。詹姆斯关于无可复原的损失的意象，关于迅猛恶变的意象——在其描述的高潮时使用"作假"这个词——蕴含了直面现实之不可能。这个类似亏空的关于再现真实的认识，含有我们沦为代用品、作假的现实样态的牺牲品的意味，在试图再现它的时候变成了无助的骗子，因为我们无所依从。从自我批判自指性的观点看，一位纪录片制作人所有能做的，就是与现实的幻象抗争，他们不可避免地在以其片子创造一种始终难以捕捉的真实。这种毫无希望的西西弗式苦工将在下面通过巴西导演库汀霍的工作和思考加以阐述。詹姆斯对再现的理解与皮尔斯的主张（CP 5.607）截然相反，它涉及以一种直接的、经过中介的方式认识世界，兰斯德尔（Ransdell 1968：68）称之为"再现认识的学说"（doctrine of representative perception）。

詹姆斯在波士顿洛威尔研究所进行上述有关实用主义演讲的同一年（1906），皮尔斯与一位富有才华的英国记者谈话，解释了自己关于符号的成熟看法——符号是种种要素，与外在冲突相关联，与不被再现之时的现实相关联，它们的确把这样一个我们所熟悉的对象有效地带到作为阐释者的我们身边。在一封标明日期为 1906 年 3 月 9 日的信中，我们发现了有关

---

① 按照 1912 年版的韦氏词典，"to peptonize"（胨化）是一个及物动词，意思是"转化为胨；通过蛋白水解发酵的方式进行消化或消解；比如，经过胨化的食品（peptonized food）"。

一种延续性表意活动理论的概说,根据该说法,内部和外部世界并非彼此分隔,而是处在生动的交流(共生)之中:

>"符号"[是]一种形式的交流或延展的任一媒介。[……]为了(该形式)得以延展或交流,必须做到,它应该真正被体现在不依赖于交流的一个主体之中。[……]**形式,(形式是符号的对象),因为它真正决定了先前的主体,是非常独立于符号的;不过[……]符号的对象只能是那个符号所代表的它的样子。**[要]理顺这些看似冲突的事实,不可避免地要把直接对象和动态对象区分开来。(Hardwick 1977:196;用黑体强调的部分为笔者所加)

詹姆斯根据其再现将之描述成不可避免的现实沦落那种东西,是有关交流、有关与我们自身以及他者的交道,即按照皮尔斯的现实主义者的、延续性的符号学的说法,"有关独立于符号的现实"的极致的情形。两种符号对象的区别是追求自指性的纪录片人所面对的想象窘境的技术解决手段:无论他们如何编辑或者重构,他们绝对不能抓住他们可能错误地、部分地记录在他们影片中的整个现实。实际的限制更多与赫拉克利特式的现实本质观有关,与符号可能犯错的方式有关。通过其演化性质,尽管并不完美,符号是竭力要为观看者和纪录片人之类刻画和描绘足够多的真实,而不仅仅是对真实的浮光掠影。我们能够捕捉到足够多的真实,来批判一部纪录片是否把自己的工作做好,它又是为何未能达成"指示"这一目的(Carroll,1996:238)。面对由我们有限的、人的认识世界的方式所提出的谜题,皮尔斯以彩虹意象的方式提出了一种解决方法(CP 5.283):这个比喻表明,外面的世界,即"呈现在我们面前的每种东西",如何既是"关于我们自身的一种现象性展示",又是对某种外在事物——处在符号之外的事物,即其对象——的展示。这个世界通过符号实施其动态的、强制性的限制。皮尔斯留给我们一种对于再现的现实主义分析,迥然有别于詹姆斯的二元论,后者涉及我们放弃任何想要抓住真实的想法,真实永远都是我们的符号"作假"而来。

与皮尔斯的连续性符号学一致,我认为,你也可以得到真实的东西并对其再现。很奇怪的是,具有伦理和政治敏感诗学的自指性纪录片,它那如鲠在喉的自我怀疑在电视现实节目中却找到了积极的决断。之所以如此，是因为生活关乎意义的稳定增长，它每每在现实得到再现的时候发生，无论其方式是如何不自然和偏颇（Andacht 2005）。指示性基础为两种视听类型以及作为它们的公共意义而被产生和消费的公共意义的象征性生产提供了主要输入。自我批判性纪录片核心处的矛盾——其目的是忠实再现这些导演相信其再现只会错失的东西——与现实节目的快乐肯定形成鲜明对比——日常生活既是真实的，又是在越来越复杂的符号流中得到再现的。这并不意味着对哪一种类型的伦理或审美判断；相反，我想要做的，是按照皮尔斯实用主义原则（CP 5.8–9），在其一般性结果的基础上，给出关于媒介自指性的符号学描述。优秀纪录片之所以为观众所喜爱，恰恰在于让它那自我批判自指性的诗学变得有瑕疵的东西。就《老大哥》这个现实节目而言，它处在指示性范畴相反的审美一极，它的大受追捧，是因为符号之间的连续性，这些符号尤其贴近我们复杂的人性和兽性，也就是说，我们身体所发送的指示符号，以及为了娱乐这一目的而让这些指示符号融入其中并且被永远改变的优雅的象征符号。生活中是如此，电视或电影屏幕上也是如此。

2　自我批判的自指性：为陈化了的、纪录片的现实而愁

我们且对纪录片中自我批判的自指性的两种方式加以思考。第一种是将社会科学中对方法论自指性的批判延伸到这一类型，第二种是关于当代纪录片人库汀霍和科莫里所实践的自指性口头诗学的符号学讨论。我们首先从詹姆斯关于再现作为一种陈化实施者的二元描述这一立场来探讨自指性，这一看法似是而非地取消了他想要传递的东西。之后我们将把这种方法与皮尔斯对符号的连续性理解相对比，后者把符号当作可能出错却富有力量，而且长期着眼，对于抵达生活中以及片子中的真实而言，是可以信赖的媒介。采用后者的方法，我们希望能够解决批判性影片自指性核心处的矛盾，让人伤心的、自认是西西弗式的苦工中的矛盾——抓住这些纪录片人说不可能被抓住的东西。

在一篇对作为社会科学中一种方法的自指性进行探讨的论文中，林奇（Lynch）对沉迷这一操作可能带来的过度进行了批判，尤其是针对在建构主义者的分析中：

> 就像任何要暴露、揭示、彰显或显现让人惊奇、违背直觉并潜在不可解的事情所付出的努力，自指性分析必须托付给一种不确定的命运。没有什么保证成功，"从事"自指性或"具有"自指性并没有什么先天性的优势。因此，一项解构客观主张的事业，原则上，相比它想要解构的那些主张，应该或多或少是成问题的。[……]对于"具有"自指性或"从事"自指性分析而言，并没有什么特别的优势，除非其中有某种发人深省、充满趣味或具有揭示性的东西。(Lynch 2000：42；强调为原文所有)

林奇（Lynch 2000：34）承认，目前通过自指性所取得的显著的学术成功"归功于对自指性的启蒙认识：它是一种人所特有的认知能力，让人们能够对于人类困境有不断进步的理解"。这是针对牵涉到对于科学知识的任何贡献中那些危险的及时警告：过分依赖自指性，有可能涉及偏离第四种方法，科学的方法——皮尔斯关于认识论的经典表述中探讨过确定信念的其他三种方法（CP 5.358-387）。在这些情形中，探询不再取决于对象本身，"某种外在的永恒，某种我们的思考对之不具有影响的东西"（CP 5.384），而是取决于先验的信仰，时下的理论潮流，或者纯粹的执念。如果发生这一点，结果就不再是一个从怀疑进步到信念的科学上的有效操作。自然，这种科学锋芒并非纪录片制作的要求，甚至也不是自我批判类纪录片的要求。不过，这些影片导演的做法，将之比作科学探索也很有道理，二者并不是碰巧有所相似。纪录片人关注的是他们工作中涉及的方法论方面的东西，对此他们在关于自己影片的自我批判性陈述中有明确表述。因此，笔者提出一种二者之间的偏颇性的平行思想，二者之一是社会科学家所用的自指性方法，另一是自指性纪录片大师们在其影片以及其后对之的反思中所动用的诗学。

从林奇所给出的关于"方法论自指性的诸变体"的铺张罗列之中（Lynch 2000：29），笔者将遴选三种自指性方法进行思考，考察它们在自我批判性纪录片《大楼》中最接近影片的对应方面。这种平行思想彰昭示出一种在后现代文化之中以及媒介之中很受欢迎的手段（Nöth 2001）。首先，有"哲学的自我反映"，它与笛卡尔的自省类似，它让导演库汀霍在会见和拍摄自己纪录片参与者的时候思考到自己的身份。当他们以其方式对我谈话的时候，我是谁，他们——我的影片对象，是谁？它们是这种自指性方法论中涉及的一些问题，库汀霍通过关注他所谓的"伦理问题"来处理它们（参看 Caldeira 2001）。他试图通过变成我会将其描述成他者的关怀者自我或监护者自我这样的人，来解决这些疑惑："当我与这些无助的人打交道，我在编辑［这部片子］中的伦理问题是：'我会伤害到这个人的生活吗？'这是我所关注的。这部片子不会让事情变得更美好，但可能让事情变得更糟糕。"（Caldeira 2001）

其次，在林奇的分类法中（Lynch 2000：29），有"方法论上的自我意识"，这是定性研究中的一种常见策略，它"变成参与者观察的一个经典性的特征"。它试图去除现实观察中由于主观偏见而带来的扭曲。当库汀霍出发去拍摄他者，他们典型地有属于居住在棚屋中的社会底层（譬如在《千禧年》［*Babilonia* 2000］和《强大精神》［*Santo Forte*］中），或者《垃圾糊口》（*Boca de Lixo*）中那些甚至更悲惨的赤贫者（这部片子发生一个垃圾场，那里的人们靠拾荒过活），此刻他会对他本人的中产阶级、知识起源和意识形态进行反思，对他而言，这是一个核心关注的问题。库汀霍的自指性自我意识展现在强烈的自我怀疑中，此刻他对那些吸引他对他所认为的真实进行拍摄那些危险进行反思，但是并不真的像它所是的那个样子（在他的注视之外）。在一次访谈中，他解释说，他觉得痛苦，因为他不把"美如画的形象"包括在自己的工作中，他又如何避免以这样一种方式呈现所拍摄的材料，以使一个共通的主题、一种滑稽或揪心的效果可能出现（譬如，在《大楼》中，连续的两集或多集中，一直试图要自杀的人们在唱着歌、聊着天）。作为针对电影常规套路诱惑的解毒剂，库汀霍让自己服从一种严格、节俭的符号经济学，心甘情愿地牺牲掉影片最后版本中任何可能攫取注意力的东西。

因为这一目的，这位导演克制使用图片，按照他的看法，图片会让他的片子变得类似新闻中或谈话节目中的常规的电视采访。库汀霍也不允许插入任何并非在实际拍摄的"碰面"过程中原本就有的东西之外的内容，因为他选择要描述他在自己片子中所追求的那个中心目标。既然今天要在编辑阶段插入吸引人的图片或声音如此简单，他强调的是，自己如何不得不去对抗这种冲动。譬如，库汀霍说，他决定省略《大楼》中两个女人觉得意义重大的图片，因为他并没有足够快就对之有所反应，并且没有在拍摄过程中的那个特定的点上将其包含在内。联想到 20 世纪 20 年代那位以"表现被刻画之人身处对应其个性的环境的自然描绘"而闻名的德国摄影家，他所采取的极致简单和关切，① 我将这一做法叫作"奥古斯特·桑德尔效应"（August Sander Effect）（Andacht 2005：113）。按照这种节俭、自指的电影诗学，任何之后的增加都不属于他者的个性，只不过是导演的意志罢了，属于武断的、主观的选择，而非导演与片子参与者之间被拍摄下来的互动的结果。

第三种自指模式是"方法论的自我批判"。根据林奇的看法（Lynch 2000：29），这种自我批判模式"常常似乎是自然地遵循自我意识，并不局限于'坦白的'人种志"。在库汀霍的诗学中，这种自指模式把自身表现为一种永不屈服的自我批判性注视，可以回溯到欧洲纪录片中一位影响深远的人物，他对于这种体裁的意识形态方面的重要性得到了这位巴西导演的认可，他就是法国电影批评家和纪录片人让-路易·科莫里（Jean-Louis Comolli）。② 在一次长篇访谈中，科莫里这位主持《电影手册》（Cahiers de Cinéma）杂志的前编辑，以对一种方法的详细描述避开了纪录片艺术窥探隐私这种臆测，我发现他的方法与方法论自指性很相似，而且非常契合库汀霍本人的电影实践：

  拍摄操作中总是有窥探隐私的说法。但是我这里不会谈及它。这个词似乎并不充分。我更愿意说，存在一种倾听的强大力量。你在这部片子中能够感受到的东西，并不正好是人们（比如说在电视中）所

---

① 奥古斯特·桑德尔（August Sander），见《摄影百科全书》（The Encyclopedia of Photography，1984）。http://www.masters-of-photography.com/S/sander/sander2.html（2001 年 12 月 4 日）。
② 在一次访谈中，库汀霍提到，科莫里是他眼中的权威人物（2003：217）。

谈论的东西——而更多地是我们感到某人的聆听。［……］聆听是一种劳动，是某种涉及我们而且改变我们的东西。这部片子中有着一种分析维度，因为分析就像聆听的地方。当我说到分析，我也说到了转移［……］；① 事情发生在被拍摄的人和拍摄的人之间，这就属于转移，它通过聆听这一行为而变得可能。（Comolli 1995：68）

库汀霍拒绝把资产阶级的、太了解自己想要干什么却又不想让他者对自己有所了解的那些人的狡猾谈吐当作自己片子的主题，② 与之类似，他的法国导师科莫里，针对套路而泛性的东西那种让人惊讶又死气弥漫的效果、一个社会阶级司空见惯的东西、明确无误的东西、阻碍纪录片探索新天地那些僵死的符号包袱等，进行了铿锵有力的批判。显然，科莫里的意思并不仅仅是说应该避免让拥有物质和象征资本的那些人作为影片参与者，而且认为任何镜头前缺乏自然的人都应该被避免。这位法国导演解释说，自己在1993年这部关于办公室生活和工作的纪录片中，为什么要省略专门有关一位工会工作人员的部分，③"这是很少出现在片子中的人之一"。他的理由是，在自己影片中插入一段现成的话风险太高，对观看者和他本人而言，会大大改变自指性探讨的整个质量："我们意识到，那里边有一种现成的话语，一种木头式的语言（因为木头式的语言，不幸地，不仅是唯有当权者才使用），这种话语中没有震动和颤抖，人们没有办法感受到对象的危机，你努力让观看者想要体会的那种危机。"（Comolli 1995：78）

科莫里的访谈中，还有一个自指性的例子。在做出"倾听构成这部片子的中心"这一评价之后（1995：78），科莫里提出一种不同的、更为激进的自我了解，对他而言，这是自指性纪录片类型的自然结果：

我在人们身上发现的有趣之处，在于他们给我带来的不仅是他们

---

① 这里所提到的片子，是科莫里1993年的《（办公室中的）真实人生》（*La vraie vie [dans les bureaux]*）。
② "我不拍关于富有的中产阶级的影片，因为人不能那么做。他们保护自己，他们都是专家。我对跟专家谈话不感兴趣，因为他们都有一个要捍卫的形象。然后专家肯定不会说给他找麻烦的事情，每个专家在这方面都很无聊"（库汀霍语，见 Caldeira 2001）。
③ 要充分了解这里的指涉，请参看上一个注释。

身上吸引我的东西，而且是我之前所不知道的东西，在拍摄他们的时候我发现的东西，这是他们思考这部片子的方式。［……］影片始终是作为一种揭示性东西起作用。电影并非关于事物的一个形象；它创造一个形象，不同于你之前拥有的形象。这就是在那些之前从来没有观察过自身的人在看到和听到他们自身时所发生的事情。（Comolli 1995：66，70）

这种把自指性纪录片视为特殊的符号机构的看法，带来了一种不同的自指性，即元理论的自指性，对此，林奇（Lynch 2000：29）延续伯格（Berger 1963）的观点，将其描述为"一件关于从完全投身文化活动中'撤退'的事情，它被人们说成是社会态度的标志"。法国和巴西的制片人都同意，两人都试图进行发现，追寻一种热忱的视听探索，他们相信，这种东西与已经知道和已经说过的东西相悖，而且他们相信，这种东西正是电视新闻访谈的特色。这种商业模式只想明确记者们清楚了解或认为他们了解的东西。访谈者，在某种排练之后，只是不得不，在任何情况下，重复人们想要他们做的事情。任何顿悟都是不可想象的，这种匮缺，根据纪录片人的观点，是由商业电视中缺乏自指性引起的，缺乏贯穿镜头所实施工作的一种方法，而该方法的目的，理应是针对若非如此就会威胁变成一种刻板生产模式的那种东西提出问题。

3　自我批判的纪录片中将现实脓化所带来的痛苦

且让我们再次思考关于对真实进行纪录片再现的诗学之下的二元主义思辨。威廉·詹姆斯针对现实的方法，将有助于我们理解影片制作人（在其带有他们自指性策略的片子之中）的实践以及他们对自己生产的反思之间显著的矛盾，甚至对立。对于电影诗学核心位置的匮缺的绝望之感，源自对于再现实施方式的基本的错误理解。

当问到纪录片的本质是否在于"记录这一行为本身"时（Figueirôa et al. 2003：216-7），库汀霍给出的回答值得成为任何未来有关自指性的宣言的组成部分，因为它包括了这位电影制作人把拍摄过程包含在最终的纪录片这一保证：

> 我们始终在拍摄见面。［……］非比寻常的是言辞行为，这一行为在拍摄的那一刻被挑动，被催化，我或者对方，谁都没有刻意如此。拍摄就是［……］去挑动、去催化那一刻。正是发生在拍摄过程之中的互动之中，产生了伟大的角色。

说这番话之前，这位电影导演还曾就他片子中的自指性说过，通过"揭示拍摄该见面的镜头的存在"，它"总是说它们是片子，总是，以某种方式，向着观看者揭示，它们自身的生产条件"（Figueirôa et al. 2003：215）。库汀霍还做出了批判性对比，其一是他的自指性方法，其二是电视访谈这种相关但非自指性视听类型的方法：

> ［电视］访谈竭力想显得客观，想当然地是要显示"真实"。与之相反，纪录片由质疑这种客观性，质疑处理真实的可能性，而得以塑造。伟大的纪录片不仅基于这种预设，而且没有将所谓真实当作自己话题的可能性。面对这种"真实"，每部纪录片，说到底，都是不确定的，不完整的，不完美的，而且正是从这种不完美中才诞生出它的完美。纪录片始终是一种主观的观点。纪录片就是记录这个行为本身。（Figueirôa et al. 2003：216）

最为私密的人类关系之一，即面对面的交流互动，那种库汀霍变成其艺术核心内容的"见面"，怎么可能不是一种关于真实的经验呢？为什么库汀霍用"角色"来指那个认可部分被拍摄的生活的人，而不论这生活是否变成纪录片的主题？难道真实实际上是某种相异的东西，某种注定与对其的忠实再现不兼容的东西？难道外在现实的命运就被其再现悲伤地陈化，被改变，以至于我们所能期待的仅仅是一种贫乏而虚假的生活？对于这个显然的困境，我所给出的试探性回答，很多方面都与林奇（Lynch 2000：42）关于社会建构主义分析中自指性过度的批判相呼应。

考虑到它与自我批判性纪录片诗学的关联，现在，我打算通过其符号效果或解释项——这些既是文字的（影片制作人的反思），又是视听的

（影片场景）——来对"见面"这个概念进行分析。关于前者的一个例子，是库汀霍将其作用描述成与影片参与者的互动中的"催化剂"。后者也许可以用表现导演本人率领下摄制组抵达这些开头的画面来作为例证，当时他们都进入大楼，将在里边生活和拍摄一个月。关于"见面"的所有解释项都把这件事解释成一种起塑造作用的影响。然而，必须按照记录真实的伦理结果，区分出两种见面：作为介入（interference）的见面，作为震撼（shock）的见面。

作为介入的见面，是历经负面评价的见面；它是詹姆斯"作为对真实的陈化那种再现"这一概念的神秘回应。在纪录片作为温和的负面干扰这种理解中，"见面"是对陌生的存在进行干预的结果，微妙地、不可逆地改变了环境，即纪录片"利于拍摄的"（pro-filmic）材料（Souriau 1953）。按照这种观点，人们怀疑，对真实的拍摄以及由此而来的对真实的再现，有可能将其陈化、将其消解，这样，真实不再能够被如其所是地捕捉到。按照自我批判传统而言，这是制作纪录片让人忧心的结果，无论导演多么诚恳，多么尊重他者。影片的再现被认为是一种建构，对"就在那里"的真实的一种让人沮丧的替代，影片只是看上去在客观展现，但它只能是作假的——詹姆斯在1906年如是说。

这是科莫里脑中想到的那种见面，当时，他是在对纪录片奠基之父、《北方的纳努克》（Nanook of the North，1922年美国出品）导演罗伯特·弗拉赫提（Robert Flaherty）的工作进行评论。科莫里（Comolli 1995：54）表达了一种怀疑的、反客观主义者的观点，具有典型的自我批判的自指性方法特色："这部电影真正创造了现实，它似乎是用了欺骗手段做出展示。但它是一只红鲱鱼，[……]纪录片中虚构的诱饵；观看者的信念由关于现实存在这个观点莫名其妙地得到保证。"

与这种关于所拍摄"见面"的忧心忡忡的阐释不同，对见面的第二种阐释是"震撼"，科莫里就是这么描述的，它把见面当作这种自指类型最值得追求的成就。皮尔斯在他的符号学中（CP 8.266），用了"震撼"这个概念来解释反应的经验，符号对象的经验，认为它对解释者的任务产生阻抗或者施加限制。在总结他关于纪录片这种类型是倾听他者的一种强有力行为这一看法时，科莫里说（Comolli 1995：71）："只要你聚精会神地聆听一个人，就总是有震撼。在一部片子中被震撼，因此，是一件好事。片子就是拿来让观看者坐不稳的。"科莫里还谈到来自纪录片人所接触的"真正的人"的"能量"的重要性。对"见面"的第二个阐释满足纪录片的目标，这个目标不属于象征维度，而属于指示维度："触动人的不是说了什么；始终都是，唯有置身自己言谈中的主体的存在，才会抵达观看这部片子的其他主体。"（Comolli 1995：76）按照这种阐释，纪录片的"见面"的作用，是记录与参与者独特而又真实的接触。拍摄行为中所追求的，是包括片子的制作人和参与者在内的那种共有的"此地此刻"。这一类型的目的，是提供抵抗的公共轨迹，与他人见面就无疑会产生的"震撼"。

所拍摄"见面"的两种不同解释项，是自我批判的自指性诗学中一个本质性矛盾的来源，对于这个矛盾，纪录片人竭力要在对拍摄行为进行拍摄过程中采用其自我揭示这一自指性实践来解决，并在最后的工作中给予其一个荣耀的地位。以下反思或许能够阐明他们的自讨苦吃。库汀霍回忆，有一次，他坐在巴西北部一个乡村小镇的人群中，看着他的某部纪录片。片子是《强大精神》，里边有一个给参与者发钱的场景。这位导演给我们讲了一个具有深意的故事："有一个年轻女子，后来跟我聊了起来，［她说］'我很喜欢这片子。我看到付钱那一幕的时候，我认为它所有的都拍进去了'。我告诉她：'如果我能找到为那个钱而说出那些事的人，那我就是天才了！'"（Caldeira 2001）库汀霍对把发钱场景包括在内，做了如下澄清："对一些人来说，这拿走了一点儿诗意，那个见面的诗意氛围。这么说那个人是相当过分的但却是真实的，这个人很棒，他是拿了钱，但不能说他是拿了钱而在镜头前说话。"通过把一般看不到的东西包括在内，这位导演以自指的方式，曝光了部分后台内容，将其当成一种揭示影片对其对象产生影响的方式。

那位观看库汀霍片子的女子说出的怀疑，引出了纪录片热忱的、自我批判的自指性与现实节目轻松的、戏谑的自指性之间一种未曾料到但无法否认的亲近关系，这是我们这个指示性视听时代的病征以及对其的讽刺。一种关于到底在干什么的典型怀疑，譬如《老大哥》中，如下就是：所有发生的事情——在这个词的两个意义上，即，整个活动，以及产生出许多与参与者受到限制的身体相关的存在符号那种指示符诉求——都是基于一个预先安排好的、秘密的脚本，所以电视片场中任何所说的、所做的都不应该被当作真实的事情。纪录片人找到了走出其自指类型困境的道路：事情的关键，并不是在虚假的被再现的真实与就在那里的纯粹事实之间进行选择。对他者的全身心投入，想要成为他者自我看护人的诚挚努力，是这些，使以自我批判方式在电影中记录下来的指示符，区别于那些一天 24 小时、一周 7 天观察电视节目所汇集的东西："当我在那里拍摄的时候，我全然是可以打交道的，人们感觉得到这一点。最后他们会得到倾听，［……］但是他们甚至不知道我；当他们看到我，他们只是看到了一个对他们而言长着眼睛和耳朵的人。"（库汀霍语，见 Figueirôa et al. 2003：226）。

担心纪录片千方百计通过陈化或作假来再现真实，让真实发生改变，是站不住脚的。没有什么比我们在再现真实中所取得的更加可靠的与世界的接触了，即便它有可能出错。我们观看和聆听的人群，正如他们在库汀霍或科莫里的片子中得到热情的聆听那样，因为他们是出现在纪录片中，是不会变成角色、虚构的人的。这种再现不过是又一种关联关系，即便它非常特殊，其中，自我在演变，显现出自我的某些方面，发掘这些方面的真实性正是我们永无止境的任务，就像在自己的日常关联关系中，只要有意义在，我们就必须去做的那样。

4　结论：指示性再现群集时代中的纪录片自指性

自指性被当作高雅文化的高贵要素，又被当作高档理论的重要方法。在文化领域，自指性是为弄清创造者投入其再现作品中的自我意识并对之进行艺术探索服务。譬如，《大楼》以影片团队进入大楼时的画面和声响开始。按照导演的观点，这一介入时刻包括了不可逆转的对常规生活的改变，这一改变难以准确度量，但的确改变了将以视听方式再现的东西。自我批判的诗学认为，拍摄行为所危及的是被再现东西的客观性，即大楼居住者以及他们愿意提供的生活故事。自指性还是置于审美对立面的指示性类型的方方面面。在《老大哥》中，自指性实践的目的，不是要消除一天 24 小时、一周 7 天电子监控这一安排所得到的现实幻象，而是要强化这一样态的娱乐价值。作假或单纯自我导演,没有任何后台地孤立于社会空间中的人们所散发出来的真正的符号性升华,在一个大书特书此间矛盾的电视节目中,自指性是关键所在(Andacht 2004:126)。尽管纪录片和现实节目迥异,指示性符号都堪称彼此的审美效果基础,并且这一符号构成元素正是启动它们中自指性实践的东西。

自我批判的纪录片人把自指性策略用作处理这一悖论——通过他们认为是虚构的方式,即再现,来真实描绘他者——的一种方法,的确揭示出处于他们二元思辨核心的那种谬误。在对其自身工作的反思中,有一种严肃的,尽管理论上不无瑕疵的,想要摧毁他们在影片再现和日常存在叙事中那种现实幻象的尝试。这些艺术家们的审慎工作,如果说是表明纪录片人描绘的不过是从生活中抽取的角色们扮演出来的舞台上的故事,就大错特错了,就像皮尔斯的彩虹意象一样,他们的工作揭示出,他们所用的符号,既是对符号创造者的显现,又是对他性的震撼的显现。

再一次,林奇关于无缘由使用自指性会沦入化约论者的二元主义陷阱这一批判切中肯綮:"如果自指性不对任何特定的人具备吸引力,它的阐发不受任何特别理论、方法或主体立场控制,那么,它就失去了自己思辨的光芒,变得庸常。"(Lynch 2000:48)

有希望的是,这趟穿越镜子一般媒介自指性领地的旅程现在结束了,它表明,自指性这种切中肯綮而且颇具价值的东西,堪称科学和艺术中的分析工具,只有在帮助我们理解符号行为的发生、复杂性和动态机制的程度上,它才是可以依赖的。如果自指性只是用作皮尔斯所描述的确定信念的三种方法之一(CP 5.377),即将自身确立为相比其他理解现实及其再现的方法,有着自以为是的优越性的一种方法,那么,它只会让一些当下的谬误永远无法摆脱,譬如在纪录片这一类型中不可能可靠地再现真实之类。再现他者的努力,并不一定要陈化真实,更不用说对其作伪,就像威廉·詹姆斯所以为的那样。相反,这里所讨论的这种指示性类型,一直不停地在用定性的、事实的、普遍性的方法,阐释它所再现的现实的方方面面。因此,纪录片的确揭示出真实的方方面面,尽管它所采取的方式远未得到充分理解,却不应该被自指性分析弄得模糊不清,后者把这种种再现所展示的一切都当作虚构或者纯粹的作假。

新中之旧：电视里电视历史呈现过程中档案材料的形式与功能

乔恩·布莱赫尔

在我关于媒介中自我呈现的历史的研究中，我已经研究过与文类、呈现模式以及符号系统相关的自我指涉，并且我已经表明，自我指涉与媒介接受有关。电视倾向于在自己的节目中呈现自己的历史。通过它特定的视觉语言，这一媒介将自己的历史传递到观看它的观众的记忆中。

1 媒介对集体记忆的建构

远在媒介当下的强烈冲击之前，历史与叙事就作为集体记忆相互关联。诸如雷恩哈特·柯塞勒克（Reinhart Kosselleck 1990）和海登·怀特（Hayden White 1990）等历史学家就说过，历史必须被转化成故事，才能传递给个体和集体记忆。电视已经能够运用对历史的视觉和叙事呈现这一长久以来的传统。通过故事，个体记忆与社会群体的集体记忆关联在一起。大片的强烈视觉冲击证实在媒介中能够对个体和集体关于历史事件的记忆进行重塑。相比电影而言，电视更加关注构建个体与社会之间的社会关系。吉尔伯勒（Gerbner）等人对电视的这种社会功能有如下描述：

> 电视是中心化了的讲故事系统。它的剧目、商业广告、新闻以及其他节目将一个相对连贯的形象和信息体系带到了每个家庭。[……]

电视（大部分是以娱乐的方式）成为社会化和每日信息的首要常规来源，若非如此，人群便会各个不同。（Gerbner et al. 1986：18）

自我指涉与媒介间性密切相关，相互交织。与其他媒介相比，电视的优势之一，在于它将历史视觉化的能力。不同于缺乏图片和听觉渠道的书籍，也有异于呈现在网络上的搜索材料，电视能够把历史变成传递有关过去事件生动经验的故事。媒介在社会中的作用，是媒介系统自身所建构的。通过不断指向并补充他者的世界观，这一媒介将这些观点核心化，同时使其成为情感经历的来源。

2 电视呈现模式对个体和集体记忆的影响

语言的功能之一是创造记忆。电视对其视觉语言进行特殊运用，结合讲故事的传统方法，创造出它自身关于媒介形象的集体记忆。电视讲故事的手段，服务的是按照特殊人员的意图而规划的行动链来组织历史事件。

扬和阿雷达·阿斯马恩（Jan and Aleida Assmann 2003）等媒介理论家表示，"纪念碑"和"重复"这些概念，对于历史意识建构至关重要。纪念碑是为了在建筑空间中将历史视觉化；重复是记住被反复叙述事件的方法。两种历史记忆方法都被用于在当前的"历史娱乐"（historytainment）样态中建构历史。纪念碑是视觉地标，是历史意义的符号，它们是在空间中运用的重复原则。它们的恒久可见标出它们的文化关联。历史事件或人物被纪念碑呈现，锚定在集体记忆之中。1989年11月9日柏林墙垮塌，就是关于纪念碑代表历史的一个例子。这一幕已经成为关于德意志民主共和国历史的许多节目的一个有机组成部分。

怀旧的电视节目运用叙事碎片来创造记忆点滴。分成短节的电影打开了电视史上的时间窗口，与媒介史中其他类型、节目、内容或发展无关。这些碎片，有时与慢动作呈现一道，被用来彰显特定历史时刻的重要意义，这样它们可以被呈现为一长串过去事件中的一座风光无限的纪念碑。重复原则指引着观看者的方向，"永远都是看过了，永远都是知道了"这条非书面的节目规则，似乎被用作通向有效交流的钥匙。

"历史娱乐"节目通过聚焦过去流行的日常之物的方式运用历史记忆碎片，譬如汽车、玩具、家具或者衣服。关于国家历史的不同话语被组合在一起。譬如，在其对民主德国历史的塑造中，过去的运动会就被用作创造民主德国身份的元素，而诸如卡特琳娜·维特等过往奥运会获奖者则被褒扬为国家英雄。关注焦点是流行文化而非政治，过去被用作当下娱乐的来源。

3 在电视类型中再现历史的种种一般性模式

> 一切都是关于娱乐，
> 你懂的。
>
> （汤姆·库莫尔 [Tom Kummer]）

电视上对历史的再现，就再现历史的种种方式是历史的电视记录以及历史包括电视的历史在内而言，是关乎自我指涉的。在叙事性媒介的演进中，电视，尤其是纪录片这类，是以视觉化历史的主导样态出现的，因为它能够使用在反复的呈现之中使用自己的档案材料。关于历史主题的纪录片，将视觉呈现元素与包括评论和个人观察的口头叙事形式结合在一起。来自不同源头的档案材料被呈现为"观看小节"（viewing strips），这个词是霍拉斯·纽卡姆杜撰的（Horace Newcomb 1994），用于描绘电视所使用的众多视觉碎片。电视上的历史建构遵循一种可以在纪录片以及表演样态中找到的刻板样态；它的特点是刻板的一连串的下面四个要素：

1. 来自档案材料的观看小节加画外音叙述；
2. 目击证人做出的口头叙述；
3. 目击证人或专家（历史学家）做出的评述；
4. 来自档案材料的观看小节。

总体而言，纪录片在其呈现历史——电视历史、日常生活历史、新样态中的流行文化历史——中使用这种刻板的顺序。近年来，关于历史娱乐的各种不同节目样态在德国电视中开始风靡。一个典型的例子是普罗斯本电视台的"城堡"（Die Burg），其让大小名人都去过一种中世纪的生活。许多样态使用档案材料碎片来传递怀旧记忆，尤其是在关于民主德国历史的节目中。

4　各种信息样态中对历史的叙述呈现

笔者对电视节目的研究表明，作为一种电视上呈现历史的方式，叙述已经变得愈加具有相关性（参看 Bleicher 2003）。从 20 世纪 90 年代起，关于人类历史中重大事件的纪录片，或者关于诸如德意志第三帝国等时代的纪录片，已经被纳入负责呈现当下大事的种种样态的新闻和杂志之中。除了纪录片，还有所谓"活历史样态"（living history formats），其中，电视使用自己的叙述形式，把历史作为关于一个连续性世界的当下经验来呈现。

"纪录娱乐"（docutainment）样态呈现诸如恐龙基因学之类自然历史上的事件。在这种纪录片中，信息是通过叙述传递的，历史被呈现为一种建构，它可以分割成以因果原则来连贯的一连串事件。历史事实和虚构元素被不断地混杂。通过这种方式，新的纪录片样态集中关注的，并不是实际发生的事情，而是过去可能发生过的事情。结果是基多·克诺普（Guido Knopp）这位 CNN 历史部门编辑所谓的"反事实的历史"（counterfactual history），呈现的是"我们被宽恕的东西"。档案材料被用于呈现没有发生过的东西，是为了向那些自认为历史牺牲品的人传递一种集体的救赎感。1998 年 12 月 1 日，譬如，德国公共电视网 ZDF 播出了"第三次世界大战"纪录片。关于真实事件的真实图片关联着从未发生过的事件。在这场虚假呈现中，伪历史纪念碑被树立起来传递历史真实这一印象，事实被用来呈现虚假。这就是信息、戏仿和娱乐在种种不同历史娱乐样态中的杂合，证明在电视上有从事实到虚构的大变换。

不仅事实与虚构之间的边界变得模糊，而且各种电视种类之间的差异也在消失。各种"活生生的历史样态"在其对真实生活故事的呈现中，一直把电影和电视类型的特色用作支撑或结构元素。在形形色色的娱乐节目中，舞台表演起着档案材料过去在纪录片中所起的作用。与之前提及的纪录片相似，历史娱乐的表演样态也运用到个人化元素。常见的手段是大肆使用媒介明星的图片，充当电视屏幕背景中小节场景的评论员。通过这种方式，过去在一种主观的，有时甚至是怀旧的光晕中得到呈现；有时，在呈现对于众所周知的材料的新观点之时，甚至有着某种讽刺性的距离拉开。

在德国，公共电视提供了一种各种纪录片与传统影片类型的杂合体，就像"故乡电影"（heimatfilms），理想化了的20世纪50年代区域场景中那种伤感电影类型，或者诸如联邦德国出品的"黑森林房子1902"（Das Schwarzwaldhaus 1902）和"1900年冒险——马诺尔庄园的生活"（Abenteuer 1900-Leben im Gutshaus）以及民主德国出品的"20世纪50年代的严酷学校"（Die harte Schule der 50er Jahre）之类系列片子。各种现实表演样态，譬如"阿尔卑斯草原"（Die Alm）或上面提到的"城堡"，都呈现了一种电影、表演、计算机游戏等构成的杂合体，其中，观看者可以通过电话参与，替代演职人员，就像"潘趣与朱迪"（Punch and Judy）节目中的木偶那样。通过这些手段，电视化身到电脑游戏之中，还能满足媒介系统和网络中那些新竞争者的需求。

5　电视对社会话语的影响

电视话语在许多方面与现代社会中许多其他话语模式相关联。在电视档案中，该媒介所有历史时期的多种话语被汇集在一起。从话语理论的角度看，这些档案可以被描述成形成和改变现有观念的系统（Foucault 1981：188）。电视这一具有高度影响力的媒介，在呈现其过去的档案材料时，是如何影响其受众的？电视节目旨在反映处在复杂叙事系统之中的当今世界，其永无中止的叙事流一直在把现在转变为过去，把过去转变为现在。

6 电视上历史的时间界域

电视上的历史呈现涉及两个时间界域，非常近事件的短期历史，以及过去事件的长期历史。在德国电视上，关于短期历史节目的例子有"最美……"（The Best of...）、"干货"（Zapping）、"切换"（Switch）、"卡尔科菲频道"（Kalkofes Mattscheibe）或者"电视汇"（TV Total）等。长期历史节目中，有普罗斯本电视台的"100个最烦人的电视节目"（Die 100 nervigsten TV Shows），即使这个节目主要关注的是更新近的表演，一台的"我知道——最滑稽系列表演"（Kenn ich-die witzigste Serienshow），以及前面已经提及的"黑森林房子1902"和"1900年冒险——马诺尔庄园的生活"。短期历史明显以表演和现实样态呈现，而长期历史是以诸如活生生的历史系列之类真实与虚构杂合的形式出现。

7 电视的自我呈现以及社会的集体记忆

基于上述观察，我们现在对电视上的自我呈现与真实呈现进行反思。卢曼（Luhmann 1996）说过，节目播出之时，娱乐节目建构了一个关于它自身的有限世界，外于所谓客观世界。波德里亚（Baudrillard 1978）进一步说，媒介现实创造了个人和所谓客观现实之间的一种分隔。可见的节目现实意味着客观现实的不可见。因此，对媒介现实奠基其上的原则进行分析，似乎正是媒介研究的一项重要任务。

按照福柯的观点（Foucalt 1981），档案从现有的集体记忆资源中创造出世界观。对历史进行展现的电视上所呈现的档案材料，肯定塑造了我们时代的集体记忆。电视起着社会集体档案的作用。面对它最新的竞争者——网络，电视正在致力于捍卫其在媒介系统中的核心地位。

8　语境与经济策略

在电视上呈现历史，可以从三个方面来研究：（1）经济语境与策略；（2）呈现的一般性模式；（3）节目制作趋势——尤其是在诸如怀旧节目或者名次争夺节目等节目样态中。

就经济语境与策略而言，德国媒介景观中的频道数量从20世纪90年代以来一直在增长，在文字和图片内容过量中达到高潮。为了吸引并保持观看者的注意力，网络营销不得不开发独特的主题销售，譬如在诸如卫视一台的"感情驱动"或普罗斯本电视台的"完全娱乐"等口号中，做出经验价值方面的承诺。要实现这些广告语的目标，节目必须满足它们所产生的期待。

从媒介公司和网络的角度看，档案材料是现有节目再生产的源泉，材料几乎是免费的。一种以市场为导向的再生产形式是在纪录片和表演中呈现网络的历史。电视的过往被用作一个品牌形象，目的是把现在的节目制作卖给广告公司和观看者。节目历史和节目营销在讲述和销售中紧密地相互关联。

9　档案作为电视上自我指涉的来源

在最近的研究中，笔者一直在考察自我指涉在电视娱乐领域中的相关性。我的特殊兴趣之一，是研究自我指涉的策略和形式，它们是再生产方式，并因此而革新现有娱乐价值观。本文关注的是作为这些不同样态来源和材料基础的档案。档案作为电视的集体记忆，既被用于再生产，又被用于具有吸引力形象的连续流动。但是，还有许多其他功能。

10 愤怒地回望：作为一种媒介批判形式的短期电视历史

1994 年首播的喜剧节目"卡尔科菲频道"，以及从 2002 年起的"卡尔科菲体育"（Kalkofe Sport，德国国家电视台播出，普罗斯本电视台从 2003 年起播出），主要展现的是过去几周中电视节目上最差劲的瞬间。电视制片场被用作电视批判的舞台。"卡尔科菲频道"主要呈现和再现原初的观看小节。奥利弗·卡尔科菲（Oliver Kalkofe）身穿与原初电视播报人、报道员或表演人员同样的服装，走上前来，通过夸张和品评，戏仿之前在电视上表演的东西。通过这种方式，他以自己的语言攻击和肢体动作对旧视觉材料进行了重写。

卡尔科菲把文档材料和自己的品评结合在一起，运用来自电视喜剧的幽默元素和他批判性语言的攻击性，揭示出他所嘲弄状况的荒诞性（参看 Lambernd 2000：37）。他的动作和言谈插入原初场景之中，与他所嘲弄节目的信息及其原初生产价值观形成鲜明对比。原初材料的循环，通过用来取代它的批判性评价，解构了它所意图的意义。

类似的把文档材料与批判性评价结合的形式，正是普罗斯本电视台的喜剧表演节目"电视汇"以及 RTL 电视台的"克鲁格透视"（Krüger sieht alles）的特色。观看小节来自不同网络的不同样态。在其评论中，喜剧人斯蒂凡·拉布（Stefan Raab）和麦克·克鲁格（Mike Krüger）批判甚至有时侮辱他们观看小节取自其中的原初节目。这些观看小节在更宽泛的电视自我批判框架中起着引用的功能（参看 Bleicher 2005）。

考虑到电视变革的当下阶段，这些批判呈现的形式可能标志着旧的终结，呼唤着一种新的节目。卡尔科菲对于传统表演形式的批判，让观众为新类型的现实表演做好准备，而这些，会成为卡尔科菲批判眼光新的焦点。

11 作为网络历史的节目历史？

从媒介经济的角度，怀旧节目的目的是建构一个于集体记忆有关的记忆网络。节目历史的编年原则，为了代表特定感情化事件的孤立时刻以及与网络相关的经验，而被抛在一旁。这样的感情对于基于诸如"感情驱动"口号的网络营销是至关重要的。网络创造了它们自身的经典，它们将其当作电视史上的重要事件。甚至节目中所呈现的事件的时间，也与呈现该节目的网络的历史密切相关。

电视中的自我指涉并不限于电视上的电视历史呈现。在所有历史娱乐节目中，电视将其自身的档案、自身的呈现模式当作集体和个人记忆的丰富源泉。通过这种方式，电视试图将自身确立为社会的集体记忆。

12 怀旧节目样态的形式与功能

新娱乐样态中的历史呈现，以其对于日常生活历史事件的娱乐性再生产，重写了客观历史的传统建构形式。历史以怀旧，或者还得到消极方面的评价，就像在前面提及的"100个最烦人的电视节目"中那样。

各种怀旧表演样态，过去十年中开始在各种节目中铺开，创造了电视的集体记忆与观看者的主观记忆之间的关联。跨媒介关系所产生的额外的互动性元素具有特殊的重要性。譬如，在普罗斯本电视台的网页上，观看者可以为最烦人的电视节目投票。这样的连接两种媒介达成互动的形式，让专门的电视媒介审美得以与网络审美一道延伸。

弗朗西斯科·卡塞提和罗杰·奥丁（Francesco Casetti and Roger Odin 2002）把互动式节目概念描述成新旧电视之间的本质性差异。意图交流的传统形式已经被互动操作的引入所取代：

> 在旧电视中，节目流［……］将自身呈现为一连串的节目，每个都按照特定交流协议发挥作用。［……］新电视打破了旧电视那种教育性的交流模式。这种改变最明显的方面之一，是明确拒绝所有形式的意图交流，以及互动操作的引入。（Casetti and Odin 2002：312-14）

这表明，消极面上的当下历史，唤起了与讽刺性评论相伴的怀旧脉络中视觉和文字记忆的各种元素。观看被呈现的档案材料时，评论者都是蓝色屏幕制片场中画外音叙述人、大人物，或者制片场中观众面前与显赫客人对谈的主持人。

13　创造幽默效果的策略

在自指的电视上，有各种各样创造幽默的方式。戏仿通过夸张每日电视节目的信息创造幽默。譬如，在"100个最烦人的电视节目"中，评论被针对所呈现视觉材料的文字描述所替代。主持人所引出的冗言赘语是幽默的另一个来源。原初信息的内容与其带着讽刺性评论的实际呈现，二者之间的反差是历史娱乐中的幽默来源。闲聊旧电视节目的大人物，在他们关于电视上过去时光的怀旧追忆中，自我讽刺地在关于从前电视节目那些消逝的品质的彼此认同中，拉近了与观众的距离。自我评价是幽默的自我指涉一种流行变体。在"100个最烦人的电视节目"中，电视历史由假扮成希腊戏剧合唱队的评审员们做出评价。其成员是来自同一家网络其他电视节目的大腕。对于过去"坏节目"的呈现和批判，暗含了关于什么才是未来"好节目"的信息。通过排行榜的运用，对过去的主观评论被变成了客观评价。

一旦旧图片加上了滑稽或讽刺的评论，档案材料便获得了新意义。原初意义与其讽刺性评论信息之间的反差是幽默的又一来源。很多时候，这些讽刺性评论想要歪曲原初信息，譬如，赋予观看小节原初完全没有的性方面的解读。通过这些手段，新意义得以产生，而目的就是要奔着吸引观看者的注意力而去。

14　结论

　　本文中所描述的当代电视样态发展过程中的种种趋势,可以关联到追溯至 20 世纪 90 年代的节目制作中的总体变化。电视,在 20 世纪 50 年代,习惯地将自己呈现为看世界的一扇窗口,而在过去十年中,已经逐步变成自身世界建构的一面镜子。节目中所呈现的事件,不再是在媒介之外的世界中找到,而是从电视世界本身中拿来,同时,电视不是提供各种形式的知识,而是在提供情感关涉的节目中供应各种形式的经验。

　　电视上的自我指涉与媒介效果理论具有特殊的关联。面对当下社会变革的不确定性,观众需要怀旧式逃避到安全过去之中的路径。这一大众需求通过提供关联过去与现在的媒介形式而得到满足。历史,作为一种将意义与形式传递给过往事件的方式,被用作朝向过去又朝向现在的源泉;它是一种建构现在的方式,它提供了朝着生活中多个界域的方向。

唯秀而已：作为自我促销的自我指涉

卡林·普林格尔　加布里埃尔·西格尔特

在这篇关于作为媒介中自我促销的自我指涉的文章中，我们并不是从语言学的观点，而更多的是从交流研究的角度发论，或者更确切地说，是从媒介经济学的角度发论。我们的兴趣不只是确定媒介中自我主题化的多种形式和变体，而且是考察这一语境中负责任的经济代理人及其动机。

我们对于媒介特点的认识是经典式的。媒介是提供话题供公众交流那种新闻性输出。我们同意希格弗里德·J. 斯密特（Siegfried J. Schmidt 1996）的观点，媒介概念构成众多现象，包括交流和信息材料（譬如报纸）、生产、供应以及分配媒介的众多机构（譬如出版社或广播公司），作为整体的这个媒介系统通常也包括在内。按照这一概念，主题化发生在极为不同的媒介领域。因此，媒介中的自我指涉或者自我主题化与媒介的组织有关，也就是，报纸或杂志、广播电台或电视台及其节目，以及作为整体的媒介系统，而这些形形色色的媒介展示意味着迥然有别的形式和样态。

1　背景

媒介越来越变得自指性。譬如，在广告中，自我主题化和自我促销是媒介的构成要素。报纸中的媒介页面、媒介产品的商业短片或广告、电视戏仿，以及越来越多的节目预告片，都证实媒介中自我指涉的无处不在。

我们生活在一个媒介与信息的社会，这已经是常识。因此，媒介（以及其供应，即节目和演员）在社会生活的各个界域都意义重大。如果媒介的功能是调节社会并反映这一任务，那么，自我主题化就是这种功能的直接结果，因为通过观察它们自身，媒介观察到社会生活中一个意义重大的区域。以其批判眼光，媒介增强了决策技能以及公民的责任感。在许多重要方面，媒介通过告诉公众世界上正在发生什么，为官方起着中介者的作用。在对媒介覆盖的接受率的研究中，托马斯·卡斯特（Thomas Quast 1999）发现，96.5%的受访人引用受众导向的媒介作为其知识来源，63.7%的人报告它们是自己主要的来源。换言之，几乎我们对于媒介所知道的一切，我们都是从媒介知道的。

不同的自我指涉形式带来市场上不同的发展可能性。自我主题化的促销类型，尤其是在房屋广告形式中（见下），受益于媒介市场的当下总体状况。就媒介公司而言，备受讨论的媒介经济化和商业化蕴含着普遍涉足以利润和利润方向为目标的各种活动。媒介首先是想要挣钱。投资回报率（Return on investment，ROI）衡量相对需要获得这种回报的投资总额，拥有者能够有多少利润。公司追求的是投资可能的最高回报。因此，当媒介公司对两种有竞争关系的投资意向进行比较时，通常会投入有更高 ROI 潜力的那一种上。此外，在受众喜好以及广告投入方面，各个媒介公司是高度竞争关系。

尽管我们无法在所有层面都发现有强烈的竞争，经济压力还是带来了后果。媒介公司不只是想有经济产出，它们还想要在营销措施方面表现出活力。成本导向要求自我指涉。譬如，使用档案材料是一种成本节约方式，因为图片不必从别处买（参看 Bleicher 1994、1999 以及本书中收入的文章）。

即便媒介公司竭力让自己有别于其竞争对手，并且以自己有别于其他的方面来说事，想要表达这些差异并不容易，尤其是当产品和表现都非常相似的时候。此外，媒介公司常常被指责自己的产品与别家的产品区分度不够。当媒介公司表现出的产品差异太小，就只剩下沟通策略这种方式，来强调节目制作和为消费者带来的附加价值等方面的现有差异。品牌认同是差异化的另一个重要的潜在方面。消费者在长时间中会建立起品牌忠诚，所以，有一个清晰定位的品牌是一个长期的利好。按照雅克布斯和克莱恩（Jacobs and Klein 2002）的观点，媒介经理只是在 20 世纪 90 年代中期才开始开发独特的品牌身份，以求让他们的台站、网络和出版物与其竞争对手彼此区别。

因为当今信息社会中的信息过载，注意力已经成为一种稀缺商品，所以，尽可能吸引足够的消费者关注，对于竞争者能否活下去是决定性的。这种状况，由于一条基本的媒介经济学原则而变得更加严酷：媒介产品是经验和信任的产品。所以，接收者评价媒介供应的可能性受到限制。譬如，娱乐表演，其质量只能在观看节目之后才能评价；新闻节目质量的评价实际上是不可能的，因为我们很早就知道，事件的其他任何东西都不会在节目中得到报道。因此，消费者对于产品的经验，就选择哪个频道或节目而言，只给出一种有限的可能性。为此，媒介机构提供关于其产品质量的信息，可以成为别种可能譬如通过表示和创造期许、信任和可信度等。

总结起来，由于媒介营销方法中的经济环境和专业性质，媒介公司引入包括直接的广告、个人贩卖、促销活动、商贸展销会、展览以及赞助和事件营销等在内的一种交流工具混合，是最为关键的。本文中，我们感兴趣的是各种广为使用的样态，譬如媒介房屋广告、交叉促销、媒介公关，或者编辑参考。这些样态并不总是得到清晰的界定，而且就其自我主题化的层次和策略而言也相去甚远。图 1 代表了这些层次，按照自我指涉程度从低到高罗列（Siegert and Pühringer 2001：255）。

媒介广告	交叉促销	"别家"媒介中的媒介公关	房屋广告	媒介公关以及编辑参考
低密度的自我主题化				高密度的自我主题化

图 1　所选交流工具中的自我主题化

根据台站及其节目的发展阶段，交流工具是各不相同的。在公司奠基阶段，其品牌还不太知名，外部媒介会使用更多。在之后的发展阶段，公司会使用更多的房屋广告或者编辑参考。在其稳步增强阶段，广告花费会因为公司使用自己的媒介作为广告载体而减少。品牌塑造，这是媒介经济学中的一个关键概念，被媒介公司用作一种创造与产品内容相互关联的身份意识。大多数受众和大多数广告人承认品牌，而且正因如此，大型媒介公司会投入几十上百亿美元在市场上开发和获取不同的品牌（Albarran 2004：300）。

房屋广告是公司放在自己的媒介供应中，自己的品牌、节目、表演、标题、明星、演艺大咖或者新闻播报员等服务的商业片中的广告。房屋广告，就广告人、广告载体或媒介以及广告对象是或属于同一媒介而言，是自我指涉性质的。如卡斯滕斯和苏特（Karstens and Schütte 1999：109）所示，电视既是媒介产品，又是广告这一产品的媒介。房屋广告也可以这么说。以房屋广告方式出现的各种各样的自我指涉形式中，可以分出两种类型来，更具信息性的和更具操控性的。台站推广明显具有强烈的促销性质，但是，譬如，预告片和预热广告中种种形式的自我指涉，却更难以描述。它们的功能——顺便提一下，与报纸的社论类似。预告片、预热广告以及报纸社论都告知并给出方向，而且它们也更具操控性。按照西格尔特和普林加尔（Siegert and Püringer 2001：261-262）的看法，可以分出房屋广告的两个子类别，带有节目指涉的房屋广告和不带有节目指涉的房屋广告。有直接节目指涉的房屋广告形式是：

——商业插播之前和之后的预热广告；指向接下去的节目、商业广告片，或者其他形式的插播

——分屏中的预热广告，譬如，在结尾标题过程中所出现的；对下一个、每日、每月或其他节目的视觉/文字（画外音）指涉

——分集的或系列的预告片：指向下一个系列的或下一个新闻播报

——传统节目告示（与节目分开）

——预告片：取代告示每日或每周节目的传统节目告示

——水平预告片：每周或每月的主题方面朝向（没有特定节目）

没有直接节目指涉的房屋广告形式是：

——过渡：插播之前或之后的来自商业广告片的分离的节目

——台站推广：以创造意识、身份和关联关系为目的形象广告

——商业化的广告短片：为广播台站的文章或服务而做的广告

——为组织或共同组织的各种事件而做的事件广告（譬如文化事件或体育事件）

——为消费者参与而做的消费邀请："请给我们来电""访问我们的网站"，等等

2　研究问题

根据之前研究的结果，仍然不清楚的是，房屋广告使有它们插入其中的电视节目变得碎片化究竟到了什么程度。因此我们的研究由以下研究问题作为指引：

研究问题1：哪些类型的房屋广告被不同的广播台站呈现？

研究问题2：引入日常电视节目的房屋广告达到了何种程度？

研究问题3：房屋广告的频率和特征在2000年到2005年发生改变了吗？

3　研究1和研究2所采取的方法

研究1：在1999/2000年，在第一次的内容分析研究中，我们考察了取自一个工作日和一个休息日，两个24小时，总共接近240小时的电视节目，这些节目由以下电视台播出：澳大利亚公共电视台 ORF 1 和 ORF 2、德国公共电视台 ARD、德国商业电视台 RTL 和 ProSieben。

研究2：2005年的第二次研究是一次250小时的内容分析研究，节目来自8家瑞士电视台、德国两家公共电视台 SF 1 和 SF 2、法国 TSR 1、意大利 TSI 1，以及德国 Tele Züri、法国 Leman Bleu、意大利 Tele Ticino 以及来自德国、有瑞士许可证的 Sat. 1 Switzerland 等几家商业电视台。这项研究得到了瑞士"联邦交流办公室"（BAKOM）委托和资助。

4 研究 1 的发现

在研究 1 中，我们发现了在实际节目之外具有自指特征的 1365 个内容单位，它们可以被分成有无节目指涉的单位（见图 2）。

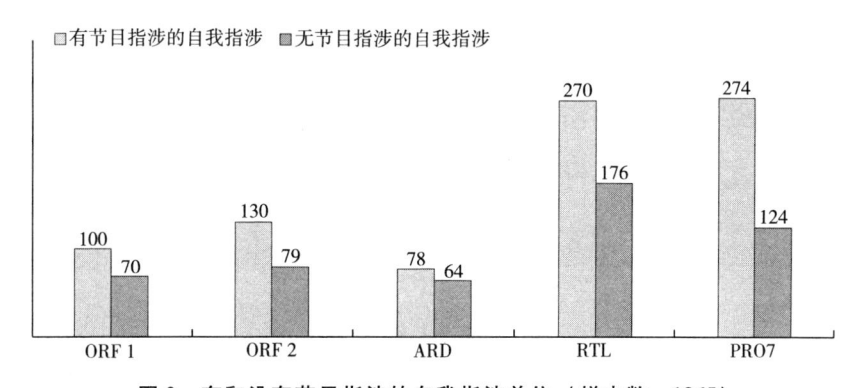

图 2 有和没有节目指涉的自我指涉单位（样本数 = 1365）

（柱状图数据：ORF 1：有节目指涉 100，无节目指涉 70；ORF 2：130，79；ARD：78，64；RTL：270，176；PRO7：274，124）

商业台站中自我指涉的插播是公共台站（ORF 1、ORF 2、ARD）中的两到三倍之多。不过，就使用没有节目指涉的自我指涉而言，公共台站和商业台站并不明显差别。在所有这里所分析到的电视台站中，与各种形式的自我指涉相关的节目频率很高。这些发现背后的理由是，这些台站为了它们节目的未来而越来越努力吸引一般性的和忠诚的消费者。

基于上面所介绍的房屋广告中有无直接节目指涉这一区分，本研究者在对自我指涉单位的分析中采用了以下标码范畴：商业广告片和预热片、分屏中的商业广告片和预热片、开启（之前的节目告示）、过渡、形象和媒介短片（台站推广）、商业化短片，以及消费者邀请（参见图 3）。

如图 3 所示，自我指涉性房屋广告最常用的类型是商业广告片和预热片，之后是过渡。非直接指涉节目的广告片和预热片的这一频率，反映出台站努力针对接收者的记忆，提高他们的节目忠诚度。过渡这一直接指涉节目范畴的如此频率，反映出其开头和结尾的过渡都表明属于传统式的商业插播（还）大量存在。几乎每种自指性房屋广告在商业电视台站中都明

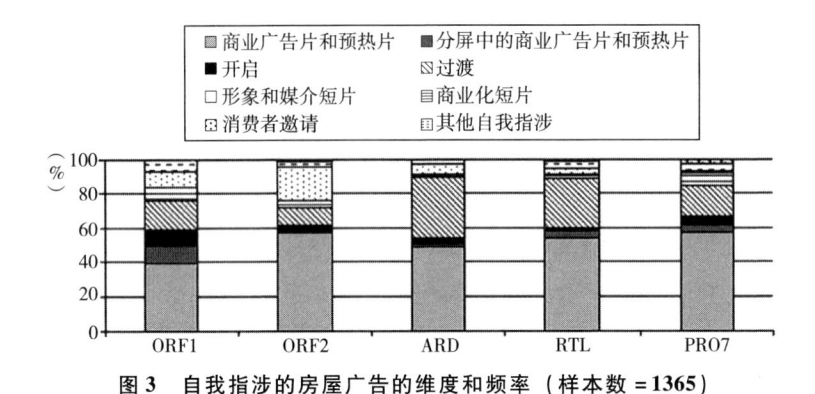

图3 自我指涉的房屋广告的维度和频率（样本数=1365）

显更高。譬如，RTL 比 ORF 1 在商业广告片和预热片上几乎高出 4 倍（240∶67），在过渡上比 ORF 2 高出 6 倍（132∶21）。

5 研究2的发现

在研究2中，我们发现2713个内容单位具有实际节目之外的自我指涉特点。这样的结果与研究1的发现类似，但是研究2还调查了电视台站本身。我们在电视节目中发现1039个自我指涉单位，但是为了与研究1进行比较，研究2中的自我指涉单元频率表（见图4）排除了后者节目中自我指涉广告的事例。

除了德国公共广播第二频道 SF 2，研究2的结果表明，存在与研究1中记录相反的一种倾向：在2005年，8家电视台中有7家显示出，没有节目指涉的自指内容单元出现频率较高，有节目指涉的单元出现频率较低，最高的是苏黎世地区的当地商业电视台站 Tele Züri。

商业电视台站的节目包括583个有节目指涉的单位和876个没有节目指涉的单位。公共电视台站包括519个有节目指涉的单位和735个没有节目指涉的单位（见图4）。对诸如（研究1之）图3中同样的标码范畴进行区别，图5表明，在2713个样本单位中，自我指涉性房屋广告是使用频率最高的类型，其次是商业广告片/预热片和过渡。

图6显示出各种自我指涉和自我促销的房屋广告形式在使用频率方面

唯秀而已：作为自我促销的自我指涉 | 191

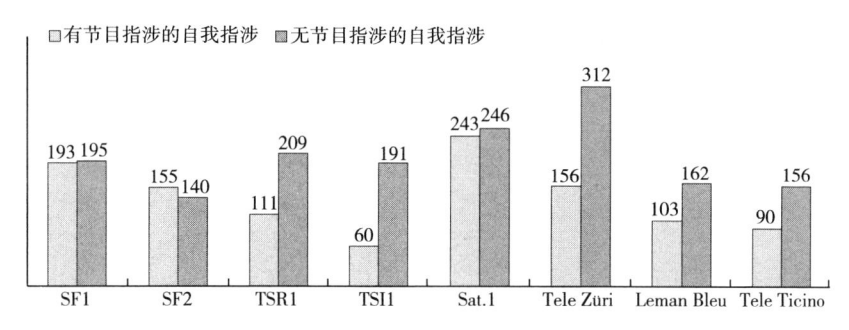

图 4　有和没有节目指涉的自指单位出现频率（样本数 = 2713）

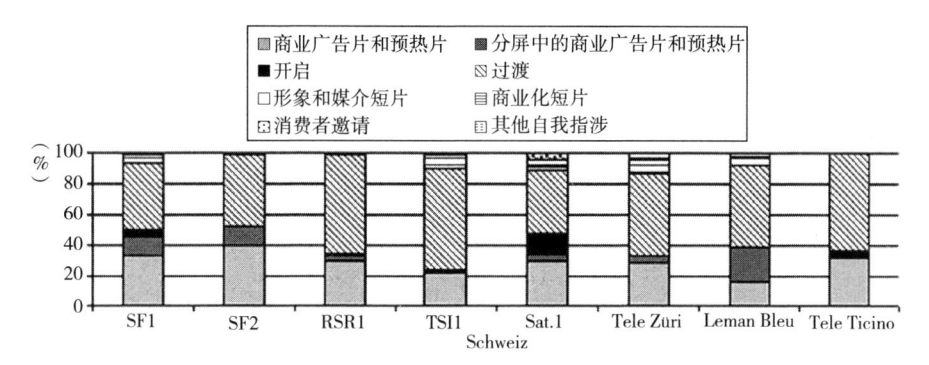

图 5　自我指涉的房屋广告的维度和频率（样本数 = 2713）

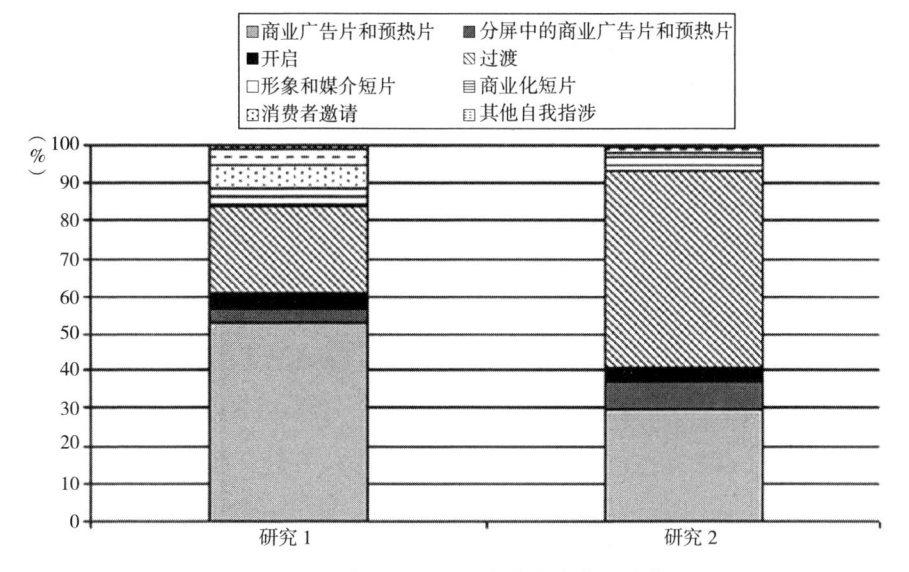

图 6　研究 1 和研究 2 中的各类房屋广告

的发展，使研究1（1999~2000年）中各项的频率可以与研究2（2005年）的进行比较。有关相关频率的数据表明，商业广告片和预热片类型的自我指涉在下降，没有节目指涉的过渡类型的自我指涉或自我促销从2000年到2005年出现了增加。

看到这些发现，我们三个研究问题可以得到什么答案？研究问题1的问题是哪些类型的房屋广告被不同的广播台站呈现。图3和图5给出了答案，其中，区分出了八种不同类型：商业广告片和预热片、分屏中的商业广告片和预热片、开启（之前的节目告示）、过渡、形象和媒介短片（台站推广）、商业化短片，以及消费者邀请。研究问题2的答案和频率有关，根据频率，日常电视节目中引入的房屋广告可以同等地在图3到图5中以及其后的评论中找到。

现在我们来回答关于房屋广告中自我指涉特征在2000年到2005年发展的研究问题3。尽管2000年到2005年台站中自指性房屋广告的发展在两项研究中有所差异，就公共台站和商业台站之间的比较而言，相似性还是相对稳定的。我们的发现表明，和2000年的相比，2005年的房屋广告在运用和结构特征方面有许多有趣的新趋势。譬如，房屋广告的类型从2000年到2005年发生了变化。在2000年，商业广告片和预热片是最高频的样态。在2005年它被过渡这一类型所取代，而这一发展，如上文所讨论的，肯定了朝向组成部分更多、结构更繁复的电视节目这一趋势。

总体上，带着自我促销这一目的，自指性房屋广告在形式和频率方面都有显著的增长。2000年，研究1所调查的240小时的播放中，其中任何一个当中被确认的平均数是5.7。在2005年，这一权重的平均数涨到了10.3。

6 结论

媒介在我们社会中起着重要作用，它们对作为消费者和顾客的公民发言，提供主要的知识来源。

媒介为了受众以及广告投入而相互竞争，由此而来的压力，与其他因素一道，影响到每日节目的结构。本文所呈现的两项研究证明，商业电视台站的压力比公共台站更大。为此，商业台站有更为碎片化的节目结构，并且，伴随创建品牌意识，以求让品牌特色鲜明这一目的，其自指性促销内容中有着显著增长。研究 2 还表明，为了自我促销，节目融合形式的自我指涉在频率上有所增大。与广告业中类似的普遍性趋势一样，这种增大反映了为了吸引消费者关注以及为了避免节目暂停时调换频道而做出的巨大努力。

本文中所呈现的两项研究，并不装模作样地要对播放机构从中变得自我指涉的许多方式进行全面勾勒，也不声称要对当下和未来的电视趋势提供结论性证明，哪怕是就自我促销的房屋广告而言。尽管如此，本文或许就媒介中自我指涉的作用和不断增长的重要性，给出了不无启发的例子和信息丰富的实证。

第六部分

✺

自我指涉的游戏

电脑游戏：自我指涉的缩影

露西亚·桑蒂拉

直到最近，电脑游戏都一直被当作一种粗俗的流行娱乐。唯一值得探讨的话题，是人们认为侵略甚至暴力游戏会带坏孩子。今天，电脑游戏已经成为市场赢家，成为媒介研究一大主题。游戏产业的增长率让人惊讶不已；它代表着世界上的第三大产业，只排在军工和汽车之后。这一市场的发展，原因在于游戏对于玩家所产生的吸引力，玩家大部分是男孩和青年男子，尽管在最近的不少MMORPG游戏（大型多选手在线角色扮演游戏）中，可以看到女性玩家的比例有显著增长。游戏是整个娱乐业技术进步的主要担当。游戏业引领着高技术研究的运用，而且正是它首先让这些进步变得为公众可获得。实际上，过去十年正是游戏业中巨大创造性探索和革新的十年（Jenkins 2004：120）。

作为对表示其逐步增加的文化关联这些标志的反映，游戏已经成为跨学科研究的话题，尤其是在媒介和文化研究中。最先把游戏设计和游戏文化当作学术研究课题之一的是麻省理工学院（MIT），第一款电脑游戏《太空战争》（*Space War*），就是在这里由计算机科学的博士研究生们作为独立编程创造出来。在与西塞罗·伊格纳西奥·达席尔瓦（Cicero Ignacio da Silva）一次最近的访谈中——该访谈挂在块茎网（Rhizome）这个游戏网站上，游戏研究者沃尔德里普-弗鲁因（Wardrip-Fruin）宣称：

尽管我认为情况正在发生变化，但的确存在一种感觉，觉得游戏是一种他者——数字媒介中独来独往的东西。游戏在商业上非常成功，但是从艺术或学术的观点看非常无趣。所以我也想对此略做挑战，我想说："是的，游戏是数字媒介最流行的形式之一，但是，它们还是有趣的艺术，有趣的创作，而且这正在发生，并与游戏息息相关，我认为，学者和艺术家必须为我们关于制作游戏、批判游戏的讨论做出贡献来。"（Wardrip-Fruin 2005）

根据亨利·詹金斯（Henry Jenkins）2001年1月在南加州大学一次大会上的报告——《互动时代的娱乐》（Entertainment in the Interactive Age），"电影这一行当中，最为重要的进化飞跃发生在人们开始就其写点什么的时候"（Pearce 2004：143）。这正是我们期待会发生在游戏身上的事。

当下关于游戏的理论话语中最重要的话题之一，是游戏学家与叙述学家的争执，前者聚焦游戏的机制，后者宣称游戏应该在其他讲故事媒介这一语境中得到研究（Jenkins 2004：118）。即使是不偏向两种理论中任何一种的作者，也无法不参与到这场讨论中。然而，本文针对游戏学家和叙述学家之间这一争执，有意地选择了去中心的、边缘的做法。要讨论的观点是，自我指涉对于理解玩电脑游戏中所涉及的符号过程非常重要。要推动的观点是，在电脑游戏中，自我指涉被发挥到极致：电脑游戏是自我指涉的缩影。

1 数字文化中自我指涉的增长

自我指涉当符号过程在某些方面指向其自身而非它所传递的信息之外的某物时发生。按照罗曼·雅克布森著名的语言功能理论，元语言的、诗学的，以及在某种程度上也是交际的语言功能，激发出自我指涉性，这些功能的每一种都以自己的方式发挥作用。自我指涉并不是在当代文学话语中被创造，尽管它被认为是后现代文化的一个典型特征。著名的经典文学方面自我指涉的例子，是莎士比亚《哈姆雷特》中的剧中剧。

然而，自从大众媒介文化的来临，伴随着印刷媒介现象级的增长，大众广告的兴起，随之而来的摄影和电影、收音机和电视的发明，发生在媒介中的各种类型自我指涉已经蔚为壮观。媒介越是蓬勃发展，它们之间的互动就越是增长。媒介的繁衍会加速它们之中动态的彼此改变，导致丰富的引用、重复、互文本性以及产生媒介间性和杂合性现象的相互指涉，即，文本、话语和符号过程的混杂，这构成了后现代文化的特点之一。

随着信息社会的崛起，杂合随赛博空间而到达高潮。赛博空间最突出的符号伴生品是媒介融通。与单纯的媒介共存不同，媒介融通意味着把各种单个媒介——声音、形象、文本、信息学程式——整合在数字语言这种共通的语言之中。结果是，四大人类交流媒介模式——印刷媒介（诸如报纸、杂志、书籍）、视听媒介（诸如电视、录像、电影）、电信（诸如电话、卫星、电缆）以及信息学（计算机和软件）——融合成为超媒介这一新的复杂媒介。在媒介和符号过程之间这个互动和交叠的新空间中，自我指涉的符号过程蓬勃发展，给人留下媒介的印象是：媒介除了谈论媒介无所事事。正如诺特在本书引言的开头所说（第1节）：

> 媒介人变成了对呈现进行呈现。不是去叙述，而是去叙述他们如何叙述、为何叙述，不是去拍电影，而是去拍他们拍电影。新闻越来越多的是关于新闻中已经报道过的东西，电视节目越来越多地关注电视节目，即使是广告，也不再是关于产品和服务，而是关于广告。媒介的信息都是关于媒介的信息，其源头已经变得难以追踪。

自我指涉在其中最为突出的三种媒介，无疑是电影、广告和电脑游戏。按照诺特在引言中的说法（第4节）：

> 按照其信息是典型的自我指涉还是（异他）指涉，媒介彼此不同。[……]广告就其根本而言是指涉的，因为它的目的是推广和销售产品或服务。[……]真正自我指涉的信息会无法满足其推出一则关于产品和服务的信息这一商业目的。[……]与之不同，具有虚构的和审美两种品质的故事片，却既是指涉的又是自我指涉的[……]因为它叙述的是主人公生活中的事件，它们的审美手段是以自我指涉为基础的，而且，如果利奥塔之宣称宏大叙事已经终结是对的，[……]电影中的自我指涉必然增多则是自然而然的。电脑游戏中，我们最终面对的是这样一种媒介，其中，异指从一开头就是次要的，

因为玩耍和游戏产生出它们自身的自我指涉的世界，不同于我们由指涉性的事实和现实所构成的世界。

电脑游戏自我指涉的一个更进一步的方面，是阿兹维多（Azevedo）所指出的，每种新的电脑游戏都会指向之前的那些："今天，当一个新游戏出现的时候，几乎不可能不把它与其他游戏比较，如此方可解释它的特点，因为游戏一直是相互指涉的。"（见 Santaella 2005）一个很好的例子是《黑客帝国》（Matrix），它的游戏是对电影的补充，对某些在电影中没有得到探索的东西做出了解释（参看 Santaella 2005）。

2 游戏的规则

没有规则，游戏就不可能。每种游戏都以一套规则开始，指导玩家朝着一个目标历经所有阶段完成游戏。规则是游戏意义和结构的基础。游戏必须是自我解释的；它的规则是保证这一要求的要素。

规则处在电脑游戏设计的核心位置。这意味着所有"游戏主题都必须在游戏能够开始之前被形式化、被创造成为规则"（Juul 2004：141）。"电脑游戏与其非电子的前辈之间的主要差别，在于电脑游戏加上了自动化和复杂性——它们能够自行地主张和计算游戏规则，由此而让我们有更为丰富的游戏世界。"（Juul 2004：140）

所有游戏明显是在时间中发展，但电子类游戏的做法是，其规则并不一定从开始就是明确的；它们能够顺势而为地插入游戏过程之中，而且玩家有着不断增长的经验。在带有过场动画的现代游戏中，[①] 诸如《爱丽丝梦游魔境》（American McGee's Alice）等，伴随玩家的每个任务都带有一个给玩家有关下一任务信息的过场动画。

[①] 编者按：根据维基百科，"过场动画［cut scenes］是视频游戏中的一个序列，玩家对之无法控制。过场动画被用于推进情节、呈现角色发展，以及提供背景信息、氛围、对话和线索等。过场动画既可以是动画，也可以使用动作连续镜头"（http://en.Wikipedia.org/wiki/Cut_scene, 26.04.06）。

在讲故事型游戏中，赛丽亚·佩尔斯（Celia Pearce 2004：145）辨识了游戏中可能存在的六种不同叙述运作者。其中之一是以故事系统为基础的规则，允许玩家创造自己叙述的一套泛泛的叙述元素。故事系统可以独立或结合元故事。元故事明显是自我指涉的一种类型，因为它们是关于故事的故事。它们在游戏中出现相当频繁，对此我们后面将看到。在 MMORPG 类型的游戏中，

> 玩家忙着进行建构他们角色的各种动作。［……］这些游戏，因为它们本质上是高度即兴式的，要求来自其运作者那里的随时关注。譬如，《无尽的任务》（Ever Quest）就有一个位于圣地亚哥的指令中心，在那里，客服人员会在虚拟的游戏世界中转悠，帮助玩家，创造叙述事件、冲突和任务，让玩家投身其中。他们仔细观察玩家们在做什么，相应地对游戏、游戏规则和游戏叙事进行不断进化。［……］结果是新出现的叙事，一个因规则和玩家之间的互动而带来的进化过多次的故事。（Pearce 2004：149）

其中规则以另外一种有趣方式呈现的游戏类型，是 Maxis 公司的威尔·奈特（Will Wright）设计的《模拟人生》（The Sims）。《模拟人生》是心理类模仿游戏：

> 这一游戏不是运用纯粹玩家养成的角色或者纯粹自动化的角色，而是把玩家放在对半自动角色施加影响的位置。他们之所以是半自动的，是因为当他们有了自身自发的行为，他们会依赖玩家影响来号令自己的行为。这一视角是等位的而非第一人称的，允许玩家对于游戏场景有一种上帝般的视角。（Pearce 2004：150）

该游戏的故事系统是一种叙述性乐高积木。《模拟人生》现在飞快变成由各种增加和强化构成的一种五花八门的东西，但原初的游戏基本上是一个家庭剧，一个情景剧。玩家创建一个家庭，西蒙一家（the Sims），把他们放在房子里，之后房子必须用各种家用物品来提升和装扮，提高这家人的生活水平和舒适度。除了这个故事系统，还有内嵌的描述性的构件，允许玩家乐意就能对其游戏拍个快照。之后他们可以制作描述性的故事

板，把它们与快照贴在一起，放在西蒙一家的网站，让其他人来观看和参与。玩家还可以将其游戏上传到这个网站，这样其他玩家就能继续玩他们的游戏。通过这种方式，玩家不同使得发展导往不同的方向，就有了一个玩家的家庭故事的多个版本。这个故事系统"让玩家在一套精心制作的规则、操作和限制之中驱动故事经验"（Pearce 2004：151）。这样的规则保证了一个开放式框架中的社会化虚拟建构不会沦为一片喧嚣。

3　游戏的内在指示性

与各种规则相关的，是游戏中自我指涉的另一个方面，可以将其定义为它的内在指示性。受序列制约的游戏连贯步骤，在其规则中，是以游戏的每个当前步骤或状态都表示游戏实际发生的之前步骤以及可能发生的之后状态这种方式彼此关联的。于尔（Juul 2004：132）将这些游戏进展的决定性因素描述如下："游戏更为根本性的部分是一种状态的改变，从初始状态（结果尚未决定）到另外一种状态（结果已经决定）。"

如果游戏的初始状态或其他任何一种状态先于之后状态，同时之后状态保持了之前状态的记忆，而这一序列中的每种状态都包含一个表示它之前和之后状态的指示符号，那么，既然所有这些指示符号意味着从游戏的一种状态到另一种状态的指涉，那么这些指示符号就是自我指涉性质的。这一操作类似于语言的语法在说话过程中所创造出的那种制约效果。譬如，在"The boy whom you see over there is my brother"（你看见的那边那个男孩是我弟弟）这句话中，关系代词"whom"，在指"boy over there"（那边那个男孩）之前，指的是这句话中主句里的"boy"（男孩），那么，之前的这个指示在语言学上就是自我指涉性质的，因为它的指涉是从词到词，而非从词到物或人。

步骤在游戏中是从一个状态到另一个状态的转换。因此步骤就是状态的改变。为了拓展游戏即一连串的状态这一看法，于尔采用计算机科学的术语，把电脑游戏解释为一台"状态机器"（state machine）："它是一个可以处在不同状态的系统，它包括输入和输出功能以及界定什么状态和什么输入会通向下一状态"（2004：133）。于尔得出结论说，玩游戏的意思就是与这台游戏状态机器互动。在棋盘游戏中，两个步骤之间的每个状态都包括棋盘上棋子们的此刻位置；在体育运动中，游戏状态就是球员和球在运动场上的位置；在电脑游戏中，游戏状态包括此刻储存在机器中的数据以及在屏幕上对其再现的形式。

要玩游戏，玩家必须能够影响游戏状态，使之制定出一个步骤，在有些游戏中，玩家甚至必须这么做而不会有受惩罚的危险。有不限制玩家做出或不做出这种自由的游戏，也有要求在一个预设的时间框架中行动的游戏，按照二者之间的差异，于尔（2004：133）区分出了轮次（turn-based）游戏和实时（real-time）游戏。"轮次游戏中，只有轮次到了玩家那里，游戏状态才会改变。而实时游戏中，什么都不做也会产生后果。"总而言之，玩游戏就是和游戏状态进行互动。

4 游戏的拟真环境和互动环境

拟真和互动的概念与对游戏的研究相关，在网络文化研究中已经成为关注的焦点。拟真似乎是一个具有魔力的词，能够解释网络文化中的一切。在另一篇文章中，笔者对拟真的四种形式和程度做了区分（Santaella 2004：46-47）。第一个程度可以在虚拟现实（VR）环境中体验到，是感知性拟真。VR 让参与者感到身在环境内部，在虚拟景象之中行动。第二个程度是远程显现（telepresence），以机器人系统为中介，传递一种现身在一个遥远地方的感觉。第三个程度是再现式拟真（representative immersion）；它在通过 VRML 语言所建构的环境中获得。在再现式拟真中，参与人——主要是以头像方式——被再现在屏幕的虚拟环境中。拟真的第四个以及最常见的程度，发生在用户连接上网络的时候。进入网络，意味着在一个由数据字节和光粒子构成的非物质平行世界中漫游。

在电脑游戏中，最常见的拟真模式是再现式拟真，但是其他模式的拟真游戏中也有涉及。在一般的心理和感知意义上，而并不专门是在网络文化意义上，任何一种游戏都要求拟真。玩家必须把注意力放在游戏上，全神贯注于行动和步骤谋划，浸入他们状态机器的各种状态之中。这意味着玩电脑游戏涉及同时运作的两种拟真，深度的心理和感知浸入，就像在任何其他游戏中一样，以及网络世界环境的浸入。这种双重涉入增进了玩家对于拟真的主观感受，而且可能是电脑游戏如此吸引人甚至让人走火入魔的理由之一。

要求电脑游戏玩家高度集中注意力，源自这一环境：玩家一旦开始游戏成为其执行人，就进入一个平行的自足的世界，这个世界的充足性是随其规则的自我指涉性增加的。平行世界这个概念并不一定就指一个完全人工制作出来的世界，就像在电脑游戏中那样，其虚拟环境属于一个全新的设计。它指的是，玩家必须进入另一种现实规划，涉及充当故事中一个角色这一假定的虚构规划。即使是下棋的、打网球的或者玩《俄罗斯方块》（Tetris）这款电脑游戏的，也无不沉浸在一个独立自主的世界之中，一个自指的平行的世界之中，甚至是在一个现实的电脑游戏之中，它具有模仿我们日常世界真实生活环境的一种设计，玩家们面对的是一个平行的自指的世界。

游戏中，重要的不是其场景的现实主义抑或虚构特色，是否科幻故事抑或卡通般琐碎也并不重要。游戏并非必须有意义；它们必需的是好玩和有趣。玩家越是沉浸其游戏之中，他们越是觉得它好玩。事实上，玩家对游戏的沉浸，要远胜过电影观众或小说读者，因为唯有游戏将其玩家互动式地投入他们的世界之中。

互动性是网络文化研究中高频使用的术语。这个词在这一语境中特别恰切，因为每个计算机界面都是一个互动程序，而且要操作一台计算机必需互动性。就像在它无法与之分割开来的拟真中一样，互动出现在任何电脑游戏以及一般的人机互动中。因此存在双重的互动。目前关于计算机互动性的讨论，涉及游戏互动性与哲学和人类学上的游戏概念之间的比较（参看收入本文集中的奈泽尔所撰论文），这并非偶然。如同在所有游戏中那样，对互动性的要求是，玩家执行某动作，如移动棋盘上的棋子，或者是按下键盘上在游戏世界中与特定意义相关的某个键。这一执行中就涉及玩家与游戏状况操作过程中的互动，这一过程中的一个状态是指向下一个状态的，如此递推。

5 游戏中的七种自我指涉

讨论过电脑游戏中自我指涉的总体框架之后，现在我们提出一种分类，来对游戏中的七种自我指涉进行区分。

5.1 命令、使命和非连贯性

游戏中第一种也是相当常见的自我指涉类型是以命令的形式发生的。命令可以被看作游戏规则的基础样式。它们是指示性自我指涉的，因为它们都在某种意义上对自我讲话。与诸如上司对士兵说"放下武器！"之类命令不同，上司对士兵是有真正权威的，而玩家本身是针对他们的命令的读者，并非真正是游戏之外的任何人对他讲话。游戏中，命令在某种意义上是玩家发给自己的，因为他们自愿地服从游戏规则。

譬如，在现代弹球游戏中，基本规则是在"击中所有一闪而过的东西！"这个祈使句形式中表达出来的。这样的命令也可以用间接或非文字的方式给出。在《星际迷航2》（*Star Trek: Next Generation*, 1993）中，譬如，命令是以展示框形式出现的，要求玩家通过以球击中一个闪动的物体，"摧毁那颗行星"，解除对飞船的威胁（参看 Juul 2004：140）。正如于尔所指出的，现代冒险游戏基本遵循侦探游戏的模式。"游戏世界中不仅有过场动画，还有人工制品，它们告诉玩家在事件时间之前某个点上发生过什么。"（2004：136）所以，这些游戏的"非连贯的时间和世界"，"强烈指向作为游戏的它们自身，而非可信的虚构环境"（Juul 2004：140）。

5.2 元游戏：游戏中的游戏

另一个基本的自我指涉类型可以在游戏中的游戏之中找到（参看一道收入本文集的拉普所撰论文）。在游戏中嵌入游戏，这种嵌套手段就像图中嵌图一样，是像似性自我指涉。起嵌套作用的游戏框架指向被嵌套的框架，反之亦然，但是，既然两个框架都是游戏框架，那么就有自我指涉存在，因为一个游戏指向另一个游戏。一个简单的例子可以在《蒸发密令》（*Eraser Turnabout*）中找到，这是一款基于同名电影的游戏。在该游戏的某些阶段，玩家必须解开谜题，才能继续玩下去。在《模拟人生》中，人物可能的娱乐之一就是和电脑玩耍。

5.3 元故事：故事中的故事

世界文学中最为著名的元故事之一，肯定是《一千零一夜》(*One Thousand and One Nights*)，王后谢赫拉扎德为了阻止她的丈夫国王沙亚尔野蛮杀戮，在一千零一个夜晚里每晚给他讲一个不同的故事。就像在游戏中的游戏那样，这个框架故事的自我指涉是像似性的：《一千零一夜》是一个关于讲故事的故事。这个框架故事，其外部叙述框架是王后为了救自己的命而给国王讲故事，而其内部框架有 1001 个故事，具有一种嵌套结构，在这一结构中，外部叙述框架是一个反映其内部叙述框架的指示符号。

在经典游戏中，一个关于故事中的故事这种场景的上佳例子可以在下棋中找到。如佩尔斯所观察到的（2004：147），下棋有一个"两个国王率领其军队和臣子拼杀的元故事"。该游戏的外部框架，是关于玩家从第一步（意义是"攻击"）到最后一步（意义是失败或胜利）的故事；下棋的内部叙述框架，是关于黑白两位国王及其军队之间战争的故事。

在讲故事类的电脑游戏中，故事中的故事这一手段相当常见。佩尔斯（2004：148 - 149）举了一个 MMORPG 的例子。里边有"元故事，主要形式是预先设计的故事世界和其中各种各样的情节，具有一个允许玩家在游戏的故事框架之中进化他们自身叙事的故事系统。［……］大多数原创 MMORPG 的元故事都聚焦在中世纪的幻想/地牢与恶龙这类风格主题，尽管更多主流主题正在涌现"。

5.4 游戏的个性化

"模组"（mods）是允许对游戏可能性进行拓展的各种修改器。通过这种手段，游戏的源代码被修改，得以被增补出游戏的一种新样式。游戏拓展的模组包让玩家能够如其所好地将游戏个性化。模组的自我指涉性质在于这种将游戏个性化的手段。玩家个性化了的游戏，就被个性化了的这款游戏反映玩家参与的痕迹这一程度而言，是指示性自我指涉的。一些游戏是从之前游戏的模组样式中开发出来的。譬如，动作类游戏《雷神合集》(*Quake Rally*) 就是一款自《雷神之锤》(*Quake*) 模组而来的即时游戏，还有《半条命》(*Half Life*) 这款关于现代生活的游戏，因为《胜利之日》

（*Day of Defeat*）模组而允许玩家踏上前往第二次世界大战的旅程。

5.5　游戏自身的物质性

第五种自我指涉可以在给出有关其自身物质性的游戏中找到。这种类型因此引起的是指示性自我指涉。在最近的游戏，譬如《雷神之锤3》（*Quake* Ⅲ）或者《反击》（*Counter-Strike*）中，存在有游戏不同层次之间的跳跃，这些跳跃没有得到解释，但通过指向游戏中此刻所进行数字操作的展示框而得以说明。譬如，展示框表示"载入"进行中，或者展示框表示"等待游戏状态"。这些信息是自我指涉的，因为它们表示机器正在做什么而不是游戏世界中正在做什么。

5.6　媒介间性

第六种自我指涉可以在与其他媒介中的文本（电影、小说、广告、音乐等）相关的游戏中找到，这些媒介也指向游戏。游戏与其他媒介的对话，尤其是电影，是非常常见的。许多游戏设计者都从现有影片或文学作品中提取情节或故事元素。游戏易于碰上那些媒介，因为游戏与它们共同享有幻想、冒险、科幻、恐怖、战争等类型。所有基于中世纪幻想这一主题的游戏，都代表着约40年来流行文化向计算机汇合这一演化过程。对文学作品的符号性翻译也很常见（Jenkins 2004：122）。这些之所以是符号性翻译的例子，是因为这些游戏不只重新讲述电影故事，而且扩展了我们对于故事的之前经验以及对其阐释的方式。

电影和游戏之间的互动尤其如火如荼。不仅电影和游戏的营销战略，而且它们的生产和开发，都变得越来越相互关联和相互依赖，正如詹金斯（Jenkins 2004：124）所指出的：

> 越来越多地，我们生活在一个跨媒介讲故事的世界里，这个世界越来越少地依赖每个单个的作品而自足，而是依赖为更大叙事经济学做出贡献的每件作品。［……］你可以想象游戏是在一个更大的叙述系统中发生，有通过书籍、电影、电视、喜剧或其他媒介得到交流的故事信息，每一个都将自己做到最好，每个都是一种相对独立自主的经验，但是，对于故事世界最丰富的理解，是由跨不同渠道而遵循叙事的那些所达成。在这样一个系统中，游戏做得最好的，几乎肯定会

是围绕它们为我们关于故事世界的记忆和想象赋予具体形式这一能力,创造我们能够漫游其间并与之互动的拟真环境。

一个上佳的例子是《黑客帝国》,它的游戏对电影做出了补充,拓展了电影中没有进行探索的某些场景(参看 Azevedo 2005)。

5.7 关于游戏的游戏理论

游戏中第七种也是最后一种自我指涉,在赛丽亚·佩尔斯所撰写的论文《探索一种关于游戏的游戏理论》("Towards a Game Theory of Game",2004)中已经有过描述,在这篇论文中,她提出了一种以玩耍为中心的游戏理论。把我们这篇文章关于电脑游戏是自我指涉的缩影这一论点说得最透彻的,莫过于游戏理论,一种关于各种游戏的理论。

电脑游戏中的自我指涉：一种形式主义方法

博·坎普曼·沃尔舍

1 引论

如题名所显示的，本文要讨论的是电脑游戏中的自我指涉，同时要采用的主要是一种形式主义的方法。我的论点是，电脑游戏至少在三种方式上是自我指涉的。在虚构或内容层面上，游戏常常指向其他游戏或其他媒介类型。《毁灭战士3》（*Doom 3*）中的怪物是向最初出现在《毁灭战士》（*Doom*）中那种恐怖的多边形生物致敬。《侠盗猎车手：圣安地列斯》（*Grand Theft Auto：San Andreas*）中的好人和坏人，或多或少是指向今天大众所了解的流行文化中的角色。《神秘岛4：启示录》（*Myst Ⅳ：Revelation*）中的情节和关键人物，非常契合大获美誉的冒险游戏《神秘岛》（*Myst*）那种总体宇宙观。

然而，当我们超出叙事、情节和广阔游戏世界这个领域，我们发现，电脑游戏自身，在结构或形式层面上，就其本体论而言具有内在的自我指涉性。直率地说，游戏之所以是游戏，是因为它们本质上是自我指涉的。想要去除或无力看到电脑游戏这个极为专门的——而且，在很大程度上，也是技术的和科学的——特征，就要忽视计算机这一媒介的恒定基础。这与递归性这个重要概念紧密相关（参看本文集第一部分诺特所撰论文），它把电脑游戏解释为相互依赖的线性与环形系统。这个概念还指向这一事实：所有游戏都是动态的、时间的系统，围绕规则与策略之间的张力变化演进。下面，首先而且最重要的是对电脑游戏中这种内在的自我指涉特征进行考察。① 方法则源自经济学上的博弈理论、计算机科学和系统理论。

本文分为三个部分。第一部分界定和探讨游戏的核心要素，即规则、策略以及互动模式。第二部分考察电脑游戏何以并在何种程度上能够被定义为复杂动态系统。论点是，游戏（gaming）是将玩耍（playing）这一动作（所以有"玩游戏"[game-play]这个说法）结合到其结构之中的一种活动。第二部分汲取了前人有关游戏哲学的某些研究（Walther 2003）。按照艾斯本·阿尔瑟施（Espen Aarseth, 2003）的观点，虚拟环境中有三个游戏构成成分：游戏玩耍（game play）是关于玩家动作、策略和动机的；游戏结构（game structure）包括规则，含模拟规则和物理学在内；游戏世界（game world）包括虚构内容、层次设计、结构等。三个方面都要涉及，因为它们是紧密交织的，但是重点会放在游戏结构上。首先，游戏的本体论或者"游戏性质"会被界定。其次，将对妄图把游戏独特性归零的游戏（以及玩耍）认识论做出解释。再次，本文将通过关注规则与游戏世界之间的关系，尽力尝试以递归性形式阐明电脑游戏中的自指性层次。

在正式踏上深入游戏核心的旅程之前，不要对此浑然不觉：在更为广阔的文化层面，② 游戏也明显是自我指涉的，这构成了电脑游戏中自我指涉的第三个含义。游戏不仅指向借鉴了主题、角色、情节和背景故事的更多其他特定游戏。作为现代休闲产品以及知识价值运输者，它们更属于涉及面相当广泛的拼贴文化，其中，文本、图像、电影、游戏、商业广告、品牌飞速地彼此引用。这条引用轴通过即刻复制，横向越过各种各样当今媒介的边界，又纵向贯穿对"旧"媒介的重塑。前一种引用模式可以被称

---

① 对于游戏和游戏理论形式方面的这种强调，肯定不是为了反对任何针对电脑游戏中虚构或媒介间的自我指涉所进行的研究。相反，后者对于自指性的解读会为我们提供当代媒介系统中关于叙事"传递"文化的许多知识。然而，我真正相信，首先对游戏中以及其他媒介中结构的自我指涉和虚构的自我指涉加以区分，可以让讨论变得清晰，否则就会模糊分析层次：电脑游戏必须是自指的（或递归的）、动态的系统；然而它们并非都需要在虚构的意义上是自我指涉的。《俄罗斯方块》（*Tetris*）指向什么？什么都没有，除非有人宣称，由矢量化区域中不断下落的不同形状所构成的图像，是某种文化动态（"文本"）的表征。

② 我建议用"文化"（cultural）而不是"亚文化"（sub cultural），因为游戏在当下已经成为中介式交流的规范，而不仅仅是链接整个媒介生态的一个或多或少被束缚在小圈子里的分支。

为跨媒介性（transmediality），而后一种可以被称为再媒介化（remediation）（Bolter and Grusin 1999；Walther 2005a）。

关于今天媒介景观中文化自我指涉这种双重模式，一个绝佳的例子，是美国福克斯频道播出、基弗·萨舍兰（Kiefer Sutherland）主演的电视连续剧《反恐24小时》。很清楚，这部连续剧指向许多从电视戏剧和电影娱乐历史中而来的"经典的"话题和情节模式。这就是再媒介化，对旧媒介重思、重构，并且在一定意义上翻新。不过，除此之外，《反恐24小时》还以新媒介（电视、网络、游戏、聊天等）按照同步轴彼此"言说"的方式来讲这个故事，不断推进并模糊过去定义媒介专门性及其内容的那些边界，借此提供了一个便于用户对媒介细嚼慢咽的丰富平台（Walther 2005b）。所以这叫作跨媒介性。要做部分总结的话，电脑游戏在三个方面可谓自我指涉的。

（1）语义方面的自我指涉：游戏指向游戏和（新）媒介中的其他内容材料或虚构要素。

（2）形式方面的自我指涉：递归机制是游戏真正的、形式方面性质的组成部分。

（3）文化方面的自我指涉：游戏可以是自我指涉的，因为它们指向跨媒介性这一周边文化。

2 规则、策略与互动

经济学上的博弈理论是一套制定决策的数学方法，其中，会对竞争性的、"冒险的"状况加以分析，以判断对于"玩家"而言最适当的行动路线。约翰·冯·努马恩（John von Neumann）和奥斯卡·摩根斯特恩（Oscar Morgenstern）是该理论的奠基人。根据两人的观点，一个游戏包括有一套管控竞争性状况的规则，其中，两个直到无数个单个玩家或单个玩家组队而成的组会选择策略，来最大化自己的胜利或最小化对手的胜利。规则规定每个玩家可能的行动、随游戏进程每个玩家能够获得的信息数量，以及各种情况中赢得或失去的多少。努马恩和摩根斯特恩将关注重点限定于若非对方受损则己方无法获利那种游戏（也就是所谓的"零和游戏"[zero-sum games]）。

后来，约翰·F. 纳什（John F. Nash）对博弈理论进行了革命，他宣称，在非合作性博弈中，有着游戏中的玩家所用一套套优化策略（所谓的"纳什平衡"[Nash equilbria]），于是，如果其他玩家的策略不被改变，那么，任何玩家都无法从单方面改变自己的策略中受益（Nash 1997）。

利用经济学上的博弈理论，我们现在可以把游戏界定为复杂的、以规则为基础的互动系统，由以下三种核心机制构成：绝对的规则，随机应变的策略，可能的互动模式。

游戏规则是绝对的，意思是尽管玩家可以质疑身边规则的合理性，却有义务服从，须"按规则来玩"。规则因此是绝对的命令（Neumann and Morgenstern 1953），是不可置疑的命令语句。它们超越了语义话题、文化含义、道德要求等。然而，这并不排斥在文化或伦理范畴中讨论游戏规则这个事实。

与规则不同，策略是随机应变的、非绝对性的东西，因为它们或多或少是针对游戏中转向、选择和行动等处理的细节方案。除此之外的其他被实际执行的策略可以得到概括和实施。就短期战术和长期规划而言，在这两种形式中，策略都是相应性质的。在经济学的博弈理论中，策略是针对游戏可能处于其中的各种不同状态汇集情况的总体方案（Juul, 2004：56）。博弈理论研究的是竞争条件下规则的利用和策略行为（Smith 2006）。

最后，互动模式是动作和选择，它们变成了所玩游戏的组成部分，从而干扰到游戏的限定和选项。因为游戏策略的实施会集中在游戏可能性空间的选定区域（近于博弈理论中所谓的"主导策略"[dominant strategy]），形成一条穿透游戏空间的路径，我们甚至能够暗示说，互动模式，总体来看，直接就是游戏本身——尤其是，如果我们是从玩家的角度来看的话（Holland 1998）。相对于规则和策略所必需的组合或者出现的结果，互动模式是可能性质的。这种区别甚至可以更为简洁地罗列如下：

——规则是命令；

——策略是游戏操作的方案；

——互动模式定义了贯通游戏的实际路径，规定了人—机（或：玩家 vs. 规则）动态机制的分类。

显然，互动模式起着"中间地带"的作用，因为它们占据着中间的领域，其一是高举规则大旗的机器（计算机），其二是必须发现完成策略目标的最佳道路并将其最有利化的玩家（见图1）。

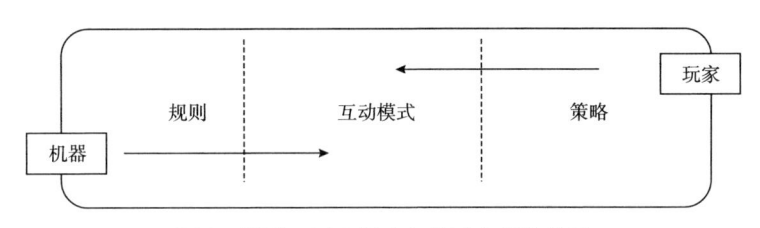

图1 规则、互动模式与策略之间的关系

游戏操作的概念在下一小节我们会深度探讨，它涉及游戏的所有三个层面，这也解释了难以准确定义这个概念的原因。游戏操作是对规则、策略、互动特定分层的实现，也是对一定的命令、方案和路径总汇的实现。对于玩家而言，成功的游戏操作，意味着在了解规则和按照规则以及对手可能采取行动规划自己策略之间，达成一种微妙的平衡。游戏应该具有平等的挑战和回报，徘徊在烦闷与焦虑之间，由此而确定有一个在种种选择所构成网络中流动的空间。对于计算机化了的游戏系统，成功的游戏玩耍意味着固定规则与玩家在可变背景中的输入控制之间的一种平衡。

3 规则系统和互动系统

什么定义了规则？规则，在其核心设计中是算法的，是由简单而明确的句子构成的，譬如"球在场上时不得用手"等。因此，规则通过清晰阐述限制（不得用手）以及机会（球在场上）而构成了游戏的可能性空间。用消极和积极方式定义游戏都总是可能的：规则限定行动；它们决定可能性空间中的选择范围；它们圈定要在其中玩耍的场地；然而它们也规划了什么是可以做的。

在这一点上，笔者是针对所有游戏而言的，即，不仅包括体育运动在内的各种传统游戏，也包括电脑游戏。《英雄无敌》(Heroes of Might and Magic) 依靠的是储存在计算机中并由计算机来操作的各项规则。下棋或《地产大亨》(Monopoly) 有所不同，它们所依赖的规则并不是数据库中累积的规则和计算机算法，而是在玩耍过程中写在纸上并储存在玩家头脑中的。在足球比赛中，譬如，这样的规则是由裁判控制的。一般被当作不在"真正的"规则之中的非明示的规则（譬如棋类比赛中的计时钟），在数字游戏中必须以明确方式来使用。这些规则也必须被编程。在真实世界中，足球比赛的气候条件或一般性物质条件通常被认为是"比赛之外"的特征。但是，如果我们在计算机上模拟一场足球比赛，足球规则以及一般性物质条件（包括球场表面粒度、人群、一天中的时间等）都必须被构建在计算机的规则算法以及输入—输出控制之中。

规则规定了玩耍的"面板"，或者更广义地说，"场地"如何构成。① 在游戏中，场地上的行为模式是被限制的、被约束的并高度代码化的 (Huizinga [1938] 1994; Caillois [1958] 2001; Walther 2003)。规则是指南，在形式化了的、封闭的环境中指导、限制并引导行为，目的是创造出游戏"魔法圈"中人为的、清楚的条件 (Salen and Zimmerman 2004)。这个圈子之外的，现实或者非游戏，本质上与游戏玩耍是没有关联的。面对一清二楚的规则，策略（或战术）有可能包括相对既定规则限制的最佳实际解法。由此，互动模式映射出不同玩家的干预，因而可以被看作覆盖在游戏可能性空间之上的一层行动与选择构成的织物。此外，互动模式可以指向玩家在完成游戏过程中的社会性和竞争性交道。在后一方面，模式是与绝对规则和社会动态机制所产生的结果相呼应的。

规则具有如下品质：

——它们限定和限制玩家行为。因此，它们告诉了，对于与游戏

---

① "面板"和"场地"也指对游戏通常意义上的理解——桌面游戏以及体育运动被认为是原型。

相关的对象，什么可以做，什么不可以做。

——它们是非歧义的、明确的、数量确定的（正因如此，它们易于被纳入计算机算法）。

——游戏的所有玩家都共享它们。

——规则是定好的，也就是不可改变的（如果它们变了，我们更适合用本土的或"自家的"规则来指称它们）。

——它们是约束性的，也就是不可商量的。

——它们是可以重复的，这意味着它们是可移植的，它们的运作并不依赖于技术平台或虚构再现。

游戏的形式结构可以被看作一个参数空间。在这个空间之中，游戏的当下状态被当作参数空间中的一个点，最终是一个面。一个玩过的游戏因此有无数个可能的状态面。譬如，在《三子连》（Tic-Tac-Toe）中，9个方格构成了游戏的参数空间，并由此而构成了供棋盘上棋子进行排列的可能域。规则定义了可能的棋局，而特定的一局就是穿过该状态空间的一条路径。关键因素是，没有必需的游戏参数，就没有穿过游戏可能性空间的可变性或多条路径。所以，参数空间构成了游戏的超验层面，而特定棋局的路径表现了空间随机而变的实现。[①]

参数空间与实际游戏路径之间这种辩证关系，对于游戏为什么会复杂也有启发性；根本意义上，正是因为二者之间的关系不均衡——规则是不变的，而特定一局游戏的实现是事实的、不断变化的。规则与实现（或规则与策略）之间这种不对称关系可以用游戏的"突现"（emergence）这个术语来表示。大多数时候，只知道规则，是不可能预先决定游戏实际的动作和结果的。[②] 而且，大多数游戏是非完美信息类游戏（Nash 1997）。开局，下棋的规则非常简单，但各具特色的下法丰富到难以计数。小孩子就

[①] 这里，我们或许要注意，这款游戏本身是置于一个空间域之中的。这种空间结构的性质预先决定了拓扑学中的边际组织方式。与此相反，特定的一局游戏，就功能而言，是单纯地在时间域中操作的。游戏存在着；但游戏也在变化着。

[②] 这并不意味着玩家不能通过了解和（本质上说）预见计算机基于规则的反应来优化自己的策略。在《极品飞车》（Need for Speed）中，注意到诸如"追加效果"和"再生"等设置的特点，会有效帮助玩家达成游戏的首要目的——获胜。

能记住下棋规则，但是，要在实际的棋局中掌握所有精妙的开局，或许是终其一生才能得到的成就。

就电脑游戏而论，我们必须谨慎，不要混淆两个各具特色而密切相关的规则层面。一个层面是游戏的算法源代码，它包括有关什么能做以及什么不能做的明确罗列，也就是参数空间中被作为边际的那些东西。在另一个层面，规则命定，计算机有能力跟踪玩家与游戏系统能够身处其中的不同状态之间的互动。我们可以将前一层面定为计算机的规则系统，将后一层面称为它的互动系统。规则系统包括了让游戏初始启动一级决定游戏限制和可能的数据结构，互动系统则明显在一个动态框架之中运作，这个框架的主要功能是对与玩家实时输入相关的新输出操作进行控制。

另一种解释两个层面之间差别的方式是，规则系统通过构建游戏以及玩家行动和选择的可能性空间，负责游戏的初始成形，互动系统则以稍有不同的方式，与实际的游戏玩耍相关。后者是可能性空间的实现，或者穿越可能性空间的一条特定路径（图2）。

此外，通过对机器域和玩家域也加以思考，我们可以对规则系统和互动系统之间的关系模型化（图3）。

4 规则与递归

从规则到互动的运动发生在时间这一媒介之中。不过，要让这种向前的处理有效，系统还需执行向后或者回环的操作。游戏可能性空间中发生的事情，必须始终以初始规则系统为背景加以衡量（参看图2和图3）。要让计算机充分回应玩家的输入（后者自玩家的策略而来），它必须按照定好的规则去"检查"输入的可变性。向前的线性和向后的环性迅速交接，定义了电脑游戏基本的的递归函数。像计算机这样一个递归系统，因此是线性和环性操作共同构成的一个动态系统。计算机处理进程，是因为它也具有记忆。

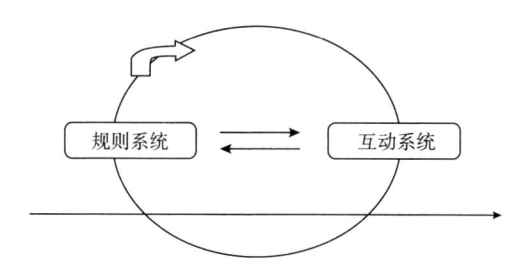

图2 规则系统与互动系统意味着线形和环形运动的结合，即递归性

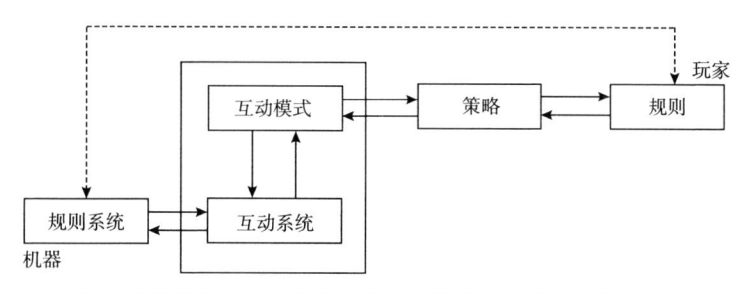

图3 计算机与玩家在作为一种中间地带的互动域中相互重叠

我们可以通过将其与计算机科学中所谓的"状态机"（state machine）进行比较，对递归性这个概念做进一步的定义（Selic，Gullekson and Ward 1994：223 ff.；Juul 2004：57 ff.）。状态机是一种计算手段，设计有解决特定问题所需要的各种操作状态。自动出票机就是状态机，电脑游戏同样是状态机。一台状态机有若干方面，但就我们当下目的而言，我们只需要考虑两个方面，也就是状态转换与输出功能：

——状态转换功能把状态和输入图绘给状态。这一功能决定、限制并使得回应特定的输入成为可能。

——输出功能把状态和输入图绘给输出。这一功能决定特定时间点上的机器输出。因此，Y 是一个将状态和输入图绘到输出的函数（$S \times I \rightarrow O$）。

当我们把游戏看作状态机，我们会发现，这台机器（即游戏）包括大批的"细胞"，每一个细胞都可能处在一定数量可能状态的其中之一里面。细胞根据本土的、相似的互动规则在非连续时间步骤中同步更新（我们在前面将其确认为游戏的互动系统）。时间上，下一步的细胞状态是由相邻细胞的当前状态决定的。转换一般是以规则列表的形式来说明的，规则列表为每个可能的相邻样式定义了细胞下一个状态。①

根据于尔的观点（Juul 2004），规则这个概念对应于状态转换功能，后者决定了针对特定时间上特定行动会有什么反应发生。因此，转换功能是对一系列深层规则的描述，即决定对应时间 t 上当下游戏状态以及当下玩家的输入可能产生的输出。下一步，输出功能把游戏状态的特定观点发送给玩家；通过计算机界面中介的观点或信息（譬如：特定的屏幕图像、文本性信息等）。

然而，所有这一切明显涉及规则，那些证实计算机能够在各种设置和无数游戏状态中做出反应或适应的规则。因此，状态转换功能和输出功能强有力地联系着计算机的互动系统，后者的主要功能，如上所述，是控制与玩家实时输入相关的新输出操作。当我们把计算机看作状态机，我们可以进一步地把规则系统（参看上述）确认为可能的输入事件，该机器接受它们，并且，在这一层面，该机器决定了规则所描述的各种游戏限制因素（可能性空间中的边界）；简言之：

——输入事件→规则系统
——状态转换功能加输出功能→互动系统

因此，数字游戏的递归性意味着输入事件、状态转换功能以及输出事件之间一种既是线形的又是环形的关系。换一种表述就是，递归性源自游戏参数空间（输入事件和可能性空间）及其互动系统（输出功能）之间复杂的交叉。

传统上，递归这个概念用在群理论中，指使用这个群本身的群或调用它自身函数的函数。此外，这个术语还被用于某些编程语言（譬如 C++），其中，递归性就是函数不得不被自身调用这一性质。不过，在这里，我们将坚持使用更宽泛也更普遍的递归定义，指包含在线性和环性之间的一种动态摇摆的系统。

我的观点是，递归的这种一般性分类，正是自我指涉的形式或结构方

---

① 因此，形式上，我们可以把游戏定义为时间 t 上细胞所有状态的总合，渐次地，它是时间 $t-1$ 上被称为邻里的、一定数量的细胞所处状态的函数。

面的定义。譬如，我们可以说，在文献中，自我指涉是以代码化了的或语义联系的形式在可能的输入事件和输出功能之间运作。不过，要让输入事件得到有效操作，它们必在读者（玩家）的头脑中得到储存和使之积极可用，这样，它们才可能用作当前输出功能的基础。这意味着，本质上，头脑对应计算机的记忆，而且类似计算机的状态转换功能。

类比如下：我在一部小说中碰到一个人，觉得这个人与另一部小说中的某人或某场景有某种关联；或者，我开始想，是否这部小说的整个安排有可能隐晦地指向来自其他地方的某个文本要素。更进一步地，我可能以为，我正在读的这部小说（将其当作决定着我通过该叙事之"路径"的一系列精神性输出），在更深刻的、隐蔽的层面上，用到了它自身"身为叙事"的超验条件。

无论我是否关注联系有关虚构人物那些起辨识作用的段落，或者无论我是否在尽力表现小说自我指涉的特定诗学模态，我始终是在对可能的输入事件（所指的东西）与当前的输出功能（即，被认为是自我指涉符号的东西）进行关联。不过，在阅读小说并仔细考察其复杂指涉网络这种情况中，这个过程需要在纯粹阐释学框架中实施；非数字媒介中的自我指涉并不拥有把状态和输入图绘到状态上那种自动状态转换功能。非数字媒介中，对特定输入的反应（状态转换功能）既不属于规则，也不属于互动系统。

计算机所梳理和控制的规则，总是以算法为核心，只对世界那些选定的方面起反应，譬如，对系统的状态或者有着明确界定的输入起反应（Juul 2004：61）。因此，游戏有预先定义的、数量确定的输入事件，在小说的自指之环中用作指向"标记"的输入事件却显然是数量不确定的。计算机使用"必需的去语境化"（necessary decontextualization）来控制算法和输出功能的确切数量，"必需的去语境化"指特定语境中没有任何元素或仅有有限的元素与游戏系统相关。相反，解读作品的人是通过"潜在的语境化"（potential contextualization）控制输入事件与输出功能的，"潜在的语境化"允许特定语境中大体而言数量不确定的众多部分与理解系统相关。[1] 这使

---

[1] 我猜这是以另一种方式宣称：头脑以神秘的方式工作，计算机则是以完全预先确定的方式工作。

——计算机化了的"游戏"递归性，意味着一种自动的、控制论上的操作，其中，仅有确定数量的输入事件被接受成为可能的输出功能的基础。这一动态系统因此预先假定，初始的可能性空间以及特定游戏状态中显示给玩家的信息（或输出）之间，有着点点滴滴的关联关系。

——阐释学上的"虚构作品"递归性，意味着一个非点点滴滴的过程，其中，数量不确定的输入事件（它们共同构成了指涉的可能性空间）能够潜在地与数量同样不确定的输出功能（它们是自指性符号）发生关联。

重要的是要注意，这种双重定义不需要引入任何以内容或虚构为指向的现象。对"小说""文本"等的任何提及都只是提供例证罢了。区别只在于电脑游戏相对诸如经典文学和影院等非数字媒介的那种形式方面的性质。我们可以如图4般阐述递归性。

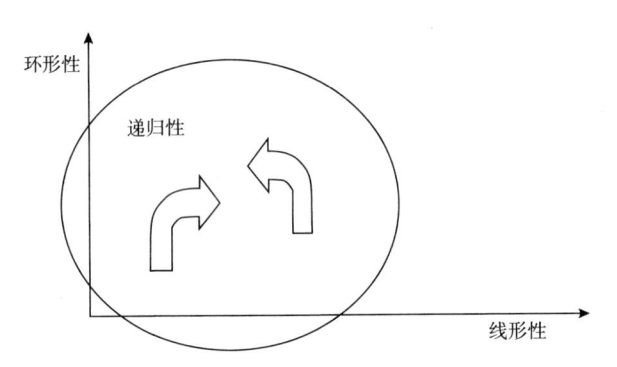

图4 递归系统依赖于线形性与环形性之间的摇摆

✵

5　游戏认识论：游戏玩耍与递归性

上一节中，我们看到规则与互动系统如何一道定义了游戏的"游戏性质"。现在，我们将更进一步地深入游戏玩耍的逻辑——游戏的可玩性或好玩的结构。

运用尼古拉·卢曼的系统理论以及乔治·斯本塞-布朗（George Spencer-Brown 1969）的形式理论，我尝试过对"玩耍"和"游戏"进行分类，并对其间的差别进行反思（Walther 2003）。关键的一点，是把游戏看作结构方面以及时间方面都是在一个更高层面发生的某种东西。玩耍的时候，对玩耍世界不同于非玩耍世界那种特色的设置，在玩耍过程中就表现性能而言必定反馈到自身之上，不断重述玩耍世界中那种形式特色，如此方可维系玩耍世界的内部指令。但是，在游戏模式中，这种重述已经预先假定为一种时间和空间禁制，以防止特定游戏的规则约束结构无法正中鹄的。换言之，游戏不应该是玩耍；但是这并不意味着它们不需要玩耍。

这意味着，实质上，在玩耍模式中，深度迷恋落在玩耍和非玩耍之间那种摇摆上，而游戏模式，则是向前推动人在一个建构完毕的空间和一个未经建构的空间中维系平衡那些策略性能力。在玩耍模式中，人们并不想掉回现实中（尽管总有这么做的危险）。在游戏模式中，通常是向着下一层次攀升却又眼中不会看不到结构。玩耍关乎在场，游戏则关乎前进。

所以，玩耍中，深度迷恋沉溺于玩耍和非玩耍之间的摇摆，非玩耍是玩耍的"他者"，经常被当作"现实"。在进行游戏的时候，我们更关注的是，在游戏这个先前结构中不断前进（Kirkpatrick 2004：74）。游戏预设了紧张，或者第一种侵扰，我们在这紧张和侵扰之中一直进行抵抗，不想脱离玩耍的幻想语境，而且游戏预设了进一步关注第二种、更高的侵扰，在这当中，成功和失败是按照我们是否达成既定目标来衡量的。所以，在玩电脑游戏的时候，我们是在又一重的拟真中工作，它是一种覆盖在开头初始的侵扰之上的"仿佛这般的结构"，让玩耍成为可能的首先是它。

针对我们关于电脑游戏中自我指涉或递归的调查而言，有两件事尤其重要。首先，我们能够注意到，游戏行为或游戏玩耍涉及愿景的建构，从最初走进玩耍的神秘地界，到随后产生信任并按照固定的规则套路和建构完备的游戏类型展开行动，是愿景支撑着这整个过程。其次，如柯克帕特里克在对我研究的这些东西所做出的解释中写道的：

  它还涉及一定的自我理解；玩家知道，自己须负责维系游戏世界这一幻象以及支撑它的玩耍感受。这一知识最终威胁到游戏和玩耍本身，赋予它一种本体性的不安。这就是为什么玩耍常常是重复的，因为重复强化了游戏世界的现实。然而，这同一种重复，对玩家而言，产生的结果是一种清醒［……］以及玩家自身对"凸显"游戏玩耍经验的难以为继。（Kirkpatrick 2004：74 f.）

在系统中，理论方面而言，这种本体性不安的自觉意识转化成了游戏本身中玩家对其他指涉的最终理解和不断应对，这同时又是游戏自我指涉的组成部分。"非游戏"领域或"非玩游戏"场合的威胁永远内在地与游戏本身的构造相连，玩家不得不注意甚至警惕这一事实，正是游戏本身的一个根本性标志。因此，一定水平的自指性，或对玩耍和非玩耍的逻辑组织哪怕最少的关注，是必须具备的。游戏玩耍要求指向游戏从其自身消极前提中得到滋养的那种方式；这种指涉对于游戏的任何实现都是必需的。在心理方面，一个游戏变得无趣，原因可能是在场的内部削弱而让玩家无法感到在场（Walther 2003）。玩家"脱离"限制和游戏这个被消极定义的疆界。按照系统理论的说法，玩耍意味着让自己在各种水平的侵扰之间动态摇摆，没有被作为游戏建构组成部分那种本体性的不确定掌控。玩耍还意味着掌握指涉和自我指涉的关键巧合，即，在游戏关乎什么以及游戏发生需要什么之间稳扎稳打的能力。所以，一定水平的自指性，尽管其多少并非始终说得清楚，是游戏玩耍的本质性要素。

游戏（譬如桌面游戏）转化为电脑游戏之所以成功，或许源自这一事实：数字计算机是一台非连续的状态机。因此，在设计上，它与形式化了的游戏系统非常相似，尤其是关于非连续的系列操作方面。相比之下，玩耍似乎关注的是语义学调查，因为任务不仅是要对其空间做出衡量，而且要对其解释模式和解释方式加以优化。我们在玩耍的时候不仅是在探索一个世界。其潜在的意义以及我们在该方面创作的故事也在驱动我们。玩耍空间会扩张，要么是在结构复杂性方面，要么是在具体内容方面。这种扩张进一步地被反映在玩耍的实践中，譬如在玩家们对玩耍域的实际门槛争执不休的时候（Tosca 2000）。再一次，这必须在身体封闭以及与之相依附的精神活动这双重意义上来理解。

为什么在玩耍与游戏的混杂之间同时存在的界分对于研究电脑游戏很

重要？因为它涉及游戏玩耍这个概念。你可以沉浸在玩耍心态中，这种心态是进入游戏所首先需要的东西（让你能够认同自己高效杀手身份的第一个区别），但是你也可能被挂在游戏某个区域，在那里开始疑惑它的结构标准是什么（以转换为关注焦点的第二个区别）。太多的自我指涉毁了这种游戏玩耍！情节实际上是用来平衡游戏过程中的玩耍和游戏的。你必须牢牢把握住初始的区别（否则你就被玩耍的他者吞噬掉了），而且你需要始终接受游戏的组织以及规则样式。当你对这种互补性的平衡不屑一顾，进程就被打断了。然后，你开始思考：我为什么玩耍？游戏的目的到底是什么？

确切地说，游戏玩耍的作用，就是通过为了特定的游戏连贯在时间上得到实现而充当潜在的母体，来保证这个进程的顺利进行。游戏连贯可能导致人们去想，人首先是怎么进入游戏中的（这就是要观察第一种侵扰，并且须身在玩耍模式之中），或者，事实上的连贯也有可能迫使你对时空设置的设计方案做出反思（这就是要观察第二种侵扰，并且须身在游戏模式之中）。

6 规则和游戏世界的递归性：结论一种

我在本文之初指出，电脑游戏中的自我指涉分成三个特别形式：（1）游戏，就其作为处理与内容或小说相关要素的输入与输出这种方式的一部分而言，是自我指涉的；（2）游戏指向文化拼贴——剪刀加糨糊的消费文化中的一种——这个更大也极为复杂的领域；最后也最重要的是（3）电脑游戏的内在结构指向自我指涉或递归的所有必须层面，没有这些，在本体论或认识论方面，游戏都根本不会成为"游戏"。

接下去，我们发现，电脑游戏中形式上的递归可以与两种不同模式发生关联：

——在游戏本体论层面，规则系统与互动系统之间，即可能性空间或输入事件与穿过游戏状态的实际路径之间，存在着递归机制。

——在游戏认识论层面，我们确认，在共同构成游戏玩耍的玩耍模式和游戏模式的各种转换差别之间，存在着递归机制。"玩耍"和"游戏"之间存在着动态的（时间以及逻辑方面的）关联关系，这一事实还表明游戏玩耍必须具备一定程度的递归。

此外，我们必须注意到，"自指性"这个概念中有一种至关重要的偏差：我们将其视为计算机工作中的一种内在构成要素，而不是关于"输入"指涉和自我指涉的"输出"符号的阐释性重新定位这种想法。在前一种情况中，自我指涉是被执行的、被点点滴滴拿来操作的某种东西，而在后一种情况中，自我指涉是需要被感知、被积极解释的某种东西。

实际上，事情非常简单。所有数字游戏在性质上都是控制论的、自我指涉的系统（Kücklich 2003），而所有非数字媒介，包括小说和电影，基本上都是可以被看作自指实体的语义的、指涉的系统。这并不排除这一微妙的事实：数字游戏除了在形式上是自我指涉的之外，也可以在内容相关的层面或文化层面是自我指涉的。

不过，对于游戏世界可以说什么呢？游戏规则和虚构再现之间是什么关系？作为一种结论，且让我简要地表示游戏的形式性要求可以如何写入游戏的虚构之中，或许反之亦然。

为了帮助玩家控制键盘、学会操纵杆上的按钮等，许多游戏似乎破坏了叙事在游戏世界中的展开。其中一个例子（Juul 2004：158 f.），是任天堂的游戏《皮克敏》（*Pikmin*），其中，主角是降落在一个陌生星球的科学家。在游戏玩耍过程中，科学家在展示在屏幕上的日记本上做记录，日记本还包括有关控制者操作的记录。根据于尔的观点，这种刻意混杂虚构再现和游戏控制命令并没有什么"艺术特色"。实际上，这种混杂甚至强化了虚构性质：因为玩家"是"主角科学家，关于控制器的记录"实际上就是我们写下来的那种东西，如果我们真要对我们玩游戏做记录的话"（Juul 2004：159）。

不过，另外一个例子告诉我们，游戏的指涉系统并不总是那么直截了当的。在冒险类第一人称射击游戏《马克思·佩恩》（*Max Payne*）中（见图5），正如索伦·波尔德（Søren Pold 2005）所注意到的，我们陷入一个分层的迷宫之中，控制这个迷宫的，在情节层面是毒枭和腐败的警察，在结构层面则是控制论上的游戏引擎。《马克思·佩恩》不是按照这一类型游戏的典型做法，把游戏内的故事作为游戏玩耍的动机，而是把这个叙事当作一种陈词滥调；这些好莱坞符号"指向普遍意义上的叙事结构而不是支撑这个特定的叙事"（Pold 2005：16）。波尔德继续写道：

> 这个游戏可以被解释为一种自我意识插入到正在进行的关于电脑游戏中叙事作用的争论之中。叙事变成了一种效果，游戏自觉地暗暗指向它，披上它这层外衣，但并不满足互动叙事倡导者们所想象的那种深刻的亚里士多德式的方式。这是叙事表层或皮肤，它并不试图变得唯我独尊，涵盖游戏的所有方面，而是像后现代小说和电影一般暗暗指向叙事，引用叙事，却并不完全扮演叙事的角色。（Pold 2005：16）

在第三幕迷迷糊糊的开头那个图像小说连贯中，马克思·佩恩意识到并向玩家表露出，自己什么都不是，只是电脑游戏中一个像素变成的主角（见图5）。突然，作为游戏情节前提条件的马克思·佩恩，竟然对玩耍初始以及重要的侵扰发出质疑。结果，通过这种元虚构性的坦白，我们被带入

图5　马克思·佩恩惊愕地意识到，自己是电脑游戏中的一个人物

玩耍模式。如果角色被认定是把玩笑式的实践和结构出来的游戏空间捏合到一起的，游戏就真的不可信吗？

佩恩的存在只为游戏的无尽重复服务，这种重复既无趣又老练，"realism to the max"（双关：极致的现实；这个叫马克思的人所面对的现实）和"max pain"（双关：极致的痛苦；马克思·佩恩）融为一体，通过带有武器、血条、子弹开关按钮图形用户界面得以广而告之。波尔德在总结中，把《马克思·佩恩》划入"虚幻媒介现实主义"类别（Pold 2005：20），一种同时又投身虚幻之中现实主义，并且能够被看作对自身再现性技巧和媒介的一种自指性探索。受这篇论文发现的启发，我们可以进一步假设，《马克思·佩恩》知道并利用到自身的递归机制，将其置于虚构元素中，当作通向自身规则结构和推进层次的一种自觉的线索。所以，诸如《马克思·佩恩》之类游戏，是一方面嘲弄，同时另一方面又重视，一种对于所有游戏（不仅是意在艺术性的那些）都必有递归性的自觉意识，如何明显属于"规则"那种琐屑的、非语义的层次却又浸入"虚构"之中。

玩耍和（电脑）游戏中的元交流

布里塔·奈泽尔

人们常说玩耍（play）和游戏（games）在某种意义上都是自指的。[1] 根据弗里德里希·席勒（Friedrich Schiller [1801] 1967）的看法，玩耍动机创造出一个有着自己生活形式（*lebende Gestalten*）的审美领域，这些生活形式本身既是永恒的，又是转瞬即逝的。[2] 秉承这一思想脉络，约翰·赫伊津哈（Johan Huizinga [1938] 1994）说，玩耍在自己的领域中发生，与世界其他部分隔离，因为它有自己的规则和边界。汉斯·休尔（Hans Scheuerl [1954] 1990）引入圆周运动这个概念来描述游戏的本质，罗杰·卡伊洛瓦（Roger Caillois [1958] 2001）则把时空中的隔离这一标准当作游戏的一个区别性特征。边界与框架——把游戏与其社会环境分开并确立起一个其中玩耍活动唯在自身中才有意义的世界——似乎成了游戏的一个重要属性。

格里高利·贝特森（George Bateson [1955] 1972）给出明确证据，表示玩耍者之间的交流在另一个方面是自指的。在其《关于玩耍和幻想的理论》（*Theory of Play and Fantasy*）中，贝特森把玩耍描述成人类和动物行为的一个自主领地，它因为元交流这一特征而不同于非玩耍（nonplay）。玩耍中的交流是一种关于交流的交流，这种循环性在会引发交流自我指涉

---

[1] 要全面了解各种来自不同角度和学科的游戏和玩耍理论的历史，请参看 Sutton-Smith（[1997] 2001）。

[2] 席勒研究玩耍的方法与他的美学理想有着密切关联，可以与康德关于美激发无功利的善这一观念联系在一起。但是席勒的影响并不限于美学。他关于玩耍的理想观念影响到了弗里德里希·弗罗贝尔（Friedrich Fröbel）关于幼儿园的思想（参看 Scheuerl [1955] 1964: 57）。

的这类交流操作中是显而易见的。

贝特森关于玩耍是元交流的理论，对于新兴的电脑游戏研究这个研究领域有着极大吸引力（参看 Salen and Zimmerman 2004）。尽管其理论只关注于玩耍，而且贝特森严格约束自己，声明游戏比单纯的玩耍更为复杂，但我们将在本文中将其也用于游戏。我们想要推导出来的假设是：游戏与包括玩耍在内的那些东西在元交流方面有所差异。本文将对元交流以及玩耍、游戏和数字游戏中不同形式的框架进行研究。

1　从贝特森的观点看游戏中的元交流

受其在旧金山动物园里观察猴子而来的启发，贝特森提出一个假说：玩耍行为与元交流信号相伴随，这些信号则被玩耍者和观察者注意到并做出解释：

> 我看到两只年轻猴子在玩耍，即，在进行一种互动性连贯动作，此中的单位行动或信号，与争斗中的那些相似却又不同。很明显，即使是对人这个观察者而言，这个连贯动作在总体上不是争斗，对人这个观察者还很明显的是，对于参与其中的猴子来说这"不是争斗"。那么，这个现象，玩耍，只可能发生在参与其中的有机体能够具有某种程度的元交流的情况下，即，交换能够携带"这是玩耍"这一信息的信号。（Bateson［1955］1972：179）

贝特森区别了元语言信息和元交流信息。元语言信息指向语言。元语言信息的例子是这句话："'猫'这个字没有毛。"另外，元交流信息指向交流场景，其中涉及说话方和受话方（或玩耍者）。根据贝特森的观点，元交流信息"这是玩耍"确立了一种悖论，它又被称为罗素悖论（Russell's paradox 或 Russel's antinomy）。[①] 该悖论可以用这个公式表示：M

---

① 参看 http：//en.wikipedia.org/wiki/Russell's_ paradox。

= $\{A \mid A \notin A\}$。在这个公式中,A 表示一个集合,M 是"不包含自身作为成员的所有集合的集合",表示如果 A 不是 A 的一个构成要素,A 就只能是 M 的一个构成元素。

现在,如果 M 这个不包含自身作为成员的所有集合的集合包含了自身,那么按照定义,M 就不可能是不包含自身的所有集合的集合,因为它说是不包括但实际上包括了它自身。然而,如果 M 并不将自身作为其构成要素之一,那么,M 就不会是不包含自身的所有集合的集合。这就是悖论:一方面,集合 M 必须包括作为其构成要素之一的它自身;另一方面,它又必须不包括它自身。集合 M 悖论地同时包括自身又不包括自身,这就是说,A 和非 A 这个自相矛盾的陈述,尽管不合乎只允许 A 或非 A 之一为真的排中律原则,却是真的。所以,A 在有且只有 A 不是 A 的一个构成要素情况下,A 才是 M 的一个构成要素。① 这个悖论隐含的逻辑问题自古以来就为人所知,人们叫它"埃庇米尼得斯悖论"(Epimenides's paradox),来自克里特人埃庇米尼得斯,后者来到罗马,以自指方式宣称"所有克里特人都是骗子"。罗素针对这种悖论所确立的规则,规定必须严格分开集合(或类属)及其构成要素,因为它们无法在同一讨论层面来处理。

根据贝特森的观点,"这是玩耍"这个信息暗含了诸如"我们现在所做的这些行为并不表示它们所代表的那些行为所表示的那种东西"这样一个元陈述(Bateson [1955] 1972:180)。因为"代表",按照贝特森的观点,是"表示"的同义词,这个句子于是可以改写成:"这些行为,我们现在正在做的,并不表示通过这些行为所表示的那些行为而得以表示的那种东西",于是,"玩耍式的啃表示咬,但它并不表示咬所表示的那种东西"(1972:180)。

因为隐含的悖论引起"这是咬但同时又不是咬"这个逻辑矛盾,于是我们面临违背排中律的境况。但是,这个悖论出现在玩耍中的哪个层面呢?

---

① 我们可以在埃庇米尼得斯悖论中发现同样的问题。更近于真实生活的一个例子,是关于为村里所有男人理发的理发师,那个村子里所有男人都不自己理发也不给任何人理发。如果他不自己理发,他就是一个不自己理发的男人,所以就要给自己理发。如果他自己理发,他就不仅给不自己理发的男人们理发,而且是给自己理发的男人(也就是他自己)理发。

可以考虑两个女孩在玩耍中做拳击运动这个例子。身体行为可能与真正打斗中很像；然而，两个女孩根本不是在打斗，尽管她们的可能拳头收紧，甚至彼此击打。玩耍式的拳击是真正拳击的像似符号，而区别是玩耍者与打斗者不同，不会以满脸鲜血或破了的鼻子告终。显然，与两种行为模式的结果相关的区别是存在的。行动者的动机和意图也彼此不同。真正的打斗可能由愤怒、恐惧或仇恨引起，玩耍式的打斗的发生没有这些原因。

玩耍式的打斗因此可以解释成真正打斗的一个符号。行动符号不同于它们所指向的行动，尤其是在语用维度中，后者涉及对我们生活所产生的影响。譬如"每日抽 30 支烟会导致肺癌"这句话，可以用于吓唬人，但不会引起肺癌；只有实际的抽烟行为才有可能导致肺癌。只有（奥斯汀 [Austin] 所谓的）"行事性话语行为"（performative speech act）这个"宣示性话语"（declaratives）的子类是能够实现而不仅指向后果的；如果正确说出，它们的确能够引起它们所指向的那种效果。"我由此宣布你们结为夫妻"这句话，由注册官说出，的确会让两人成为夫妻。只要我们不把符号与其对象混淆，就不会有悖论。言辞和话语可以指对象和行为，但它们不像它们所指向的对象和行为那样对我们的生活产生同样的影响，而且它们不会产生同样的结果。符号及其对象属于一个不同的种类，或者，如贝特森从阿尔弗雷德·科尔泽布斯基（Alfred Korzybski）那里借鉴来的说法：地图不是疆域。

玩耍中，地图与疆域的区别并不像地理学中那么突出。玩耍和"真正的"生活这两个层面被元交流明显标记为不同。玩耍中对咬的像似性表现并不指与真正的咬同一的东西，但是玩耍式的咬并不只否定真正的咬。游戏交流中的符号通过确认否定其对象。单纯的玩耍式行为表示又同时不表示它所指向的"真正的"行为，因为它在意义和其结果方面是不同的。玩耍者的像似性非语言符号所指向的行为是真正被实施的，但是这个行为在非玩耍语境中的意义由于这个行为的实施而被否定。在这一意义上，存在着一个悖论。

正因如此，贝特森所"玩耍标志着交流进化前进的一步——发现地图—疆域之间关系的至关重要的一步。在初始的操作中，地图和疆域是等同的；在次一级的操作中，它们是可以彼此分别的。玩耍中，它们既是等同的，又是分别的"（Bateson ［1955］1972：185）。在治疗和玩耍中，元交流都是交流的组成部分：

> 如我们所见，心理治疗这种操作是两个人之间的一种框架化了的互动，其中，规则是不明确的，随变化而变化的。这一变化只能由实验性行动提出，但是每个这种实验性行动——其中，要改变规则的提议是不明确的——本身就是正在进行的游戏的一个组成部分。正是把单一有意义行为中的逻辑类型组合在一起这种做法，赋予治疗一种特性，它不像卡纳斯塔纸牌那种一成不变的死板游戏，而是具有一个不断演变的互动系统。猫咪或水獭的玩耍就有这种特性。（Bateson ［1955］1972：192）

玩耍中，参与者必须注意到这个悖论，这在我们考虑到角色扮演时候尤其明显。演员必须尽可能让人信服地扮演其角色，但同时，他们必须意识到自己只是在扮演其角色而已。[①]（观众也必须意识到这一事实；有个很有名的例子曾经说到，缺乏此种意识的观众对主人公高声叫嚷，提醒主人公注意有人要暗算他。）做不到分清舞台有别于生活的演员，就不再是演员了。他们的行为像真正相信自己是另一个人的精神病患者一样。玩耍行为和心理变异之间的关联十分明显，这一点贝特森已经清楚表明。

总而言之，贝特森因为自指性方式而把玩耍看作元交流，通过这种方式，玩耍者以信号表示他们是在玩耍。他们的元交流信息"这是玩耍"就其内在而言是悖论的，因为它对玩耍者正在做的事做出肯定的同时又加以否定。

玩耍中的元交流是自指性交流。玩耍者实施行为，同时他们又指向他们实施这些行为的方式，肯定他们所做的"就是玩耍罢了"。在图画符号学语境中，诺特（参看本文集第二部分）区分了元图画和自指性图画：元图画指向另一幅图画，譬如通过对其的暗指或引用等，而自指性图画是指向特定图画——也就是它自身——的图画。每一幅自指性图画因此也是一

[①] 罗杰·卡伊洛瓦所描述的"拟态"（mimicry）这个概念（Roger Caillois ［1958］2001），与贝特森的元交流性游戏概念颇为相似。

幅元图画,因为它是一幅关于图画的图画(或图画要素),但并非每一幅元图画都是自指的,因为元图画也能是关于另外一幅图画的图画。

与元图画和自指性图画之间的区别相类似,"这是玩耍"这个信息可以定义为既是元交流的,又是自指的:之所以它是元交流的,是因为它是关于玩耍的,玩耍正是一种交流形式;之所以它是自指的,是因为它指向该信息被传递的那个场景。我们甚至能够再进一步:(不受游戏框定的)玩耍活动必定是自指的;否则玩耍根本就无法发生。没有自指就没有玩耍。元交流的自指为玩耍套上了指涉框架。

贝特森认为,玩耍因为玩耍行为的虚拟性而涉及一个更进一步的悖论:

> 不仅玩耍式的啃不表示它所代表的咬所表示的东西,而且,更有甚者,咬本身就是虚拟的。不仅玩耍中的动物并不完全意在它们所说的东西,而且,它们通常是在就并不存在的某种东西进行交流。(Bateson[1955]1972:182)

然而,从皮尔斯符号学的角度看,显然,贝特森式的悖论根本就不是悖论,因为符号的对象,按照皮尔斯的观点,不一定就须是"真实的"东西,而可以是观念、想象,甚至符号指向的"纯粹虚构"(参看 CP 4.531,8.314)。玩耍或符号行为都不以指涉"真实"对象作为前提;二者都还能够指向想象或虚构领域中的先前知识或经验。

创造和指向虚构事件这一潜力,对于玩耍和其他虚拟性交流模式而言是共通的。根据贝特森的看法([1955]1972:181),"表演性的玩耍、吓唬、玩笑式的威胁、回应威胁的逗乐、装模作样的威胁[……]共同构成一个单一而完整的现象综合体"。成年人的游戏,诸如赌博或者高风险性玩耍,都植根在威胁和玩耍的结合之中。贝特森还认为,玩耍和艺术以及仪式等具有契合性。所有这些交流模式并不指向"现实",并非真正存在的某种东西,而是种种可能的世界,无论它们是别样的、想象的、不可能的,还是在某个不确定的未来中或许会有的。游戏肯定属于这个"玩耍与妄想"的综合体。下面,我们将考察元交流和自指如何都成了游戏的特征。

2　纸牌游戏中的元交流

游戏和玩耍之间的区别性特征是，游戏按照规则玩耍，玩耍则是自发的，没有先行既定的规则。游戏规则决定着玩家可能采取行动的范围，在某些游戏中，还决定着行动的时间和空间顺序。按照萨伦和齐默曼的观点（Salen and Zimmerman 2004：125），游戏规则限制着玩家的行动；规则必须明确而无歧义，为所有玩家共有，固定，具备约束性，并且可以重复。在玩耍中，每个单一行动必须证明它是玩耍，而游戏具有为所有行动定出条条框框的规则。确立游戏界域的不是玩家而是规则，是规则创造出所有且唯有游戏行动发生于其中的"神奇圈子"。① 游戏行动于是被排除在元交流和自我指涉之外，而玩耍则不能。游戏中到底有没有元交流或自我指涉？② 我将通过被叫作斯卡特（Skat）的流行的德国纸牌游戏来回答这个问题。

斯卡特通常3人玩，使用32张德国或法国纸牌。我们来想象：三个女孩决定一起来玩一局。她们中每一个都从发牌人那里得到10张牌；剩下2张在桌上。开始了，其中一个转向自己右边那位相邻者，开始用对话来协商她们手上纸牌的牌面值。因为每个玩家都可以直接从不宣布自己牌的真正牌面值中受益，因为失败（和取胜）的风险是随每个牌面值增加的，第一位协商者会从最低的可能值18开始，并且就连串的下一个可能的牌面值继续下去，也就是20、21、22、23、24、27……直到她仍然愿意冒险打出的那个最高牌面值为止。协商者提出每个数字之后，玩伴根据她对自己手上牌面值的计算回答"是"或"否"。当无人愿意做出更大冒险的时候，协商终止，协商者得出结果：叫出最高牌面值的人与其他两个人所组的队伍双方对打。单人方有权用剩下的两张牌换掉手中的两张牌，把牌面值最低的牌扔掉。她来宣布那种牌是将牌，坐在发牌人左边的人出第一张牌，

---

① 参看 Huizinga（[1938] 1994）；Salen and Zimmerman（2004）。
② 贝特森认为（1955：182），游戏是围绕"这是玩耍吗？"这个问题建构起来的。

其他人按时钟方向跟着出牌。每个人都争取通过打出更高牌面值的牌来赢得桌上的牌。单人方必须获得120点这个可能点数中的至少61点才能获胜，否则就输了。

按照以上描述，游戏开始之前存在关于游戏的自指性交流，即，当玩家打算聚在一起玩牌的时候。游戏的规则在实际游戏进行之前就存在了。它们是制度性规则，玩不玩这次游戏都有效。游戏条件是玩家开始玩之前就完全框定了的。

游戏过程中，充分了解规则的玩家不需要在任何元交流性话语中讨论这些规则，但是如此这般的规则在某种意义上是元交流性质的，因为它们决定了玩家可以或不可以做什么。在斯卡特游戏中，它们甚至包括一种制度性程序，决定游戏两队该如何构成。

关于游戏的协议以及如此这般的规则，都不是自指性质的。游戏规则是不可置疑的指令，决定着玩家被允许和被禁止的动作。它们并不指向自身，而是指向将要玩的以及所有玩过的所有游戏。[①] 队伍的单个动作和初始协商既不是元交流的，又不是自指的。因为它们都是规则控制的行为，所以它们都是异指的，指向游戏开始之前很早就有的各种规约。

单个动作层面的这些异指，并不排斥游戏作为整体就不可以是一种自指性行为。游戏，除非是为钱而玩，并没有游戏自身之外的目的。这就是它们与诗歌共通的东西，而诗歌的自指性正是罗曼·雅克布森尤为看重的东西。游戏就像诗歌一样是自指的（也是异指的）。

此外，在玩游戏的时候也有其他自指性元交流形式发生，譬如，当玩家改变其交流角色的时候，他们从队友变成对手，开始像朋友或敌人一样说话，彼此恭维或用嬉皮笑脸的口头语言攻击对手。这种元策略话语并不是游戏规则所规定的；因此它不是游戏的组成部分，尽管它是一种玩耍样式。玩耍具有一种非常脆弱的交流条件，因为总是存在这样的危险：玩笑式的粗鲁或似真的言语伤害，有可能被严肃地看作一种人身攻击。

[①] 另一方面，在游戏设计这个更高层面是存在自我指涉的。游戏以制度性规则为基础。这意味着，游戏之所以能玩，完全是玩家们所遵守的规则决定的，而规则在游戏之外是不存在的。在符号学这一更高层面变得显而易见的这种自我指涉，是任何符号作为指向其自身类型的表征符号（它自身只是一个实例而已）所引起的自我指涉。

因此，游戏引起一种双重架构。首先，游戏由其自身的制度性规则所架构。其次，纯粹出于选择，游戏还可能通过伴随游戏的玩耍而得以架构。除了界定游戏的那些制度性规则，玩耍因此可能引入额外的调节性规则，以各种各样的、大都是临时的方式，决定玩家的行动。譬如，玩耍的氛围会因为社交安排而表现出不正式、放松、幽默有趣或者充满竞争甚至专业性十足。社交安排对玩家而言是一种重要的刺激因素，但它并非游戏的制度性方面。①

总而言之，玩耍和游戏必须分开。游戏不是玩耍，但玩耍可能与游戏同步发生。游戏就元交流和自我指涉的诸多特征而言，有别于玩耍。游戏活动是一种规则约束下的活动，受想要赢的意图指引。②"玩耍行为"，相比之下，指一种不是由制度性的、固定的规则而是由元交流来管控的活动。不可避免的是，"玩游戏"这个表达也包括"玩"这个动词，而理论上，它是必须与"游戏"这个概念区分开来的。

3 电脑游戏中的规则、交流与元交流

现在我们来谈电脑游戏，本质上，它们按照规则属于游戏，因为每一动作，玩家都必须遵循游戏所确立的规则，而这些规则是无歧义的、可重复的、固定不变的、具有约束性的。此外，玩家必须给出无歧义的命令，并且，如在其他允许一定行动步数的游戏中一样，电脑游戏只允许有限范围内的命令；玩家对队长的吼叫，譬如，是不会让计算机做出什么反应的，因为它设计是从键盘输入。③ 这种情况与玩耍的情况不同，后者是以模糊为基础的，玩耍的框架是变动不居的，因为只在玩耍的过程之中才得以确立。

---

① 在有关玩数字游戏理由的调查中，"与他人同玩"常常被作为一个主要理由给出，参看 Ermi, Satu, and Frans（2004）。
② "游戏"（gaming）这个术语通常是"赌博"或"为赌注而玩"的同义词。它也被数字游戏玩家用来描述其爱好；他们甚至把自己叫作"游戏人"（gamers）。在游戏中，通常有一定量的钱作为赌注。就其用于此处的意义而言，唯有赢得游戏才是赢得赌注。游戏可以描述玩家想要获得游戏胜利的严肃性。
③ 当然，有针对计算机输入机制的拓展和多样化的种种尝试，但它们数量非常有限。

有两种基本的电脑游戏类型：多玩家型游戏和单玩家型游戏。这两种类型的游戏中，交流在多大程度上是自我指涉的呢？

为玩家状况打下烙印的社交框架，只要玩家碰头来玩游戏就存在，不仅是斯卡特中，在多玩家电脑游戏中同样如此。数字游戏用到了与非数字游戏相似的一种框架结构。它们可以由两个玩家在一个控制台上玩，在LANs玩，① 或者联网玩。在一个控制台上玩，游戏的框架结构与斯卡特的并无不同。玩家不仅是在控制台上彼此对抗，譬如，在赛车游戏中，而且还一同进行。设置还可能是小型局域网，其中，游戏是在可以彼此交流的玩家在场情况下进行。玩家的语言评述还可能通过允许使用书面信息的聊天功能得到支持。在线游戏中，直接的口头接触是不行的，但可以使用书面信息传送的聊天功能。有些游戏还包括所谓的组队说话功能，可以通过网络电话工具进行口头交流。有了这些特征，多玩家电脑游戏，即便是在其他玩家身体不在场的时候来玩，也能满足元交流和自指性玩耍的前提条件。

单玩家电脑游戏，与之不同，只有一个玩家。单玩家没有可以讨论其动作的人，所以无法指望有元交流，除非玩家的两个自我自言自语。单玩家在其他玩家不在场的情形下与其电脑游戏互动之时，到底有没有元交流和自我指涉存在呢？的确，在即使是单玩家的游戏中也有元交流仿真的这些游戏中设计有文本性策略。它们在游戏的各个不同层面都能找到，它们让单个的参与者作为玩家扮演着不同角色。游戏情形要么是自指的，要么是元交流的，要么二者兼而有之。我们在电脑游戏《魔域帝国》（*Zork*）和《合金装备》（*Metal Gear Solid*）中来考察这两种策略。

虚拟的元交流这一策略可以追溯到电脑游戏早期；可以在基于文本的游戏中找到，譬如《魔域帝国》（1977年Infocom出品），它就是所谓的文本冒险（text adventure）。如这个类型名所暗示的，《魔域帝国》是只针对书面文本操作的（参看收入本文集中的拉普所撰论文）。该游戏的开始如下（玩家输入记为＞，各行文字起进一步的参考作用）：

---

① LAN = Local Area Network，局域网。

1 房间西面

你站在一座白色房子西面的开阔地带，房子前门为木板门。

门上有个小邮箱。

>打开邮箱

5 打开小邮箱发现一张纸

>阅读这张纸

拿起这张纸

"欢迎来到魔域帝国"

魔域帝国是一个冒险游戏，充满危险，别耍小聪明。游戏中，你将探索人所能见到的10个最为神奇的领地。没有这个游戏的电脑简直不配叫作电脑。

>向北前进

房屋北面

你正面朝一座白色房子北面。房子没有门，14扇窗户全部被木条封住，北方有一条小道蜿蜒穿过树林。

15 >向东前进

房屋背后

现在你处在白色房屋背后。一条小路向东伸入森林。在房屋的一角有一扇小窗户，小窗户半开着。

>打开窗户

20 通过努力，你把窗户大打开，足够你身体进入。

>进入

厨房得分：

现在你处在白色房屋的厨房之中。一张桌子似乎经常用于准备食物。一道走廊通往西边，可以看到有一把黑色梯子

25 上梯子。一根黑色烟囱向下，东边有一扇开着的窗户。

桌上有一条长条的棕色袋子，散发出辣味。

桌上有一个瓶子。

玻璃瓶子装有：

30 一定量的水

>打开袋子

打开棕色的袋子，出现午餐和一瓣蒜

>吃掉午餐

（带走）

35 谢谢。真让人精神焕发。

>打开瓶子

打开

>喝水

你必须首先拿到玻璃瓶子。

40 >拿瓶子

拿到

>喝水

谢谢。我真的渴死了（或许是因为说了这么多的话吧）。

  玩家可以通过键入两个词构成的命令漫游虚拟的"魔域帝国"领地，两个词构成的命令使该游戏能够用文字描述来回应状况、事件、涉及玩家的行为，针对玩家的命令、要求或评价。由此而来的这一系列命令和回应用到了不同层面的自我指涉。在对话开始（第9行），玩家读到"《魔域帝国》是一个游戏"这句话。这句自我描述性陈述已经是游戏的组成部分；它并不属于置于游戏开始之前的前文本，就像书开始之前的版权页。因此，文本是用一句自指的元文本性陈述开始的。不过，这第一句并非元交流性质的，因为它与文本和其玩家在该游戏中所确立的关系无关。

  漫游《魔域世界》的通常方法是键入命令，譬如"向北前进"等，它们是给予《魔域世界》中非特定受话人的。在这些动作中，玩家是发布命令的发话人，那么必然还有一个服从该命令的受话人，但是，谁是这位受话人呢？因为玩家不面对任何其他人，命令似乎是通过计算机这一中介发给游戏世界中的一个虚拟人物的，但是显示在屏幕上的答案传递了一种不同的印象。一个未知的声音回答说："你正面朝一座白色房子北面。"

  这一次，受话人只能是这位单独的玩家，也就是发出前一条命令的同一个人。显然，计算机拒绝成为玩家命令的受话人，把这一角色还给了玩家这位发话人。结果，这位单独的玩家变成既是发话人，又是受话人，被卷入一个自指性的交流循环。结果，玩家成了既在游戏之内，又在游戏之外。作为发出命令的参与者，玩家是在外的，作为程序文本所发送命令的受话人，玩家是在虚拟的游戏世界内部的。就系统理论而言，玩家是一个观察着自身的观察者。这种文本策略把玩耍要素引入游戏之中，因为根据贝特森的观点，自指的发话系统很好地阐明了作为玩耍特色的困境，同时既处于某个特定角色中又不处于某个特定角色中。

在操作层面，玩家的命令和程序的回答可以用施为性话语行为来比照，即便它们所具备的形式不是陈述句而是祈使句。玩家所键入的祈使句并不像命令一样操作，而是在虚拟的游戏世界中直接产生事实性结果。键入"打开窗户"意味着虚拟世界中的"你"的确是做着"打开窗户"的行为。

不过，在玩家与机器的互动这个层面，是不存在自我指涉的。就计算机所涉及的而言，键入诸如"向北前进"这类命令的玩家，实际上是发出了一系列电子信号，它们的效果是触发一系列数字运行，就像给计算机发出的指令一样，因此产生出完全异指性质的符号效果。

新的交流场景是从厨房这一幕开始的。受程序控制的发话人用一种顾问的口气感谢玩家（"谢谢"）并给出建议（"你必须……"）。最后一行中，"我真的渴死了（或许是因为说了这么多的话吧）"，发话人的口气采用了人一样的说话人这一新角色，不仅指向自身的身体需求（"渴"），而且通过对自己"说话"做出的评论转向了自指和元交流。因此，存在一种场景方面的错位，参与者角色连续性上的断裂。现在，受话人不再与发话人一样了，玩家也不再在独白中孤零零地，而且面对看上去像是一位真正对话者的发话人了。

4　跨层与虚拟性元交流

《魔域世界》游戏中，不同叙事框架在叙述规约背景下都是受控的，它的各种元交流策略从文学看都是大名鼎鼎的。在文学理论中，这些策略是用"跨层"（metalepsis）这个术语来描述的。跨层是一种用被叙述事件层次来控制叙述层次的叙述手段。如玛丽-洛尔·莱安（Marie-Laure Ryan 2004：441）所说："跨层是一种扣人心弦的姿态，它跨越不同层次，忽略各种边界，把属于顶层的东西带到根底之处，或者反之。"例如，虚构性人物对其作者或读者讲话，或者叙述者进入他们自身创造的虚构世界，如此等等。莱安对修辞性跨层和本体性跨层进行了区分：

> 修辞性跨层维系着堆积物①彼此各异的各个层次，本体性跨层则打开各个层次之间的通道，使得它们相互渗透或者彼此晕染。这些层次，不必说，必须被我称为本体性的那种边界类型所分隔：在两个极为不同的世界之间切换，譬如"真实"世界和"想象"世界，或者"正常"世界和来自梦幻或幻觉世界的精神活动。（Ryan 2004：442）

在修辞性跨层中，叙述层次和被叙述世界各具特色，尽管这个到那个之间的修辞性指涉是存在的。在《魔域世界》的第 8 行可以看到这一点。一位身份不明的发话人以邮箱中的一页纸这一媒介，用"欢迎来到魔域世界"这些话来迎接玩家。这位神秘的发话人是谁？该信息是一个游戏外的人还是"魔域世界"中的某个发话人用邮件发来的呢？如果是后一种情况，那么这个信息中是不存在跨层的，但是，显然，在这个虚拟世界中是没有什么神秘的发话人的，所以更可能的是前一种情况。信息的发话人实际上是该游戏的作者和出品人，他们用自指性产品处置在虚拟世界中做出了干预。

本体性跨层，从叙述者世界到被叙述世界的真正生活干预或者反之，甚至处在《魔域世界》以及许多其他电脑游戏的根本位置。坐在家中电脑桌前的玩家，键入"打开窗户""打开袋子"或"打开瓶子"之类命令，马上就从无论是尚不清楚身份的行动者还是窗户、袋子或瓶子之类无生命的物品那里得到直接服从的回报。电脑游戏玩家于是似乎有了对虚拟世界

---

① 在其关于跨层的讨论中，莱安（Ryan 2004：439）用到了"堆积物"（stack）这个比喻，它是"一个多层的数据结构，其构成成分按照所谓 LIFO（last in, first out［后入先出］）顺序进行操作"。

进行跨层干预的能力，而这个世界，原则上，应该是独立于他们自身社会环境而存在的。作为玩耍基础并在人们一道玩耍的任何时候都能发现的元交流，便通过跨层这一文本手段被整合到单玩家类型的电脑游戏之中了，这可以被称为元交流拟真（a simulation of metacommunication）或虚拟性元交流（fictional metacommunication）。

虚拟性元交流在电脑游戏的文字信息中和视觉信息中均可找到。譬如，无须键入"打开窗户"，玩家可以只按下键盘上某个键或使用游戏控制器就能打开窗户。单玩家型电脑游戏中，有关虚拟性元交流的最新例子，可以在包含所谓训练任务的游戏中找到。训练任务是为了让玩家熟悉游戏规则及其操作方式而设计的游戏场景。它们的用处是让玩家熟悉相关游戏世界中身份的使用并教给他们基本的游戏命令。在《古墓丽影1》（*Tomb Raider* I，1996年Eidos出品）中，譬如，在冒险开始之前，玩家有机会在去往劳拉房子这个特殊的训练任务中和劳拉一道练习。在《合金装备》（1998年Konami出品）中，主人公在进行其任务的路上得到一次"仿真训练"。在《半条命》（*Half Life*，2001年Sierra Online出品）中，①玩家经历了新手熟悉公司安保要求的过程。

在训练任务中，玩家不是直接受话，而是通过游戏主人公受话。游戏通过创造一个虚拟的学习环境来掩盖其训练目的。不是让玩家明白为了让他们熟悉新游戏而教他们如何按键，而是创造一种虚构，让他们以为是为了更重要任务而接受训练。对需要了解的规则的虚拟化，也用到了本体性跨层这一手段，《合金装备》系列（1998~2004年由Konami公司不断推出）就是一个很好的例子。

《合金装备》游戏属于"秘密猎杀"类游戏。玩家所扮演的主人公，任务是在国外执行秘密任务，同时避免与敌人直接接触。为了完成任务——拯救盟友或者摧毁敌人的武器——真正的游戏者必须时而保存游戏。② 在系列游戏中，这一游戏行为是与游戏的叙述设置结合在一起的。

---

① 我指的是索尼2代掌上游戏机这个版本。
② 电脑游戏的目标通常无法一蹴而就。相反，游戏者必须在通往目标的路上反反复复地努力掌控任务。为了避免每次在重玩游戏的时候重复许多动作，他们会把在之前游戏中达成的状态储存起来，这能够让他们无须从头开始，而是从存储点开始。

虚拟层和操作层由此得以彼此关联。

在这个系列游戏的虚拟层面，主人公史内克必须单独溜进敌人建筑物，但他要与总部和一位救护兵通过无线电保持联络。总部建议他如何通过敌占区找到路径；救护兵保证史内克的健康状况始终受到监测。

任务开始之后，很快，史内克接收到总部的呼叫。除了有关任务的信息，史内克和扮演他这一身份的游戏者会得到如何向总部寻求帮助和信息的建议："按压你控制器上的选择键。"当然，史内克这位主人公是没有什么来按压的选择键的，所以这条建议明显是给手中拿着控制器的游戏者的。史内克是受话人，但实际上受话的是游戏者。在明白如何打电话之后，史内克可以向救护兵要自己的健康报告。救护兵做出应答时，游戏就被存储起来。通过记录健康状况来存储游戏这个行动有两个受话人：虚拟角色史内克，以及想要控制游戏的游戏者。

元交流信息"这是游戏"所产生的悖论，在游戏操作层面尤其明显：对游戏者说话意味着对主人公说话，对主人公说话意味着对游戏者说话，而虚拟层的记录健康状况实际上意味着真实世界层的存储游戏。

5 摘要

贝特森在对玩耍做出肯定的同时又做出否定这一悖论，能够解释电脑游戏中交流、元交流以及自指性交流之间的多重转换。玩耍中，真实生活以及纯粹玩耍领域中对其的否定，二者之间的界限必须加以探索，因为没有区分玩耍和非玩耍的独特标志。根据贝特森的观点，玩耍涉及恒定的自指性元交流，它为玩耍确立起一种框架，同时在该框架之中发生。这种框架和框架内容的彼此渗透，在角色扮演中能够得到比在玩耍中更为清楚的观察。

游戏通过自身规则非常有特点地标记出它们的边界，规则决定着游戏行为中什么是可允许的、什么是不可允许的。规则是元交流的而不是自指的。游戏规则通过元交流让游戏活动从玩耍领域中解放出来。它们让游戏活动在功能层面变得可能，其目的是赢得游戏。游戏可以和玩耍并行不悖。然而，也有游戏活动会额外地具有象征意义。譬如，把棋盘游戏的一个棋子放在棋盘的特定领域，意味着买下了一条街或占领了一座城。游戏（gaming）——就纯粹功能性而言这个词可以用于描述玩游戏（playing a game）——几乎总是和玩耍（play）相随相依，为了玩家之间的玩耍，玩耍仅仅把游戏（the game）当作起点罢了。

单玩家型电脑游戏并不要求元交流，但可能通过跨层手段对其仿真。有些单玩家型电脑游戏会建构一个虚拟的玩耍场景，从虚拟层到玩家世界的元交流能够在其中发生。[①] 这种元交流与贝特森所描述过的玩耍中的元交流之间的差别，来自玩耍变动不居的框架结构。玩耍只在玩耍过程中得以确立，始终受制于可能的变化，而元交流则是游戏程序的组成部分，是电脑游戏的核心课题。

---

① 并非所有电脑游戏都是如此，这仅仅存在于创造出一个游戏世界的那些游戏之中，只是在屏幕上显示能够被玩家四下搬动的物体那些游戏不在此列，后者并未创造出一个虚拟世界，博尔特和格鲁辛（Bolter and Grusin 2000）称之为"界面不透明的游戏"（games with an opaque interface）。

电脑游戏中的自指性：案例分析*

博恩哈尔德·拉普

本文将提供电脑游戏中有关自我指涉的例子和专门形式。第一个例子来自《猴岛》（*Monkey Island 4 – Escape from Monkey Island*，2000年LucasArts出品），这是一个典型的图形冒险游戏。图1所示的场景中，玩家扮演了海盗角色，他必须劝说其他海盗作为船员加入他自己（尚无人手）的海盗船。面对酒吧里正在玩飞镖的两个不感兴趣的冒险家，以海盗角色出现的玩家对其中一个坏蛋说："我赌你没法正大光明地打败这家伙"，他眼中看着的是房间背景中酒吧老板的方向，后者面对着海盗玩家本人。

那个坏蛋则面对相反方向，明显理解到海盗玩家这话的反面意思。他接受挑战，不是朝着背景中的酒吧老板扔出飞镖，而是朝着他本人视线的方向，这是真正玩家在显示器前所坐的方向。他出手了，突然看上去就像飞镖从显示器内飞出来击中了真正玩家的屏幕一般，穿过了玻璃（见图2）。飞镖似乎离开了虚拟的加勒比游戏世界，进入了玩家家庭这个真实世界。当然，计算机屏幕玻璃的破裂仍然是虚假的，玩家并不"真正"受到阻止，而是继续玩这个游戏。

---

* 本文中，我把"电脑游戏"用作一个集合名词，表示为当代个人电脑以及为诸如 *Commodore 64* 或 *Commodore Amiga* 等旧式家庭计算机系统所开发的所有游戏软件。为了取消研究界限，笔者决定把视频游戏排除在外。"视频游戏"（video games）更多是指数字屏幕游戏范畴，它们在控制器上运行（譬如索尼的 Playstation 2，微软的 Xbox 或者任天堂的 NES 系统）；它们通常在电视或者居室环境下玩。（关于电脑游戏与视频游戏的区别，参看 Rouse Ⅲ ［2001］）。不过，两类数字游戏之间肯定无法作一刀两断的区分。本文中的大多数观察和结论也可以用于视频游戏这个类型。

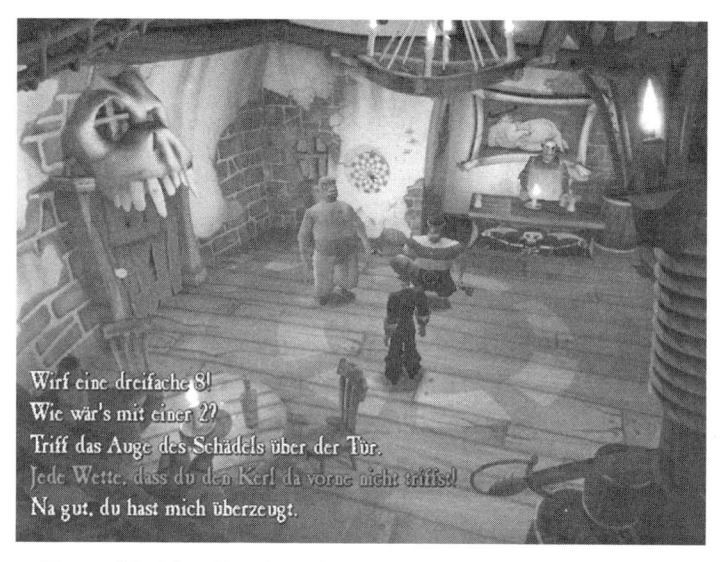

图1 《猴岛》（德文版）截屏：海盗主人公挑战两个其他海盗

图2 《猴岛》（德文版）截屏：从游戏场景内部将屏幕击毁

通过这种惊悚的方式，虚拟和真实的游戏和玩游戏的框架结构变成了玩游戏的主题：玩耍设备前操控虚拟世界的玩家，[①] 突然受到来自"屏幕

---

① 奈泽尔（Neitzel 2000：54）对电脑游戏（相对于所有其他类型游戏）的本质特征有过评述。

后面的"虚拟世界中行动的影响,并似乎成了其受害者。在玩家自己的家中,"在计算机屏幕前"这个"真实"世界中,玩家应该采取行为对之加以约束的海盗竟然攻击了他们的长官。玩耍的导演被其创造的角色们所引导。这一虚拟手段即所谓"跨层"(metalepsis)(参看 Genette 1994:168 - 69;Ryan 2004 及其收入本文集中相关文章)。

1 自指性

游戏玩家始终面对着自我指涉。通过对其称为"神奇圈子"的游戏空间、时间以及行动类型的界定,赫伊津哈(Huizinga[1938]1980:11)提醒我们,游戏的规则总体上回指作为游戏的游戏。许多其他游戏理论家阐明玩游戏是如何涉及反思和永远的自我反思的。贝特森(Bateson 1983),譬如,描述过游戏如何构成玩家思想的"框架"(参看本文集中奈泽尔所撰相关论文),尼古拉·卢曼(Niklas Luhmann 1996:96 - 97)则从系统理论的角度关注到游戏中的自我指涉。玩家在游戏过程中一直被要求反思其作为玩家的身份,这证明游戏根底之处的一种反馈环路。在视频和电脑游戏中,"与游戏互动"这个(多少有些问题的)概念表明,玩家与玩家所玩游戏之间有一种自指性对话。这些是自我指涉的基本形式和范畴,是关于游戏的理论研究中的重要话题。

本文关注重点并不过于集中在游戏理论中发展起来的基本范畴;我们的话题更多的是电脑游戏群体中流行的各种选择性的、明晰的自我指涉形式,它们或许可以更为专门地用克尔齐曼(Kirchmann)的"自指性"(self-reflexivity)这个概念来描述。电影中的自指性,根据克尔齐曼的观点(Kirchmann 1996:76),发生在电影这一媒介变成一部电影的主题,而电影的叙事不再表现电影之外的现有的世界。本文的目的是阐述玩游戏就是主题这些游戏中不同形式的自指性。① 以下诸例被选作电脑游戏中自指性

---

① 为达成本文目的,不得不进行简化,将其他形式的自指性排除在外。

策略的典型。它们应该能够在时段、类型①、内容、美学和功能方面为我们带来丰富的揭示。

✺

2 为游戏世界打游戏广告:《魔域帝国Ⅰ》

我们的第二个例子是《魔域帝国Ⅰ》(Zork Ⅰ, 1982 年 Infocom 出品)。这款游戏是电脑游戏早期的、几乎称得上"远古"的例子。它属于或许以"互动小说"或"文本冒险"这个标签而为众人所知的那个类别。这类游戏只包括文字,因此文学爱好者对其觉得有趣(参看 Aarseth 1997: 97–128)。玩家面对的是屏幕上关于小说内容的印刷排版文本(见图3),通过输入"向西前进"或"打开大门"等指令与游戏世界互动。这些命令然后被语词分析程序(程序的一个特殊组成部分)翻译和加工。分析程序回应玩家键入机器的内容,对文本做出改变和发展。玩家,或者更应该说是其(未被明确的)在文字中的游戏表现,通过随书面文本流所出现的文学世界而向前推进。根据玩家的指令,关于寻找财宝以及对抗小偷、强盗和其他

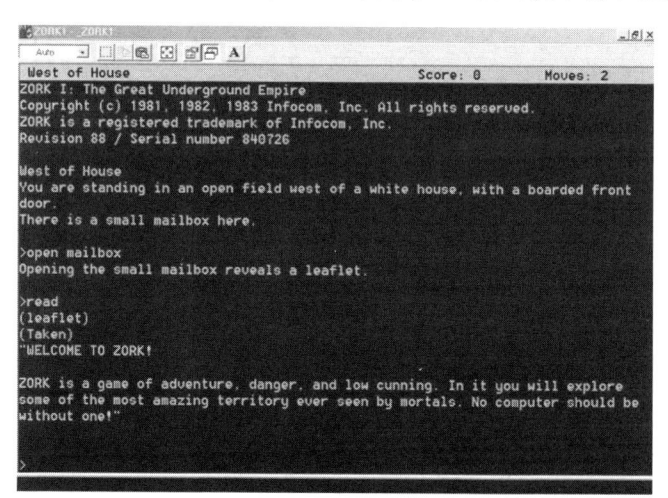

图3 《魔域世界Ⅰ》截屏:插入产品

---

① "类型"(genre)在这里并不表示固定的范畴,而是无须任何理论主张,更多地被用作表示基本方向的单位。

坏蛋的故事得以展开。

在图 3 游戏的实际情形展示中,我们发现自己在游戏的最开头位置。第 1 行到第 4 行显示了标题、版权、商标及其序列号。这些是游戏的副文本要素,就像热奈特(Genette 1993:11-13)在文学中对这些要素的定义一样。以这种方式开始游戏,明显模仿了有版本信息的一本书的开头。第 5 行到第 8 行描述了场景,它在"房子西边",有"一只邮箱"。这个叙事先导空间(the digetic space)① 得以展开。随着玩家与文本的互动,故事向前发展。在第 9 行,好奇的玩家打开了房子前的邮箱,发现了"一张纸"。不过,按照指令"读它"之后,读者没有找到任何叙事方面的兴趣,没有任何关于游戏虚拟世界的信息,没有任何可能帮助玩家在这个充满谜题的文学环境中得以生存下来的任何建议。相反,邮箱中的信息是"欢迎来到魔域世界"(第 14 行),随后几行是关于这个"冒险游戏"的进一步广告(第 15 行)。

这一切似乎一眼看上去非常简单:游戏包括一个游戏内为游戏本身所做的广告。然而,从元视角来看,我们面对的是一个悖论:先导空间的一个要素(信箱中的信息)指向某个不在该空间之内而是之外的某种东西,却是在一个本质上与游戏空间相关的空间中,也就是,计算机这一工具创造出游戏文本的空间之中。游戏的内部空间于是可以说是指向其外部空间的,或者,其"外面"出现在了"里面"。的确,这个悖论不会变成现实。玩家是把《魔域世界》作为一个封闭空间来体验的,其边界是虚构的边界。虚构人物是没有办法走出虚构进入现实的。但是,这一广告信息是怎么进入信箱的呢?《魔域世界》的创造者何以能够变成虚构的呢?

3 游戏中结束游戏以及悖论性的自我广告:《杀手13》

《杀手13》(XIII,2003 年 Ubisoft 出品)是所谓的"第一人称射击游

---

① 关于叙事世界中的时间和空间,参看 Genette 1994:313。

戏"。它属于动作游戏的子类，目前很火爆，但它在媒介中很有争议。① 玩家通过其所扮演的角色经验游戏世界。这个自我引导角色的完整的身体是不可见的，正如真人的身体对于进行观看的自我是部分不可见的。这种游戏的目的主要是达成某个目标或某个其他任务而杀死对手或者避开他们。《杀手13》的美学是漫画书设计那种美学，叙事主体是"秘密行动者"那种主体。

在图4的截屏所示场景中，玩家刚好成功杀死或敲昏一名警卫，警卫倒在办公室的地板上，办公室里有两台电脑。这一刻，屏幕存储功能出现在这间虚拟办公室的两台电脑上。右边的屏幕上是出品公司的徽标 *Ubisoft*，而左边是每个电脑游戏玩家都很熟悉的信息"GAME OVER"。这种电脑游戏中的产品植入，让玩家面对三重的在《魔域世界 I》中所面对的那种悖论。"GAME OVER"（游戏结束）是一条关于一场游戏结束的信息，但是游戏没有结束；它还在继续。将其读作一则关于这游戏本身的信息，那么宣布在游戏进行中这个行动中的结束只是第一个悖论。将其读作一则广告，那么这条信息（出品公司的徽标）暗示着第二个悖论，因为游戏消费者

图4　《杀手13》里的游戏中广告

---

① 从20世纪90年代中期起，诸如《毁灭战士》（*Doom*）、《雷神之锤》（*Quake*）、《虚幻竞技场》（*Unreal-Tournament*）乃至极为成功的《反恐精英》（*Counterstrike*）等游戏让"第一人称射击游戏"大名鼎鼎又臭名昭著。目前仍未休止的关于电脑游戏中暴力、血腥对儿童的影响这种争论，就集中在这些游戏类型上。

并不需要关于该游戏的广告。(书籍偶尔有广告页面,但是绝对不对读者们正在阅读的这本书做广告。)另外,"GAME OVER"也是对死于玩家动作之下的警卫的一种讽刺性或嘲弄式的暗喻性评价,但是,即便该事件发生在机器所在的那间房子里,机器怎么能够评论这样一个事件呢?

4　被玩的角色发出斥责:《野蛮人》

《野蛮人》(*Barbarian*,1987 年 Palace Software 出品)是一款街机类打斗游戏。它是 20 世纪 80 年代为 Commodore 64 家庭电脑设计,因为其对暴力"真实"和残忍的呈现而在德国被禁(Wirsig 2003:49)。在古代角斗场的场景中,两位展示以刀剑角斗。游戏要求,玩家如果想在攻击和应对敌人的攻击中获得成功,就必须具有敏锐而快捷的反应。图 5 显示的是一个场景截图,其中,角色在一定时段里没有与游戏发生互动。这一时段是双玩家模式,玩家和角色均未与游戏互动。此刻,屏幕上的两位战士对电脑前的"真正的"玩家发话,斥责他们缺乏参与。行为受玩家控制的战士们似乎意识到(或者倚靠在一边,没有意识到)玩家在做什么。这些虚构角色正在开始一种双重玩耍。他们不仅在其打斗中彼此玩耍,而且似乎在

图 5　《野蛮人》截屏:对懒惰玩家的抗议行为

与指引他们屏幕上行动的那个玩他们的玩家玩耍。

5　游戏中的游戏：《疯狂时代》

最后一个例子来自《疯狂时代》（*Day of the Tentacle*，1993 年 LucasArts 出品），一款冒险游戏，玩家在其中要面对图画和书面信息。通常，在这一类型的游戏中，故事线索是随着玩家（在游戏中角色面目下）解决谜题、寻找珍稀物品、合成碎片等来推进的。《疯狂时代》被称为 20 世纪 80 年代图形冒险类游戏中极为成功之作《疯狂豪宅》（*Maniac Mansion*，1987 年 LucasArts 出品）的官方续作。在《疯狂豪宅》中，玩家的任务是组织一群孩子拯救一位被疯子科学家拘押的小女孩。《疯狂时代》延续了这一情节并对其做了进一步发展。玩家不得不再一次进入那位科学家的房子，同样一群好笑的人物出现，相似的英雄和坏蛋。图 6 所示的场景中，玩家把伯纳德这个角色带进了科学家儿子的房间，科学家儿子是右边那个看上去像弗兰肯斯坦的角色。让玩家惊讶的是，游戏场景中这台计算机可以用来让玩家从"虚无"中进入。一旦打开，旧的《疯狂豪宅》游戏就在屏幕中那个屏幕上出现；画面完全从《疯狂时代》场景切换到《疯狂豪宅》场景。不熟悉《疯狂豪宅》的玩家现在可以第一次玩它，而从自己旧家用电

图 6　《疯狂时代》截屏：游戏中的游戏

脑中知道它的玩家或许会好奇地再玩它一次。①

6 发现

在我们的例子中，自指性以多种多样的形式出现。在《猴岛》中，有从虚拟角色层面到其（共同）创造者层面的跨层，其中，前者似乎干预了后者的生活。在《魔域世界Ⅰ》和《杀手13》中，我们碰到了跨层性广告：软件公司设计者所创造的角色成了关于游戏世界广告的受话方，而这些角色在这个游戏世界中活动，绝对无法逃出这个游戏世界去买这个被广告的产品。在《野蛮人》中，行动受玩家支配的角色开始自行支配角色。在《疯狂时代》中，玩家开始像游戏中的角色一般，开始游戏中的电脑游戏。电脑游戏中这种对自指性的偏好从何而来；最初是什么时候开始；它是媒介的一种特别形式吗？

自指性并不依赖于某种特定的媒介、时期或者类型。文学史中早有自指性，在戏剧、叙事文学和电影中有媒介，所以，在电脑游戏中见到它并不让人惊讶。它早在20世纪70年代晚期和80年代早期的电脑游戏史中就发生了。② 因此，我们很难因为其他媒介如此声称而将其看作媒介成熟性带来的后果。

电脑游戏中表现出的许多自指性策略在文学和电影中大名鼎鼎，因此来自文学和电影的影响都有。在文学、电影和电脑游戏中，物质或技术可能性和局限性之中的媒介，以及历史、文化和经济语境之中的媒介，一直是自指性反映和隐射的主题。除了跨层之外，游戏和文学的自指性策略中

---

① 实际上，这并不完全是隐藏特色（所谓"复活节彩蛋"[Easter Egg]），因为关于在哪里可以找到《疯狂豪宅》的信息在《疯狂时代》的用户手册中已经提供。即使是在包装盒上，就有一个纸条，宣布《疯狂豪宅》会出现在这款游戏中。通过这种方式，它变成了一种经济上的激励手段——纸条上的信息是："买一送一！"

② 华伦·罗宾内特（Warren Robinett）1978年的游戏《冒险》（*Adventure*，Atari出品）被看作第一个包含一种自指性策略的游戏。程序员把自己的名字藏在迷宫般游戏世界的一个秘密房间中，因为"Atari公司让我们这些程序员默默无名，我觉得腻味。而且，我对这款游戏也算自豪"（Robinett 2003：xvii）。

一个意义重大的类比，是嵌套（镜像文本），它以戏剧中的戏剧或者电影中的电影这种方式发生（参看维塔尔姆收入本文集的论文）。

游戏中，自指性的一个重要来源是玩家世界与其游戏角色之间的区别。为了理解自指性策略，玩家必须意识到两个层次之间的这种差异并做出相应的互动。理解电脑游戏中自指性最为关键的是玩家的行动，即决定"作为结果、手段、规则、设备以及操控行为等结合体的游戏状况"那些"构成性实践"（configurative practices）（Eskelinen 2001）。此外，自指性深受游戏虚拟世界各种手段的影响。

电脑游戏中的自指性策略为玩家提供了一项特殊的福利。自我指涉与悖论之间以及悖论与幽默之间的密切联系，证实游戏中的自指性手段具有喜剧性潜质。

7　进一步研究的角度

这里我们提出一些指南性问题做结束，供未来关于电脑游戏中自指性的研究参考。

（1）自指性策略的主体是什么？与电影媒介这个方面的研究相比照，暗示二者都与兴趣分类法相关［关于电影，参看 Withalm（1999：149）及其收入本文集的相关文章］

（2）自指性策略如何启动？再一次，与电影的相互比照表明，二者是具有相关性的。一个来自电影的确当的例子是"屏幕通道"（screen passage），其中，一部电影中的演员或物品在跨越界限的那部电影中得到表现，或者至少触到了屏幕。另外一个与游戏研究有关的电影中的自指性技巧，是面对镜头，意思是，面对观众。

（3）自指性策略何时或者在游戏过程的哪种条件下发生？自指性一幕开始之前发生了或者必须发生过什么？这些问题的备选答案包括：失误的玩家输入、游戏空间的极限探索、无路可走的局面，或者对找寻答案的批判性情形。

（4）自指性以何种程度出现在电脑游戏中？自指性策略占有多大"空

间"？它只是作为边缘性笑话发生，还是它延伸到整个游戏，就像游戏中的游戏那种情形一样？电脑游戏及其自指性策略之间的关系该怎么描述？

（5）游戏中自指性策略的功能是什么？它们是有意而为，还是以别种方式发生？自指性策略对作为一种特殊交流形式的电脑游戏而言意味着什么？它们能够帮助维系游戏这个"魔幻之界"吗？就像《野蛮人》中那样，游戏竭力把玩家拉回到自己的控制中来。自指性策略肯定为玩家提供了额外的动机和愉悦，但是，它们也能够帮助在一种非连贯结构中建构连贯吗？① 在对电脑游戏发展史的研究中，自指性策略可能起到关于杂合型媒介的记忆这种作用，直到20世纪90年代末期互联网的突破，几乎没有任何公共的、建制化了的记忆。

这些涉及未来有关电脑游戏中自指性研究的指南性问题，远远不是为该研究领域的完整界域标出边际线，而是因为它们适合作为对进一步探索领域的轮廓的初次描绘。

---

① 关于电脑游戏的非连贯性结构的话题，反复被人提起（如 Poole 2000：50 - 54），也得到过深入讨论（如 Newman 2004：71 - 90）。

第七部分

其他自我指涉的艺术

透过电脑屏幕而视：网络艺术中的自指性

玛丽–洛尔·莱安

作为阶段性风格的一个特征，自指性一般被认为是旧时代的一个符号。当其从种种故事中跃出，讲到有待开辟的新领域，有待做出的新发现，思想总是会返回其自身。后现代对于自指性的迷恋，可以归结为渗透在世纪转换中，或者更应该说，千禧年文化转化中那种过去感——这种感觉将一直延续，直到新千年找到自己的文化身份。但是，自指性也可能成为对新媒介的发展所引起好奇心的回应。恰切的例子是《堂·吉诃德》（*Don Quixote*）这部现代西方文学的奠基小说，它的主题是读了太多小说的危害。简妮特·玛瑞（Janet Murray 1997：97）把堂·吉诃德的疯狂归为新引进的默读做法，这本身是印刷发明以及随后的书本普及所造成的结果。

旧文化和新媒介就目的或方向而言都不安全，这解释了为什么自指性是数字文本如此突出的一个特征。作为旧文化的一个部分，数字文本在后现代知识中被把握，而且它们参与到关于它们时代的意识形态、政治和美学成见之中；而作为新媒介的一个部分，它们仍然对自己对于艺术、思想和文化的贡献缺乏自信。两方面因素导致它们以一种针对支撑它们的技术做出玩耍式质询的形式展开身份的追寻。本文中，我将重点关注基于网络的艺术中所发现的种种自指性模式，或许这种新媒介在追求对其技术基础的严肃检视方面是做得最为执着的。为了在理论上为这种考察做好准备，我将从综观各种形式的自指性开始。

1 林林总总的自指性

"自指性"这个术语包括范围很广的系列现象,它们依照三个连续体的分别而变化多端:明确性连续体(continuum of explicitness)、范围连续体(continuum of scope)以及个体化连续体(continuum of individuation)。明确性连续体由强到弱,从字面的自我指涉开始,经过自指性中间地带,再到艺术家的自我意识。字面的自我指涉可以通过"这个句子是错的"这个产生悖论的句子来说明。真正的自我指涉,与单纯的自我指涉相对,是一个限于能够提出假设或发布命令的符号系统的特征。在自然语言之外,我们可以在数学中找到它,譬如哥德尔(Gödel)对原子系统不完整性的证明中,在计算机编码中找到它,譬如通过发起其自身若干复制品的方式来计算斐波那契数列的递归函数。图像不能以字面方式指涉,因为它们缺乏语言的指示能力,但是它们能够通过递归的自我嵌入来表现自身。我们发现,视觉领域中最贴近自我指涉的,结果是包含了自身复制品的图片,就像在所谓"嵌套结构"(mise en abyme)的纹章图形中,或者在"笑牛"(Laughing Cow)牌奶酪的盒子上,上面可以看到代表"笑牛"牌奶酪的一只戴着耳环的牛。在各种明确性中处于中间地位的,是呈现我将其称为象征性自我再现形式那种东西的作品。我们在"这个句子是错的"之中所找到的直接的自我指涉并不代表它之外的任何东西,而象征性自我指涉既代表它自身作为其一个组成部分的文本,又代表某种文本创造或描绘的处于世界中的东西。在一个叙述性文本中,譬如,对于物品或者两个角色之间对话的描绘,有可能既在情节中起作用,又告诉我们文本应该怎么读;在诗歌中,一个暗喻可能既参与文本的具体主题学方面,又提供一个诗歌意象。在明确性连续体的弱体现方面,我们发现罗曼·雅克布森(Roman Jakobson 1960)称为"语言的诗学功能"的自我意识。雅克布森把交流行为分为六个参数(发送者、接收者、信息、语境、代码以及使发送者与接收者发生联系的物理渠道),而且他把每个参数都和特定功能联系在一起。在这些功能中,诗学功能是为了信息本身而聚焦信息的功能。(在这里,信息必须大致被理解成不可分割的形式和内容的统一体。）文字艺术，换言之，是将注意力吸引向自身的语言，但它能够如此是用了一种微妙的方式，要么通过悦耳的声音模式，要么通过创造性的意象，并未明确地把自身当作指涉对象。

按照自我指涉元素在其映照中能够把握住多少文本，在文本的总体经济学中占到何种统治地位，范围连续体形形色色。语言的自我指涉，如我们在"这个句子是错的"中所发现的，阐明了完美的范围，因为指示元素"这"的范围包括整个句子，还因为这个句子只是对其自身做出反思。相比而言，视觉的自我指涉始终是不完整的。形象如果也把自身显示为更大形象的一个部分的话，便只能显示它被嵌入其中的形象；但是它自身的这个复制品想要做到忠实，就必须包含第三个复制品，由此便在无限递归中继续。尽管"笑牛"盒子表现了明确但不完整的自我指涉，完全通过象征把自己塑造出来的象征性文本，所代表的却是相反的情况，马拉美关于诗的那些阐释性诗作大概就属于这一情况。文本可能通篇都是自我指涉的——这种情况下它就成了关于自身的寓言——也可能是混合了指涉和非指涉要素。散落分布的指涉要素可能进一步地代表文本的特定方面，而不是努力要在其总体性中去反映它。

第三种连续体与指涉活动的焦点有关。它既有通过凸显其独具特征而专门对文本本身进行反思的文本，又有在其自我反映中将一个更为宽广分类——譬如媒介或种类——包括在内的文本。我将这两极称为个体自我指涉和范畴自我指涉。关于范畴自我指涉的例子，可以思考雪莉·杰克逊（Shelly Jackson）的超文本《织补女孩》（*Patchwork Girl*）（1995），"这一写作"反映了从书中阅读和超文本环境下从屏幕上阅读的差异：

> 当我打开一本书，我知道我在哪个位置，剩下的是什么。我的阅读是空间的，甚至是容积的。我告诉自己，我沿着一个长方形的东西走了三分之一，我距离这一页面的底端还有四分之一要走，我在书页的这个位置，在这一行的这个位置，这个，这个，这个位置。但是〔阅读超文本的时候〕我此刻是在哪里？我在这个地方、此时此刻的地方，这里没有历史，也没有对未来的期盼。

或者更应该说，历史仅仅是贯穿其他的此时此刻的一个纯粹偶然的跳房子游戏。我如何从一个来到另外一个是不清楚的。尽管我可以对我过去的那一个个瞬间进行罗列，它们却仍然是不连贯的（即使事实上做不到，潜在上是可以重新组合的），因此是没有形状的，没有终结的，没有故事的。或者说，有着太多我想要将其串起来的故事。

这些评论勾勒出一种打算对这一媒介本身做出描述的超文本理论，《织补女孩》并非它的特别示例之一，还包括了将其与其他超文本虚构作品区分开来的诸多自指元素：譬如，"疯狂的被子"这一节中的文本地图，就故意做成像拼缝被子一样。这一图像暗指文本的叙事主题学，它描述了一个堪比玛丽·雪莱（Mary Shelly）的虚构高手，如何通过把各种女性的身体零件缝补在一起，创造出一个女性怪物。渐次地，玛丽·雪莱的缝补活动起着雪莉·杰克逊这位作者写作活动的寓言这一作用，后者从异质的（常常是再循环的）文本碎片中拼缝出一个文本的身体。在从个体化自我指涉到范畴自我指涉的运动中，地图形状寓言了这个特别的故事，而这个故事寓言了故事空间作者系统所带来的这种写作，《织补女孩》就是用这个系统创作出来的。

2 网络艺术

我用"网络艺术"（net. art）这个术语来指万维网上可以免费获得的任何艺术作品，它利用到计算机，不仅将其作为一种生产和传播方式，而且作为一种文本表现所必需的支撑。换言之，我把网络艺术限定在需要通过代码来执行的作品上。这一定义派出了任何意在印刷出来的艺术作品（譬如 Photoshop 艺术或者贴到网上的标准文学文本），以及以 CD 形式售卖的任何作品（超文本虚构作品、电脑游戏），但它包括能够直接从网络运行的作品，以及打算在用户计算机上被下载和运行的作品。

网络艺术诞生在 20 世纪 90 年代，当时，互联网从主要由技术精英使用的资源向着大众交流、信息、娱乐和商业活动普遍可及的论坛发展。它代表了黑客们对一般大众的报复，之前这些黑客拥有网络空间，而现在是一般大众拥塞（并糟蹋）这个之前防御森严的领土。大多数网络艺术的确由具有广泛的编程知识的艺术家，或者由包括艺术家和程序员在内的团队所创造。网络艺术严格地反商业的——不可能将其售卖给收藏家或博物馆，挂在墙上，或者安放于书架——而且总体来说是反功利的，它完全意义上恢复了旧时的"为艺术而艺术"。它的精神总体而言是颠覆性的，如果不说是摧毁性的，而它的美学倾向是为概念兴趣而牺牲纯粹的美。雷切尔·格赖恩（Rachel Greene）的著作《网络艺术》（*Internet Art*, 2004）中所复制的大多数作品很少带来视觉上的愉悦，但它们中最好的，通过它们富有生发力的观念，带给人们思想的刺激。尽管这些作品很少直接对其自身进行反思，它们中很大一批却暗暗指向互联网的特征、协议和运用：浏览器、电子邮件和搜索引擎。其他则对商业利用发起冲击，譬如电脑游戏或者如我们将看到的图形程序。或许有人争议说，通过对其他互联网应用的评论，网络艺术作品引导指涉离开自身，结果是不再称得上自我指涉的了。对这一反对意见，我的回答是，以网络为支撑的艺术作品把它的主题作为一种互联网运用，进入的是一种寓言的自我指涉，因为它本身就是它将注意力投于其上的技术环境的产物。

下面我将考察网络艺术紧紧把握网络而行的几种原创性方式：戏仿、代码作品、创造性的毁灭以及图绘。尽管我把我的例子放在这些标题的一个或另一个下面，但是，它们可能会参与到不止一个范畴中。

✺

3 戏仿

我关于戏仿的例子并非来自专注网络艺术的艺术家，而是来自一位偏好技术题材的小说家：理查德·鲍尔（Richard Power）写人工智能和图灵测试的小说《加拉提亚2.2》（*Galatea* 2.2, 1995），以及写虚拟现实的《犁开黑暗》（*Plowing the Dark*, 2000）。鲍尔以网络为基础的故事"现在他们以一种稳定的流来临"（They come in a steady stream now）对他而言，代表了侵入一个新的领地。这个故事对电子邮件进行了恶搞，把对技术媒介的反思与一种更为个体化的自指性形式结合起来：文本不仅把垃圾邮件泛滥作为主题，还模仿了标准的电子邮件程序的界面（图1）。

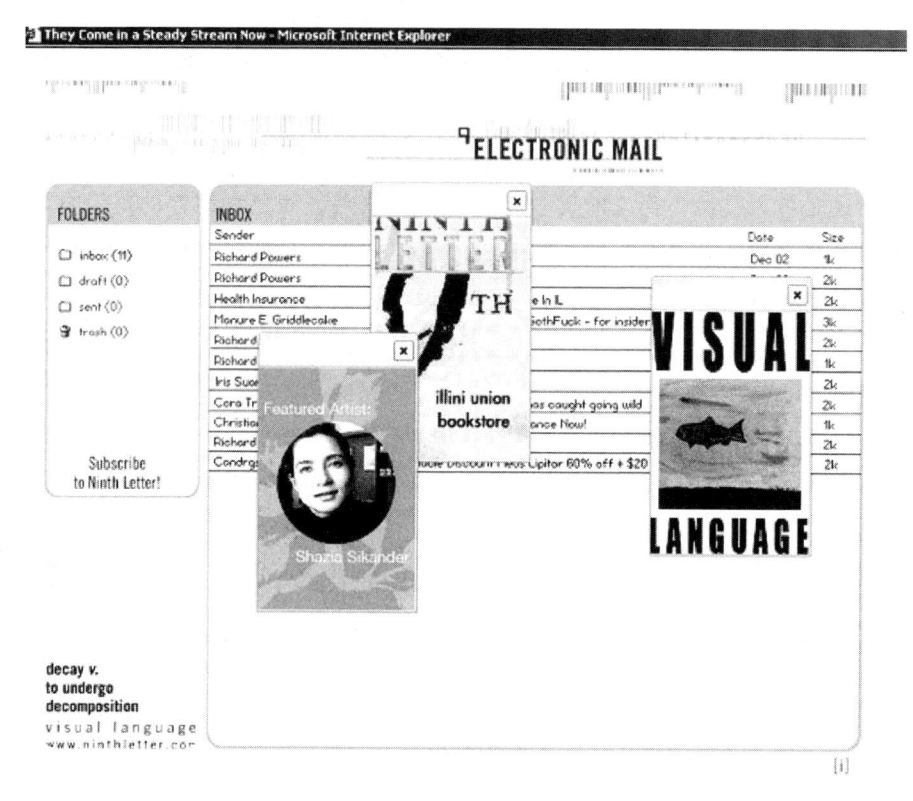

图1　理查德·鲍尔的"现在他们以一种稳定的流来临"截屏

当我们首次打开（或者更确切地，执行）这个文本，我们面对的是看上去像有不同文件夹的邮箱一样的展示："来件箱""草稿箱""发送箱""垃圾箱"。当读者点击一封邮件开始阅读，另外一个信息（或者更确切地说是"题头"）就出现在屏幕上。在阅读过程完毕之时，来件箱中会有17封邮件，但讽刺的是，垃圾箱中一封都没有，即使其中10封是垃圾：用户代理被限定为阅读来件箱，与故事主题保持一致，这个虚构系统是不能过滤垃圾的。垃圾邮件有熟悉的色情、药品和投资机会等形形色色的内容。"艾瑞斯·苏亚雷兹"拿出的是可供约会的单色人士名单，"科拉·特里普雷特"为"火爆的清纯"网站打广告，"美国天主教抵押贷款"告诉用户"耶稣爱你——马上再投资吧！"，"药老大"在以"巨量节省"的价格出售 6000 种药品，"证据清除器"警告读者"事实证明您已经深陷麻烦"，并且提供对抗这种危险的一个绝对安全的防卫处理，而"薄饼便便先生"发来什么样的信息，请你自行想象。除了垃圾邮件，邮件程序还受到弹出信息的折磨，为此，读者必须一个一个关闭，才能打开新邮件，而每一个屏幕上都包含了一个可点击的动感广告。这些特征过分地（但由于其非商业性质，又是让人觉得新鲜地）推广了伊利诺伊大学香槟分校的"第九封信"这个文学网站，这个故事就是贴在这个网站上的。

为了回应垃圾邮件这个幽默，理查德·鲍尔本人给读者写了七封"正统的"信，信中，针对不断叫卖号称能够逆转时间影响药物的垃圾邮件所引起的日渐衰老，有一种忧伤的沉思。叙述者看到自己处在美丽新世界的边缘，居住在这个世界上的，是享有永远的青春、恒定的性欲状况以及完美记忆的后人类物种，但他认识到，就像摩西一样，他是绝对不会进入这块应许之地的：

> 它们被称为生活方式之药：谁会有不同意见？你不会有，65 岁的你，仍然被伊甸园拒于门外的人类最后一代的最后成员，最后一个不得不变老的人，退休了，除了来自永恒未来的互联网煽动，你什么都不指望了……成为另外一个物种会感觉如何？你的物种与之什么都比不了。很快我们就成了人类之后的不管是什么的东西。并且为我们最终已然超越的渴望而迷惑不解。（第四封邮件）

尽管电子垃圾勾勒了一个糟糕透顶的未来（至少对于那些珍视我们当下的前后人类状况的人而言是如此），但是，通过叙述者记忆的缓慢行来，不是通过药物，而是不经意地，通过给那些假发送者的随意取名，它也打开瞭望向过去的窗口。一封邮件让叙述者想起了 15 岁时爱过的第一个女孩，他想"是否她最后还是像她最开始那样优雅可爱"，然而不幸，"她的名字对于 Google 来说太普通了"。另外一个信息——七封信的第六封——提到，一封邮件的名字是"与你同班，一年夏天从湖里爬起来被闪电击中的男孩"，但叙述者关于这个男孩所记得的，只是他的褐色头发、善良性格与"表明永远处在全然不惧时间流逝状态之中那个傻傻的笑"。

这个句子预兆了故事结尾将会发生的时间之箭倒转，但并不是在读者遵守共同的网络仪式之前。在七封信的最后一封中，我们读到"请注册。你所要求的内容只对注册成员开放。注册免费，好处多多"。用户被要求输入自己的电子邮件地址，通过点击按钮提交。此刻我犹豫了，想着按照这些要求做我会给自己的系统带来何种麻烦，但是最终，好奇心胜过了警惕。我得到的是最好的亚马逊网站式答复："谢谢您！您将很快收到您的确认电子邮件。"

真正发给用户的电子邮件包括一个 Adobe 文档的链接，文档可以下载并打印。文档包括之前六份假邮件，还有一个非常具有普鲁斯特味道的结论。在这个新部分，叙述者通过朝向窗外的一瞥重新捕获到失去的时光，把自己从屏幕上那糟糕透顶的未来中解放出来，把他送回现在，刷新他的以及（没有用药！），最终通往把过去融入现在，让叙述者带着满满的活力，重新生活在那个男孩被闪电击中之前的光辉岁月中。通过把之前阅读过的铺垫包括在内，最后的这篇文章邀请读者对印刷和电子媒介进行反思。作为电子邮件模拟中的碎片集合来到我们身边的文本，在这篇给我们带来一种全新的阅读经验的可打印文档中，达成了结束和完整。该文本跨越两种媒介，将发生在屏幕上的不断被打断的阅读，与对其语言诗性品质的欣赏进行对比。鲍尔所取得成功的原创性，在于屏幕版的喜剧性经验与印刷版的抒情性经验之间的互补性。在与两种媒介的交道中，文本真的是超出其各个组成部分。

4 代码作品

代码作品是对所谓"所见即所得"（WYSIWYG）美学的一种反动，后者自 20 世纪 80 年代早期麦金托什个人电脑启用图形用户界面以来，就一直统治着软件设计和操作系统。在那之前，用户通过在（臭名昭著的）DOS 系统命令行上键入指令，来与电脑进行交流。这些必须死记硬背并且正确键入的指令，可以被看作一种高层次的编程语言。需要对其运作有一定知识，方能操作电脑，用户与程序员之间的区别比今天要小得多。随着图形界面的引入，所有用户要做的，就是点击图标启动运用而已，任何让人想起编码指令的东西都变得不可见了。对普通用户而言，这是一个福音；对将自身看作一种秘密知识守护人的黑客而言，这是对机器的亵渎。图标是完全透明的按钮，点击它们不需要了解机器的内部工作，只需要像操作你的微波炉一样，在触摸式操作菜单上选择一项即可。代码工作是一种尝试，旨在恢复用户对于机器指令潜伏层的意识，是这些潜伏层次让数据能够从计算机记忆深处传输到屏幕表层。

与代码的交道在网络艺术中有多种多样的形式。最表面的——就计算机结构那些更深层次而言——是从人类和计算机语言那里借来的排字印刷符号构成的混成。下面是这一技术的两位实践者梅兹（玛丽·安·布利兹所取的假名）和塔兰·梅莫特所发明的这种混成语样本：

> 梅兹：
> if：prealphanumeric//pre network n-cluded use ov com. put
> ［ty/fillah］ers offline
> then：n-turr-rest in nework system ［ic］z stemmed fromme a more or-ganic base,
> collaborationz via real-time fleshmeat N n-stallation based
> 梅模特：
> From out of NO. where, Echo appears in the private space of Narcis-sus. tmp to form a solipstatic community (of1, ON) with N. tmp, at the surface. Thetwo machines-the originating and the simulative-collapse and collate to form the terminal-I. a Cell. f, or cell... (f) that processes the self as outside of itself—in realtime.

人类主体性和研究赛博和后人类那些理论家们预言的计算机智力（Haraway 1989；Hayles 1999），二者的杂合如果真的变为现实，这种语言会发展成文学惯用语新种类。但是，使用从计算机借来的排字印刷元素，只要文本不能由计算机运行，就仍然是一个纯粹的化妆品现象。对于包括弗洛里安·格拉莫、埃里克·安德雷切克和约翰·凯雷等在内的网络艺术家一派而言，代码工作不仅应该面向当其作为一个文本来阅读时的人类关怀，而且应该改变当其作为代码被运行时的系统状态；否则，我们会把常规的代码也读作一个文学文本；或者把一个文学文本的双重样式作为可执行程序交给计算机，看着它因"非熟悉指令"而产生运行时错误。

然而，另一种与代码打交道的形式，包括了揭示文本之下的实际命令。这就是"代码文档"（CODeDOC）的目的，这是2002年由克里斯蒂安·保罗在纽约的惠特尼美国艺术博物馆举办的一次展览。保罗是新媒介艺术的监护人，他给12位艺术家布置了写一个计算机程序的任务，目的是连接和移动空间中的三个点，这个主题可以从字面或者修辞方面来理解。这次展览颠覆了通常关于代码和输出之间的高低层级，它的方式是让参观者（以及该项目现在所落脚网站的用户）滚轮通览代码文档，直到最后在底部找到一个触发程序运行的按钮。

这些项目按照其对于主题的忠实度不同而变化多端，其中大多数把自我指涉性限定在把对程序目的的描述作为非可执行命令嵌入代码文档之中，超出了代码在其输出能够被体验之前须可见这一事实。但其中两个项目对自我指涉所做的，却超过告诉我们"看啊，我是代码弄出来的"，创造出了代码与其输出之间一种个体化的关联关系。

在这两个项目中的第一个——约翰·克里玛所做的"杰克与吉尔"（Jack & Jill）——之中，代码产生的是模仿20世纪80年代低分辨率电脑游戏，譬如"挖金子"（Lode Runner）或者"大金刚"（Donkey Kong）等。连接和移动空间中三个点这个任务，通过将三个点变成"杰克与吉尔"这首脍炙人口的儿歌的主人公，完成得聪明而幽默。这个游戏的目的是激活这首儿歌的情节，方式是让杰克和吉尔爬上山坡去取回一个木桶，拿到木桶之后再让他们跌跌撞撞地下山（见图2）。

与标准的电脑游戏相比，用户不能使用键盘来控制角色，但是他能通过给许多可变参数赋值的方式对角色的行为施加间接影响：选择"大男子"或"女性"态度，决定了哪个角色在前面；给杰克和吉尔的愿望所分配的强度值，控制着角色爬山的速度；有关"木桶的诱惑"的描述（可以选择冷漠无感、一般或难以克制）决定了木桶释放出的磁力。想要取得游戏的胜利，用户必须找到参数值的正确组合。这个游戏过于简单，难以对玩家构成真正挑战，但是，真正的编程上的精华，在于通过

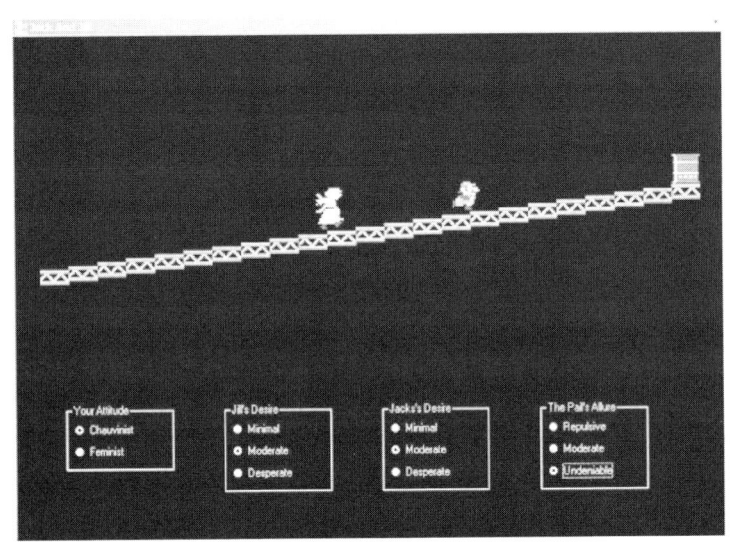

图 2　约翰·克里玛的"杰克与吉尔"截屏

代码文本复制游戏故事。换言之，这个故事既是戏剧性地在屏幕上被启动，又是在代码中得到文字叙述。对比展览上的大多数其他项目，"杰克与吉尔"让人不仅是在看代码上，而且在实际的对它的阅读上，都觉得很值：

Sub Main（ ）

　　The Story. Show

　　While True

　　　　IfYourAttitude = CHAUVINIST Then

　　　　　　If Fetch（pail，jack，jill）then GoUpHill jack，jill

　　　　　　If FellDown（jack）and BrokeCrown（jack）then TumblingAfter jill，jack

　　　　ElseYourAttitude = FEMINIST Then

　　　　　　If Fetch（pail，jill，jack）then GoUpHill jill，jack

　　　　　　If FellDown（jill）and BrokeCrown（jill）then TumblingAfter jack，jill

　　　　End if

　　　　The_ Story. Draw

Wend

End Sub

让数字代码能够讲故事（或者生产故事）的，是计算机语言包括两种元素这一事实：名字和运算符。当运算符通过该语言专有的储备语汇构成的固定词汇量被表达出来，游戏（代表着变量、常量、程序和子程序）就能随意地由编程者选择。在"杰克与吉尔"这个例子中，故事是由杰克、吉尔和木桶三个变量以及取回、失败、瘫倒、跌落等名字的子程序表现出来的，但是运算符 If...Then 对于叙述意义是伤害性的，因为故事是对于事实的报告，并且因为如此，它无法，至少是字面上无法，以条件方式来讲述（用嵌入式条件方式的就更难见到了）。唯一为叙述性阅读做出贡献的运算符，只有"＝"，它可以被读作动词"会"。把名字和运算符二者都用在故事生产过程中是一个出类拔萃的成就，如果没有实现什么不可能的壮举，克里玛也是能得到原谅的。

在"杰克与吉尔"中，代码反映的是输出中讲述的故事，而布拉弗德·帕雷的"代码剖面"（Codeprofile）采取的是相反的操作：程序的输出是关于它自身代码的图像。该程序不仅展示了对它自身的罗列，而且按照对于代码文件指令部分中所描述的逻辑，满足了展览组织者关于展示中移动三个点这个规定要求：

```
//This code reads in its own source and displays it in a tiny font, then//
//It moves three points in "code space." It essentially comments on itself.//
//The white Insertion Point traces the code in the order it was written.//
//The amber Fixation Point traces word by word as someone might read it.//
//The green Execution Point shows a sample of how the computer reads it.//
//The code lines themselves gradually get brighter as they execute more.//
```

图 3 显示了屏幕的一部分（四个柱状图形中的三个）。黄点对应左栏的那片明亮区域。它以线性方式从第一行运行到最后一行，然后回到顶部，激活对一个标准印刷文本的阅读。如果用户把光标移到其中一行上，它就会被放大并变得可认读；如果用户点击，运行会从这里重新开始。白

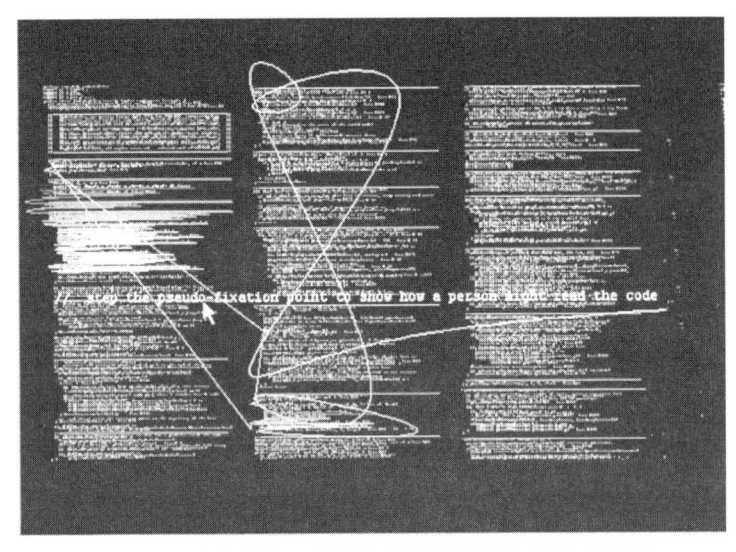

图3　W. 布拉弗德·帕雷的"代码剖面"截屏（局部）

点的轨迹对应那条跑遍整个图形的曲线；如图3所示的这一刻，这个点正在凸显第三栏中的文本。书写代码始终是一个相对线性的过程，因为程序员必须在脑海中模拟计算机的运行，计算机循序接收并执行指令，但是，一个精心结构的计算机程序包括各种不同的自含式模块，即所谓的程式或副程式，这些是可以按照任意顺序来写的。这种自由，解释了白色线条为什么会是捉摸不定的涡形线。绿点的运动是追踪运行命令的，运行的顺序性经常被实现控制转移的命令打破，譬如go-to命令行或者调用让程序跳过计算机记忆的副程式，指令在被带给处理器或被执行之前都储存在计算机记忆中。当我捕捉这个程序的时候，运行是按照第一栏和第二栏之间那个三角形所代表的环路路径走的。

尽管相比"代码文档"展览中其他任何一个，"代码剖面"把自我指涉带得更远，作者却在关于这个在展览网站上可以找到的程序的一个讨论中宣称，它的写作并不是要表示"计算机玩得棒，或者后现代反映"，而是要对三种解析模式进行异同的比较：普通人的模式，他们被引诱对文档进行线性阅读，就像对待普通文本那样；程序员的模式，他们以一种相对自由的方式一个模块又一个模块地写代码；计算机的模式，它们的运行命令在模块之间前后蹦跶，在所有方向漫游"代码空间"。

5 创造性的毁灭

要让人们欣赏他们所有或者所曾有的,或许最好的做法,莫过于让人们把它拿走。艾伦·刘(Alan Liu 2004)用了"创造性的毁灭"(creative destruction)来表示这一原则在艺术中的运用。创造性的毁灭,这种做法源自达达主义和超现实主义,却在新媒体中,尤其是网络艺术中,产生爆发,它通过使之分崩离析的方法,让人们将注意力投向文化、商业和技术现象。

在《自动插画师》(*Auto-illustrator*)中,亚德利安·沃德(Adrian Ward)把创造性毁灭这一观念与戏仿和对符码的反思结合起来,编成一款幽默的乱七八糟的软件。《自动插画师》(图4)模仿的是诸如 Photoshop 或 Corel PhotoPaint 之类图形程序,采取的方式相同于理查德·鲍尔以文本模仿电子邮件,却又有一个关键的不同,即,它的界面是实实在在地互动的:你可以通过使用该程序生成你自己的艺术作品,你甚至可以购买一份得到许可的副本,其中包含有比网上免费示范版更丰富的特色。购买许可

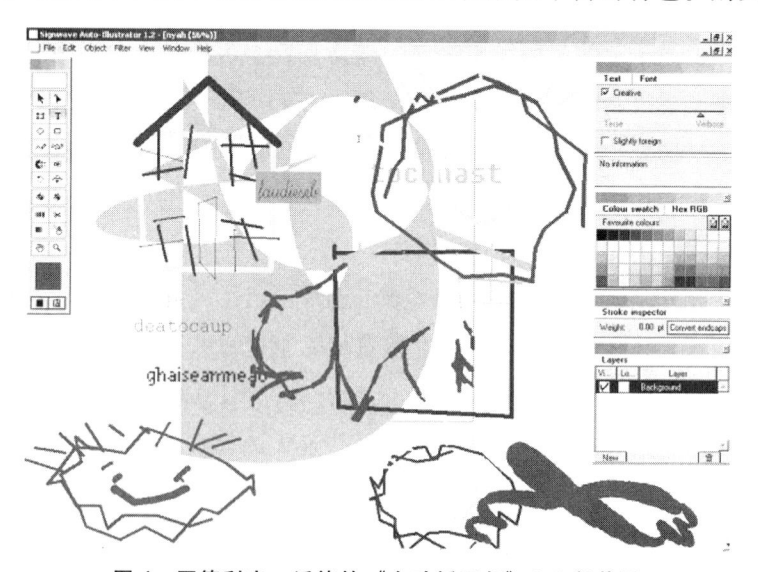

图4 亚德利安·沃德的《自动插画师》1.2版截屏

证的主要理由是支持网络艺术这一事业，因为我想象不出谁会有充分的理由花 100 美元来购买它。但是如果不买许可证，就不要想长期玩这个程序：你的免费版每运行一次，质量就会下降一些，直到你用它什么都做不了。

《自动插画师》通过将图形工具变成具有自身意志的自主行为者，颠覆了商业软件的功利精神。如果你选择了自动铅笔工具，系统便不会使用鼠标位置来画线条，而是按照自己的规则，仅仅是"从你的鼠标坐标得出线索"。这些线索的本质仍然是一个谜：你所画的线条固执地拒绝遵照你想要画出的线条。如果你选择了文本工具，系统会捡出字母，创造出没有意义的单词，而你能控制的，被限制在"简练""冗长""有创造力"和"微带洋腔洋调"之中做出选择。方形和椭圆形工具允许你画出规范的几何形状，但它让你在"粗陋""精确"以及"孩子气""艺术味"和"规范"等之间做出选择。"艺术味"什么都画不出来——按照程序的看法，根本不存在艺术味的框或圈之类东西——但是"孩子气"会带来惊喜：圆圈成了有趣的笑脸，框成了四岁大的孩子会画出的那种房子（尤其是你做了"孩子气"和"粗陋"两种选择的时候）。对于这一有瑕疵的工具而言，它会把跑动的动物随机放到你的屏幕上，它们通过四下乱爬并留下线条而为你创造出艺术来。如果你不喜欢这个结果，一个工具会让你消灭掉这些动物。戏仿严肃艺术的程序扩展到系统对用户的选择进行评价（"这个工具很无聊"），拓展到"偏好"菜单中所提供的滑稽选项：这里，用户可以点击标有"差设计死刑伺候""过于冗余的套路""做点漂亮的事情吧"之类的盒子。看到标有"不要按这个按钮"的"潘多拉之匣"，你的好奇心将会受到考验。如果没能忍住诱惑按了，程序行动会变得绝对的稀奇古怪，不过幸运的是，获得许可证的用户可以通过下一次程序运行时点击某个键来撤销这种伤害。

《自动插画师》工具的反叛行为给用户带来另一层次的反思——用手和铅笔作画有别于用计算机软件在屏幕上作画。在图形程序中，手并不作画，而是激活隐藏的符码。商用的、功利的软件想当然地认为，代码是听从用户输入的：如果用户选择直线工具，就不会认为程序会画出涡形线来。《自动插画师》打破了软件设计者与用户之间这种基本协议，通过将手的运动和工具的行为之间的关系复杂化，让人们关注到隐藏的代码。程序并不听从用户,但它的不听从是以一种间接的、不可预测的方式表现出来的。"具有烦人活力的"机器——想要换种方式理解常被人引用的当娜·哈拉维(Donna Haraway,1989:176)所提出的规则——总结起来,不会造成"惊人迟钝的"用户,相反,它将作者权分配给了三个行为者:设计代码并创造出具有想象力新工具的程序员;受代码所启动随机数字控制而做出难以预料行为的计算机;以及通过选择工具和颜色、让程序复制或激活对象以及决定输出何时值得被保存为艺术作品等方式,对图像有着轻度控制的用户。

《自动插画师》对代码的反思并不采取使之直接可见的形式,而是通过强调程序员行动的艺术维度这一形式。换言之,这并非代码工作,而是克里斯蒂安·保罗(Christiane Paul,2003:124)所谓的"软件艺术"(software art)。在一篇收入《自动插画师》用户手册的文章种,弗洛里安·克拉默(Florian Cramer,2002:102)观察到,在商业运用种,"程序员常常被认为是单纯的小角色,执行其他艺术家观念的码奴"。通过让其表达自己的视野,以代码为控制诸如语言、声音、色彩、形状和动画等其他媒介的元媒介,软件艺术把程序员从公司工作中解放出来。

6 图绘

网络空间图绘的发展——我用这个词表示网络中所包含信息的视觉展示——在网络艺术以及实际编程中,都是一个充满丰富活动的领域。互联网刺激而生的图绘(它们中许多都在道奇与凯钦那本有趣的著作《网络地图》[Dodge & Kitchin, *Atlas of Cyberspace*, 2001] 中有所展示),从纯粹功能性的导航工具,到将有用性和艺术自觉结合到艺术作品之上,全然抛开实用目的的项目,应有尽有。这里我将讨论的,是一种图绘互联网的尝试,它旨在解决让刘易斯·卡罗尔(Lewis Carroll)和博尔赫斯(Jorge Luis Borges)等大名鼎鼎的作家都深感兴趣的一个悖论:通过变得与所代表领土不可区别而达成完美自我指涉的地图悖论。

地图和领土的融合,必须要一幅包括地图本身在内的 1:1 比例尺的完整的领土图像。为什么须是1∶1？因为任何简化都要求省略某些特征。为什么地图须包括在领土中？因为若非如此，地图就会指向它之外的某种东西：譬如，你可以想象，一幅完整的地球地图，以1∶1的比例在一个更大的星球上铺展开来。这两个条件都会导致悖论。如博尔赫斯所表示的（［1951］1983：195-196），如果地图是世界的一部分，它就只能通过再现自身而完整地代表世界，这意味着，它必须代表它的自我再现，这种无限递归方式与"笑牛"奶酪盒子的情形类似。此外，如果地图是1∶1的比例，它会覆盖整个世界，而按照刘易斯·卡罗尔的看法，这会导致不可避免的矛盾。一幅完美的地图应该包括每一片草叶的图像，但是，如果它在全世界铺开，太阳会被挡住，草会死掉，农民会疯掉，地图也就失真了。如果地图不铺开……它就无法勘查，它就没用。卡罗尔不无玩笑地给出了这个问题的一个充满启发的简单答案："所以，现在我们用的是国家本身，将国家用作它自身的地图，而且我向你保证这差不多也行。"（［1893］1982：726）但是，如果我们把地图看作航行辅助手段，那么，这个答案就是荒谬的，因为我们必须穿越领土才能看到它的地图看上去是什么样子，而事实上，地图的目的正是帮助我们找到领土中的道路。

数字艺术家丽莎·杰夫布利特（Lisa Jevbratt）提出，用恰当题为《1∶1》的网络图绘来调和功能性与穷尽覆盖领土之间的矛盾。按照扬·艾肯伯格（Jan Ekenberg）对发布在这个网站上的该项目所作评论，《1∶1》"不仅变成了地图，而且变成了环境本身"。针对刘易斯·卡罗尔——他在自己的评论中引用到了前者的文章——艾肯伯格总结说："我们希望农民不会反对。"杰夫布拉特本人对该项目的在线描述与艾肯伯格的评价如出一辙："界面/视觉化并非关于网络的地图，而是，在某种意义上，网络。它们是超现实的，却在很多方面起到图像在其他环境或时间所不能起到的作用。"

这个激发出如此夸张性表述的项目，代表了把网络当作一个IP地址所构成系统来可视化的一种尝试。网站的IP地址是对其域名的数字式翻译；换言之，人类用户所见到的www.selfreflexivity.org，计算机那里就是217.170.37.221。既然IP地址都是由4个8字节的词构成，总共也就是32字节（或者，至少在1999年和2001年当《1∶1》被创造出来的时候是如此），那么，网上就有多达 2^{32} 个页面；但是，许多 IP 地址未被宣布所有权，想要进入就会出现这样的信息："无法找到服务器，或者 DNS 错误"。其他地址被宣布了所有权，但用户却没有得到进入授权。

《1:1》项目包括五种不同的可视化，但是我将把自己的讨论限定在"每一个"上，它最有力地表示出这就是网络本身（见图5）。为了制作出她的图像，杰夫布拉特使用网络爬行器程序，一个地址接一个地址地逐个搜索网络，以确定哪个地址有活动的服务器。爬行器针对样本区域返回了186100 个活动地址，它们中的每一个都在屏幕上以一个特别像素代表。像素以它们所代表的数值为基础进行彩色编码，这样，通过观看这个图像，人们可以看到各个被占用地址之间的"距离"（以数值表示）：色彩鲜明的对比意味着活动 IP 之间有存在大的间隔，渐进的对比则意味着一个密集驻扎的区域。每个像素都是一个热链，点击它，用户就能抵达它所对应的 IP。它所提供的与网络之间的界面，与标准浏览器所提供的导航模式极为不同。正如杰夫布拉特在该项目网站上所解释的那样，"不是广告、色情内容、宠物图片等，这个网络充满对其他人而言无法接触到的信息、未曾开发的网站以及稀奇古怪的消息"。用户可以了解到，储存在网络上的信息，公开可以获得的是多么少，而自从该项目开创以来，网络的变化又是多么大。我对这一可视化内容点击了大约 20 次，我的随机选择只产生了一

图5　丽莎·杰夫布拉特《1:1》的截屏（局部细节）

个可进入网站——"马尔乔里·奥尔,顶级国际占星师"。

我们该怎么理解《1∶1》这个标题呢?一个明显的解释是,屏幕上的每个单位都以一种一对一的关系对应着一个特定的 IP 地址。但是这种关系截然不同于地图的比例尺,在比例尺方面的意思是,地图上的特定区域对应着世界上的相同区域。屏幕上的单位是像素构成的,但它们代表的是 32 个字节构成的地址。我们也不能把《1∶1》解释成该图形代表网络上可以获得的信息总体。屏幕上的图像的确提供了通向每个活动 IP 地址的路径,但是我们不得不穿过图形,才能看到这些地址的内容,这意味着我们无法像看地图一样,一眼看完所有这些信息。这种图示化也并不显示让网络成为网络的那种东西:由将其种种要素相互联系起来的链接所构成的复杂系统。

所有这一切应该清楚地彰显:尽管《1∶1》可以在原则上拓展至覆盖网络整个地址域的程度,然而,要达成"它不是网络地图,而就是网络本身"这一声言的应有之义,即,自我指涉性质,还有长长的路要走。通过对杰夫布拉特评述的批判,而不是在表面价值上加以接受(除了乔治·迪隆 [George Dillon],似乎大多数评论者是这么做的),我们明白,观念性艺术有产生自动描述的趋势,但并不保证这些描述就是有效的。艺术作品的再现有可能被认为是不精确的,无论它被包含在这艺术作品本身之中,还是它对外在指涉对象作描述。但是,如果《1∶1》并不真正把地图和领土融为一体,那么,它在数据可视化方面仍然是一个让人印象深刻的成就,不仅因为它揭示了 IP 地址的隐藏地理学——在这一意义上它的确可谓地图——而且因为它将再现和关于网站的活动界面结合起来,创造出了一种只能存在于数字环境中的图像。

7 结论

结论中,让我回到是什么让自我指涉在网络艺术中地位如此重要这个问题。我相信,对于一般的艺术中的以及专门的新媒介中的自我指涉,如果不把它努力抗拒的那种力量考虑在内,我们是无法达成确切的理解的;

那种力量就是再现的浸入力量，它们创造现实幻象的力量（Ryan 2001；Wolf，2004）。《堂·吉诃德》的自指性就是一个警告，让读者切勿将自身沉浸在骑士小说的世界，把虚幻的世界误作现实。19世纪，现实主义强有力的幻想技巧的发展，让小说偏离自我指涉，重新回到拟真，直到后现代主义弃绝一切让媒介不可见的尝试（这是拟真的前提条件），认为它们剥夺了读者的批判能力。对于那些把拟真看作低级愉悦的人而言（这个看法在我看来是不公平的，因为这种经验要求想象力极为活跃地参与其中），用自指性的镜子取代朝向想象世界的透明窗户，对艺术的受尊重是一把业已得到证明的钥匙。正是通过开发自指特征，电脑游戏，根本意义上就是对数字技术的拟真运用，近来是尽力要把自身提升为一种艺术形式，以求人们的正眼以待。

与小说和电脑游戏相比，网络艺术从不在拟真特色方面作文章；它所攻讦的，不是自身创造幻象的能力，而是数字技术中那种将我们的注意力限制在计算机屏幕表面、欺骗我们相信我们对这一技术有着完全控制拟真，而事实上，我们可做的只是系统编程好了的让我们做的事情。通过激发、赋能和接纳这些众多又各异的图像，网络作为一个整体变成了对自身进行思考的系统。不要希望网络艺术会很快变成一种拟真的艺术形式：媒介景观中这些已经足够多了。对于网络艺术而言，对其支撑媒介进行反思并不是寻求身份，它就是身份。

艺术家及其身体自我：数字艺术/媒介中的自我指涉

克里斯汀娜·卢恩伯格

1　引言

有关自我指涉的诸问题一直对艺术具有本质性意义。相似性自我指涉甚至可以说是美学符号的典型，因为其特点之一，就是它让人关注到它各个不同方面，尤其是，它的感性品质与形式结构，实际的物质性与修辞的策略。至少，如果我们要在皮尔斯的符号学帮助下，对普遍意义上的自我指涉以及专门意义上的美学符号中的自我指涉进行研究，这是显而易见和情有可原的。皮尔斯根据符号与其动态对象之间关系特征对符号所做的第二个三分法（像似符、指示符、象征符），在这里尤其具有启发性，因为它提供了：（1）一种根据指示性来理解指涉的方法（指示性符号被定义为其中存在有符号与对象之间时空或因果关联者）；（2）一种根据像似性来理解自我指涉的方法。所有像似符号都是自我指涉的，这就像是一个悖论，因为符号应该真正代表某种其他的东西。为什么一个符号能够代表一个符号，温弗里德·诺特在本书的引论章中解释说：

> 皮尔斯所谓的符号所表现的客体，并不一定有外延，而且它根本不必是所谓的真实世界，因为符号或者理念可以是符号的对象。符号的对象是某种先于符号的东西，因而在符号活动中决定符号是对世界一种之前的经验或认知。（Nöth，本卷第一部分，第三节）

换言之，通过这种方式，符号的指涉对象可以是另外一个符号，而自我指涉可以是指向其他符号的一串符号。

数字艺术是自我指涉性质的，主要原因在于，它的图像是以数学方式产生出来的。换句话说，它是一个合成图像，表现了以数字为基础的现实，我们能够在计算机屏幕上看到它，仅仅是因为屏幕是由像素构成的，而像素是对应于众多数值的若干微小而严谨的碎片。这些值使计算机能够在增加了色彩坐标的笛卡尔坐标系统范畴里，在二维的屏幕空间中指定一个确切的位置。任何一个从事数字摄影的人都知道，每个像素都是一个能够被完全控制和改变的独立实体。在数字艺术中，计算机甚至能够用综合的方法产生一幅图画来；正如露西亚·桑蒂拉（Lucia Santaella）所指出的，"数字图像一直在变换形态，摇摆在屏幕上实际化的图像与虚拟图像或无限多的潜在图像之间"（1997：126）。这个图像是高度像似性的：产生该图像的算法和屏幕上的该图像之间并没有类比。此外，正如她在提及阿尔林多·马查多（Arlindo Machado 1993：117）时所说，对于合成式图像，有两个关键词："模式"和"仿真"。模式是范型，在皮尔斯符号学中，它不仅是像似符的子范畴，而且还是用于测试的理想之物：图解或模式能够产生的经验，可以是非"真实"的，"形式化的、可重复的［……］各种计算"。所以，用桑蒂拉的话说，"合成图像的本质性特征在于其虚拟性和仿真性"（1997：127）。

另外一个对研究数字艺术中自指性有所贡献的，是数字媒介中的艺术家工作一般重视这种艺术的生产中所涉及的过程本身。这是数字艺术与其他后现代艺术形式某种共有的东西。当使用艺术与媒介杂合的形式时，这一点尤其明显，它提高了自我指涉的程度：各种媒介之间或之中的切换不仅迫使它的观看，或者更应该说，参与其中的受众，[①] 对它们加以比较，而且它还彰显出每一媒介所包含的各种符号系统的种种特别之处。就虚拟

---

① 数字艺术与其他视觉艺术形式（譬如其前身绘画和摄影）之间的一个主要区别，在于其传播手段以及这如何影响到受众的作用。尽管对于摄影之前各种艺术形式对象的沉思，主要是在专门为此而修建的处所（如博物馆、教堂和画廊等）、以之为独一无二的艺术作品来进行的，照片，作为可无限复制的东西，却是属于大众媒介空间的。相比之下，数字艺术形式不仅任何地方任何时候都可得，而且还要求有受众一方的互动性（Santaella and Nöth 1998：175）。

现实而言，你必须动用的帮助以及你一眼可见的技术环境，都让你意识到虚拟现实仍然有着必需的操作过程。此外，自我指涉也越来越多，因为数字艺术常常聚焦于艺术家及其身体自我，认为二者都创造和参与了艺术工作。同时，在指向其他"真正的"作品、语境或身体这一意义上，数字艺术作品还有显著的指示性要素。即使是在虚拟现实中，对有形的身体的意识，对于将我们自身导向以及理解特定艺术作品，都是必需的。所以，各种类型的数字艺术和媒介，都具有不同程度和形式的自我指涉这一特点。

这些程度不同的自我指涉如何决定？数字艺术典型的自我指涉有哪些，它们又怎么加以区别？这就是我的文章想要描述的东西，我用到的例子涉及各种数字艺术和媒介中的工作：视觉艺术家兼演奏家洛莉·安德森（Laurie Anderson）、录像/数字艺术家赛琳娜·特瑞普（Selina Trepp）以及媒介艺术家查尔·戴维斯（Char Davies）等人的多媒介作品，后者的互动装置让参与者"在穿越时空之流中"沉浸到一个全封闭的虚拟现实之中（Davies 2004：70）。

2　多媒介中的自我指涉

洛莉·安德森是今天顶级的表演艺术家之一。她主要因其多媒介展示而闻名，其实身份多样：视觉艺术家、作曲家、诗人、摄影师、电影制片人、电子奇才、声学家以及器乐家。

安德森的表演显示出若干形式的自我指涉。其中，有文本间性的自我指涉，不仅指向其他作家/艺术家的作品和语境，而且在文本的重复和递归的形式中回指这位艺术家早期作品；有媒介间性的自我指涉，其中，面对各种错综的媒介形式加深了自我指涉的程度。文本间性似乎是她表演的一个标志特征，它不仅包括诸如《来自〈莫比·迪克〉的歌曲与故事》（*Songs and Stories from Moby Dick*）或者《勇敢之家》（*Home of the Brave*，20世纪40年代后期一部关于一个老兵的电影）之中那种直接指涉，而且还有明确的音乐引用（譬如对赫克特·柏辽兹、儒勒·马斯奈、弗兰克·辛纳特拉、埃尔维斯·普雷斯利或多莉·帕顿等人的引用）；引自电影和

图1 莫比·迪克中洛莉·安德森的歌曲与故事场景

电视连续剧的，譬如她著名的表演"白色百合"（White Lily），就是以瑞纳·维尔纳·法斯宾德的《柏林亚历山大广场》（*Berlin Alexanderplatz*）为基础。文学方面的引用数量丰富，这里稍做列举：威廉·巴罗斯（还在她自己的几部作品中负责声乐部分）、伊塔洛·卡尔维诺、堂·德里洛、巴克敏斯特·富勒、弗朗茨·卡夫卡、托马斯·品钦、威廉·莎士比亚以及路德维希·维特根斯坦。在《莫比·迪克》中，安德森接过梅尔维尔的力量叙事，将其化为一场多媒介表演，试图通过创造与听觉层次彼此对位的若干视觉层次，来反映作品那种复杂的百科全书式的结构。按照安德森的观点，大约10%的表演确实是梅尔维尔的文本，然而她却忠实地重述了亚哈船长对白鲸偏执追寻这个故事。有些段落被完整引用，而另外一些中，梅尔维尔的话被重新表述了。因为《莫比·迪克》的核心互文本是《圣经》，安德森的互文本性不可避免地指向源自梅尔维尔本人那个互文本世界的比喻、主题和角色。

　　安德森一方面在叙事和意象方面贴近梅尔维尔，她的表演还表明其作品中某些正在进行的主题性关注，这是通过她对文学经典的阅读折射出来的。安德森（Anderson 1993）长期探索梅尔维尔所提出的这个有关人类困境和人类价值观的问题，在她的作品中，这通过她与自己表演中所使用技术之间的矛盾关系得以体现。譬如，在之前的作品中，她创造出了她自身的复制品——包括一部男性的录像"克隆"以及一个数字木偶——似乎是要表示，她作品所依赖的技术可能最终颠覆她自身的存在，把一个真正的人变成一个不同性别的"不必要的复制品"或者一个非有机体的复制品。这一矛盾心理还包括她对声音的使用："说话棒"是她专门为该表演设计的一件工具，它不仅是一件能够收集并复制任何声音的无线仪器，而且能够把声音分解成被称为"微粒"的若干小的组成部分，然后再按照颗粒合成的原则，用不同方式回放它们。计算机然后把这些声音碎片排列成连续的串或者随机的结，在各种叠合序列中对其回放，于是创造出新的结构来，与像素非常相像。

图 2　洛莉·安德森在表演《来自〈莫比·迪克〉的歌曲和故事》，背后的投影内容引自梅尔维尔小说

引用和暗指一般被认为是指涉性质的，因为它们都指向不同语境中的某种其他东西、某个对象。这使安德森的文学引用是指涉性质的和指示符性质的，因为它们具有头脑中的一个特殊语境。一方面，当她的音乐指向其他音乐，她的视觉作品指向其他视觉作品，而不是指向任何音乐或视觉表现之外的任何世界——同时我会主张安德森的音乐和视觉作品的确就是这样做的——她对其他音乐和视觉作品的"引用"就是自我指涉性质的。此外，她的作品充满词汇、句子或观念的重复和递归，这些，无论是在音乐、文本还是在图像/电影中，都是关于自我指涉典型而且鲜明的样式——因为它们总是回指到之前的事例。她对自己作品的重新使用和引用同样是如此，这些构成了她作品的大部分，应该是纯粹的自我指涉。

但是她的作品还有使用不同媒介的特点,这些会将其表征为媒介间性的。媒介间性的例子是指向书的电影,或者指向舞台戏的歌剧,这些让引用和被引用的符号在媒介中各有差异。就像文本间性一样,媒介间性能够而且常常的确指向不同媒介中的不同符号;但是,当它之所以起作用,目的是给那些辨识出该引用的人创造一个不同维度——温弗里德·诺特(参看本文集第一部分5.5节)称之为"媒介间的似曾相识效果"——它就是自我指涉性质的。这也在很大程度上是适合安德森的工作的:她不仅一直从不同媒介中引用,而且她的引用还激励她的观众去探索它们的最初来源,给了他们一条通往不同意义层次的路径。

所以,在安德森的表演中,正是形形色色的自我指涉表现使之成为典型后现代的东西,为其高度的自我指涉做出贡献。同时,艺术家在作品中的无所不在,使她的表演具有鲜明的指涉性质和指示符性质。

3 数字操纵中的自我指涉

在涉及数字操纵的表演中,指涉和自我指涉之间是什么关系?譬如,就赛琳娜·特瑞普而言——这位视觉艺术家为其表演使用到诸如电影、录像、计算机动画等广泛的技术——艺术家的在场起着连接指示性和指涉性内容的纽带作用,而其数字操纵似乎决定其主要是自我指涉的这一性质。

特瑞普的《脸谱》(见图3)是一个计算机动画;它的音乐和图像是丹·比特尼这位音乐家和特瑞普合作创作的。普遍的语旨有时是抽象和有诗意的,有时是政治性的,灵感则来自艺术家的共同生活。据宣称这是来源于自传,这使表演从一开始就具有强烈的真实性和指涉性。表演包括比特尼演奏几种乐器,特瑞普则创作了计算机动画,特瑞普使用的是Arkaos这种新的录像操控软件,它让实时和录下的视觉作品成为可能,并提供一种有趣的方式在运行过程中编辑和操控视觉表演。

使用录像剧照,特瑞普和比特尼坐在录像镜头前,通过录像合成器(类比),创造出了分屏(见图3)。之后,他们统一摆头,试图创造出无缝的转化:他们实时地看着监视器,调整面孔的位置,看着它在屏幕中合

图 3　分屏录像剧照，来自特瑞普和彼特尼的表演《脸谱》（Spectralina）

并成为一个，于是每张面孔的一半就构成了一张新的面孔。特瑞普自己称之为"实际上是一种真正低保真的实时图像操纵方法"（2005）。

同时，由于表演涉及操纵和扭曲——这始终涉及自我指涉（和像似性），因为它回指向它自身——在屏幕上的符号与其所指向的对象之间，还有一种邻近关系，一种指示性对应，尽管是有所扭曲的。你甚至可以说，这个图像在像似性和指示性之间或自我指涉和指涉之间摇摆，因为面孔扭曲和改变了表情和外形。正是这种摇摆，给予了这场表演特别的张力，使之具有双重的自我指涉：它不仅让关于真实和操纵的问题发挥作用，因为它回指向原本的样子，而且让艺术与对"现实"的再现之间的关系发挥作用，后者正是特瑞普的工作从一开始就具有的特点。

4　虚拟现实中的自我指涉

数字或后摄影图像，用露西亚·桑蒂拉的话说（Lucia Santaella 1997：130），属于"个人化的，同时又是全球性的信息传播"。这在虚拟现实（virtual reality，简称 VR）中最为明显，其中，图像不仅可以无限期地进行储存，而且越来越能够无论何处、无论何时都可以获取。此外，这些图像只在互动中才有意义，其中，参与者常常不能决定他们是否是在观看图像，或者是否图像在观看他们。VR 的一个特别有趣的样本，是媒介艺术家查尔·戴维斯领衔的团队创造出来的，查尔·戴维斯还写过许多关于数字艺术和媒介的批评文章。

查尔·戴维斯以其 VR 装置《渗透》(*Osmos*)（见图 4）和《昙花一现》(Ephémère)（见图 5）闻名，它们挑战了关于人造世界的再现和界面的诸多传统。与主要作为表演艺术家的安德森和特瑞普不同，戴维斯专攻浸入式虚拟空间，这是计算机生成的人造环境，人似乎是在各种技术设备的帮助下得以进入。但是戴维斯的合成世界看上去并不是传统 3D 计算机图形构成的那种商业性的多边形为主导的空间。它们里边是有机形状，表示植物、景观、身体和水。与之相似，探索这个世界的界面表示的是访问者的呼吸和平衡。

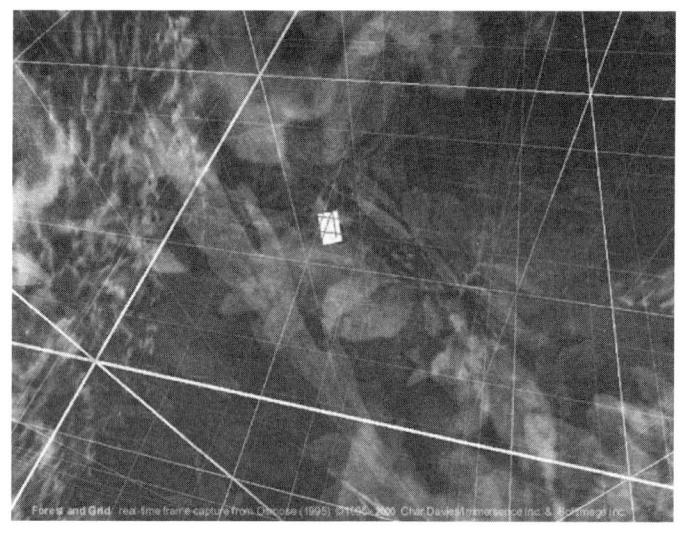

图 4 查尔·戴维斯，森林之栅，《渗透》(1995)，浸入式虚拟环境现场表演过程中通过头戴显示器实时抓取的数字图像

为什么如此多的艺术家青睐 VR？戴维斯（Davies 2004: 69）称自己的作品"颠覆了传统的 VR 方式，因为传统方式强调的是一种过时的二元世界观"。她以赛博空间中的身体经验为其特别的哲学关注，写过无数论文，做过若干场展示。在她的作品中，她探索了浸入式虚拟空间中具身、存在和自然的多种悖论。她把这种新媒介当作一个哲学角斗场，建构包蕴着物质形式的建筑，处理加工透明、光亮、空间模糊、时间性以及有着呼吸与平衡的一个以身体为中心的用户界面，想的是强调虚拟空间中有形身体主观感受到的那种作用。

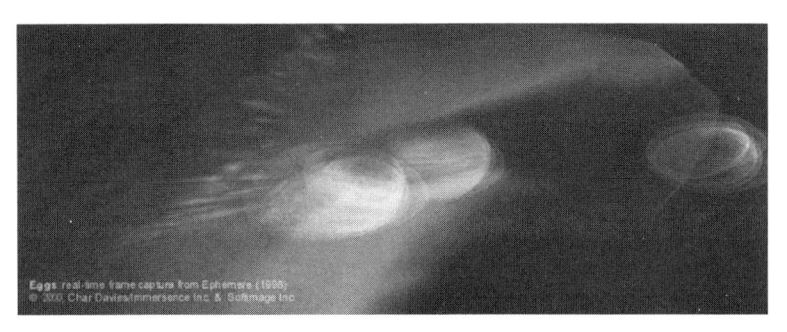

图5 查尔·戴维斯，身体（蛋），《昙花一现》（1998），浸入式旅行/表演过程中通过头戴显示器实时抓取的数字图像

在如戴维斯所创造的浸入式虚拟环境中，生产的行为人不再是将其个人主观性和能力标志留在支撑物表面的艺术家，也不是针对现实行事的主体，尽管他/她能够通过机器来改变现实。数字图像首先是互动性质的：它们，在一个既是直接的身体的又是精神的界面中，使与它们互动的对象之间，能够创造出一种几乎是有机的关系。这是一种共同活动；但仍然是极为私密的，也正是这一点吸引到艺术家。譬如，戴维斯（2004：73）说，她想要"把这个世界——外表面纱之下的世界——重新展现为非物质的、相互关联的、动态的流，让惯常被认为的事物之间的差异消解，让内部的自我和外部的世界之间的界限变得可穿透、彼此交融"。她创造的不是一个视觉上明晰的世界，而是一种极为不同的空间性，在这之中，通过加工处理我们用以把世界客体化的那些寻常认知线索，通常被认为的物体与周围空间之间的界限被消解在光亮里。

在数字艺术种，剥夺对我们所知的那个"真实"世界的指涉，因此也改变了艺术家的作用。数字艺术家，首先，是一个编程者，其视觉才华与人工智能的潜力互动，运用技术修复性地让不同现实之间的界限变得模糊，[①] 譬

[①] 当代艺术家青睐VR的理由之一可能是，它是一种面对挑战的方式，这种挑战维瑞娜·康利（Verena Conley 1993：xii）在其《技术重思》（Rethinking Technologies）一书的前言中有过辨识，她问：当看到21世纪的威胁之时，文化批评家、哲学家和艺术家会如何面对技术："他们会与扩张论者的想法以及加速铲除多样性和单一性这些东西抗争吗？他们如何抵制和行动？［……］现在，身在一个空间概念已经通过电子同时性而完全改变的世界，其中，计算机似乎比人脑发展得更快，'虚拟现实'抑或代替了'现实'，那么，哲学、批评理论或艺术实践如何面对这些变迁？"

如，通过使用戴维斯为《渗透》所设计的头戴显示器（head mounted display，简称 HMD）所创造出的球状环境（见图4）。使用透明和光亮粒子，戴维斯基于呼吸和平衡建构出界面，让参与者通过吸气就能直接"漂浮"，或上或下，或通过倚靠来改变方向。此外，不用手的界面让参与者从"亲手处理"事情的冲动中解放出来，从习惯性的受重力制约的互动和探索模式中解放出来。

戴维斯长期以来作为画家的生涯，在其第二个著名装置《昙花一现》中表现得尤为明显（见图5），她将其描述为"对于存在那种稍纵即逝性质以及身体和大地的象征性对应的一种探索"（2004：83）。这件作品的图像解读以作为暗喻的自然为基础：树根、岩石、溪流等原型要素在其中反复发生。空间方面，这件作品结构分成三个部分：景观、地下土壤以及内部的身体。肉与骨构成的身体用作丰饶土壤以及大地自然季节进程之下的根基。

VR 中数字作品中的图像，譬如戴维斯作品中那些，都是高度自指性质的：它们都是自我生成的，而且，尽管它们看上去像幻想的自然摄影，它们其实是基于现实的数字式的信息图性质的图像。有趣的是，在其创造合成图像的过程中，戴维斯的目的并不是凸显人造世界，而是"提醒人们自身与自然（而非人工）环境之间的关联，这种关联不仅是生物学上的，而且是精神和心理上的，它是再生的源泉，是神话的基础"（Davies 2004：75）。正如她所之处的，她的方法"涉及绕过线性视角、笛卡尔式的空间以及客观现实主义等等规约［……］目的是瓦解文化创造出的主观观察者与世界之间的距离"（2004：75）。① 接触她的 VR 装置，参与者或互动者首先进入一个三维的栅栏（见图4），之后栅栏迅速消退，将其留在一个非笛卡尔的空间之中，其中，一切都是非物质化的和半透明的——在空洞的空间之中根本没有什么坚实的外表、坚硬的边缘或者彼此相隔的东西。戴维斯的图像因此是在变形符号之下运作，仿佛它们为那些参与者开启了一道通往崭新的、虚拟的世界的大门。置于安全但不熟悉的环境之中，这些

---

① 戴维斯（2004：73）反复抨击传统 VR 及其反具身化倾向："作为一个为大脑所控制的领域，虚拟现实——如传统那般建构的——是笛卡尔式愿望的缩影，因为它使得存在完全控制这种幻觉的地方就有构建人造世界这种可能。"

虚拟世界让参与者（迄今已经超过4万人）以新方式去体验自身的身体和感知能力，与沉思和神秘经验非常类似。参与者常见的评论是，它让人觉得"在另一个地方"或者像是"失去了时间的轨迹"。①

缺乏指涉这一虚拟世界的特点，因此，似乎会让参与者放松自己的行为举止，参与到一个几乎是另一个世界的经验之中。然而，他们还是需要一个有形的身体来进行这种互动体验，这意味着他们需要有指示方面的，也就是指涉方面的，锚定。带上 HMD 这种补充设置——这意味着允许其进入虚拟世界，参与者在此种过程变成了一个生物控制论意义上的身体，被分成了两个彼此互补的媒介：一个身体在其存在的环境中仍然是肉体的、"真正的"，而其分身则是虚拟的，是"真实"身体的非具身化的投射（Santaella，2003）。显然，在戴维斯的装置中，我们似乎短暂地在赛博空间中失去了自我——但是一旦我们取下 HMD，我们有形的身体仍然是肉体的、"真实的"。这正是我们维系本体感受——从身体内部感受到自我——之所以可能的原因所在。尽管数字艺术这种媒介本质上是自我指涉的，而且可能看上去在视觉方面是非指示性的，为了让我们不在赛博空间中失去自我，指涉是仍然存在的。

结论是，诸种数字艺术中自我指涉的程度根据其产生和表现的模式而有所不同。可以分辨出三种衡量自我指涉的方式。在洛莉·安德森那里，自我指涉程度可以用文本间性和媒介间性来衡量，其中包括诸如递归和重复等各种显著的自我指涉形式。在赛琳娜·特瑞普的数字操纵中，自我指涉的程度可以由指涉和自我指涉之间以及指示性和像似性之间的摇摆来决定，因为再现的作用以及艺术家的作用都是特瑞普的主题。最后，查尔·戴维斯所创造的高度自指性的虚拟现实，让参与者能够将自我沉浸在作为通往其他空间和现实的大门的虚拟世界之中。在这么做的过程中，它不仅挑战了我们惯常的感知、阐释和评价模式，而且被用作一种创造另外一种意识的手段。处在这类工作核心位置的自我指涉，颠覆了人们所以为的各种指涉样态。

---

① 戴维斯用到了关于非自动化的诸多心理学理论（Deikman 2005），这些理论表示，破坏精神结构的平衡会得到更多的关注以及"感知的扩展"。

元小说和元音乐：探索元指涉的若干限制[*]

维尔纳·沃尔夫

1 引言：作为跨媒介领域的元指涉以及音乐在其中的明显缺场

在以"媒介中的自我指涉"为核心的反思中，音乐或许是应该首先让人想到的媒介。因为——和文学以及其他再现性媒介不同——音乐指向它自身之外的可能性非常有限。换言之，它难以用到"别指"（alloreference）① 或者我更喜欢用来称呼它的"异指"（heteroreference）。相反，音乐创作充满了自指，至少在西方音乐艺术传统中是如此，这是本文的核心。的确，赋格曲或奏鸣曲中主题的每个重复或变奏都可以被看作自指的一个例子，因为后来的主题发生会指回其先前的出现或起初的形式。如雅克布森的"诗学功能"所提醒我们的（参看 Jakobson 1960：356），这类自指还能以不同方式在文学中碰到（譬如，在语义同位素和主题的重复中，在抒情韵律以及通常在排比中）。然而，在语言文字性文本中，自指很难有与音乐艺术中相同的密度或者如此的突出。

但是在自指的探索中，焦点经常并非集中在作为一种特殊变体，即"元指"（metareference），这种一般性的自指上。这表现在当下诸如"元文

---

* 感谢印格里德·范德尔－布切格尔和萨拉·梅尔泽辛苦地校对清样，感谢印格里德·哈珀尔在本文版面方面的专业意见。

① 这是大会征稿时所用术语，本文集就是该大会的成果（参看本文集第一部分中诺特的相关文章）。

本"(metatextuality)、"元小说"(metanovels)、"元电影"(metafilms)甚至"元建筑"(metaarchitecture)等术语群集,这些在温弗里德·诺特的大会论文征集中都有提到(参看本文集第一部分),本文集就是在该次大会论文基础上编撰而成的。有趣的是,在有关潜在的元媒介这个罗列中,音乐明显缺席了,只在"递归与重复"这个语境下发生。所有这一切——这一罗列以及音乐在其中的缺席——并非偶然,但表示了两个东西:首先,元指是一种跨媒介现象,绝非局限于文学和语言①(尽管这些是首先得到理论关注的媒介);其次,音乐似乎因为某种原因被定位在元指领域的边缘位置——如果不是越界的话。

下面,我将探讨这些界限并观察音乐在"元指"这个跨媒介领域中是否占据着一个之外或之内的位置,换言之:是否存在"元音乐"(metamusic)这种可以被看作与文学的"元小说"类似的东西。② 因为元小说肯定能够被说成位于接近"元领域"核心的某个地方,所以我将把它当作一个参照点。关于"元音乐"的研究明显缺乏,③ 实际上,音乐学上独缺这一

---

① 关于"跨媒介性"(transmediality),参看 Rajewsky 2002:206 和 2003:362 - 263 以及 Wolf 2002:18。
② 努宁对"元小说"和"元叙事"进行了区别(Nüning 2004),和他不同,我是在广义上思考"元小说"的,详细内容可以参看 Wolf 1993:chap. 3.2。
③ 探索过这个领域的学者——他们主要关心的是"关于音乐的音乐"(music on music)——包括:阿多诺(Adorno [1949] 1975:165 - 189;他在评价斯特拉文斯基时引入了这个表达)、卡尔布希基(Karbusicky 1986;他承认音乐拥有"分析性元语言"[analysierende Metasparchen] 这种可能性)、达努赛尔(Danuser 1996;他探讨过这个领域中的一部分,即致敬类曲子,虽然他没有理论方面的野心;Danuser 2001;这部著作是对音乐中——主要是声乐中——自我指涉性的最好讨论之一)、米特马恩(Mittmann 1999;他的另一关注是语言学;对于他关注的焦点,也就是我称为批判性作品内的元指涉 [critical intracompositiona metareference] 的东西,他的态度主要是怀疑的,但他的整个工作——还有其失败——表明,音乐学上的反思能够在多大程度上从关于元指的叙述学考察中受益)、施耐德(Schneider 2004;这部书是"关于音乐的音乐"例子所构成的辞典,但它并不包括关于作为系统或媒介的音乐那类元指,而这是我最感兴趣的内容)、纽鲍尔(Neubauer 2005:203 - 205;他把"音乐中的元反思"专门限定在声乐中的语言文字有关部分)。总体上,这个领域中的音乐学研究——譬如谢纳奇斯(Xenakis [1967] 1971),他的研究并不属于这个领域,尽管他的论文题为"元音乐探索"(Towards a metamusic),实际上他的"元音乐"只表示"音乐学"(musicology)——似乎大部分是非理论的;"关于音乐的音乐"大部分被仅仅看作音乐内的指涉——譬如,底比流斯(Dibelius [1966] 1998) 就是这种看法——并没有推进到这一问题的程度:这种音乐内的自指在"指向"(pointing at) 这一意义上(参看下文)是否又能变成元指。

术语,① 这使人们认为,音乐应该归入"元领域"(metaland)界限之外的那个领域。与此相比,我的论点是,在特定情况下,音乐是可以定位在这个领域之内的。我想说,音乐实际上可以够到元指的条件,尽管程度有限、不无争议而且比其他媒介困难。因此,以下努力不只是为了在小说和音乐之间就自指和元指进行跨媒介比较,而且是为了探索作为整体的元指领域那些界限。

2 "自指""自指"与"元指"/"元反":从文学虚构看术语差异

要讨论音乐的元指潜力,澄清与自指相对的元指概念是前提。② 这是本章节将做的事情,在本章节中,将主要使用文学虚构来阐述相关概念和术语的解释和差别,因为文学虚构是自指理论探索方面最领先的。

首先是"自指与其反面"的区别,这个区别对于任何关于自指的反思都具有本质性意义。不过,实践中,与其说这是一个严格的双分对立,还不如说是一个两极之间有着许多级差的连续体:一极是自指性(self-referentiality),它可以被定义为指向其自身或同一符号系统中相同或相似元素那些符号和符号系统的品质——与之相对的另一极是异指性(hetero-referentiality),它指符号的常规品质,也就是指向传统所认为的符号系统的"外在现实"。当然,"系统"这个术语还要求在这一语境中澄清:就文学、

---

① 在互联网搜索引擎 Google 中输入"元音乐"这个术语,可以得到若干指向音乐治疗的内容(譬如,"钻石欢腾者"[The Diamond Jubilators] 这个爵士乐队所演奏的作品,该乐队的宣传语就是"元音乐:通过音乐提升生活", http://www.classical.net/music/recs/reviews/e/ecm01790a.html, 07.02.05)。所有这些与作为一种音乐自指形式的元音乐并无关系。不过,人们应该注意到,米特马恩(参看 Mittmann 1999: 236-237)认为,莫里齐奥·凯格尔(Mauricio Kagel)另外一部题为"元作品"(Metapiece)的作品具有这种自指性(巧的是,这一题名和澳大利亚作曲家瑞纳·林茨[Rainer Linz]的一部作品很相似):在凯格尔的"元作品"中,米特马恩看到,那些作品的其中之一,构成了对"音乐演奏的表现艺术"的一种元音乐性质的反思("Kompositionen [...], die den performativen Akt des Musizierens 'meta-musikalisch' reflektieren")。

② 还可参看 Wolf, 2001a, 2007a。

音乐和其他媒介而言，我提出，要区别对符号系统的狭义和广义定义：狭义的符号系统等同于特定媒介作品（一个文学文本、一部音乐作品、一幅绘画、一部电影等）。我将这些狭义界限范围内的自指称为"作品内的自指"（intracompositional self-reference）。与此相反，广义上的自指在媒介和艺术构成的整个领域中运作。这一变体，我称之为"作品外的自指"（extracompositional self-reference），包括不同作曲作品和媒介间的"音乐间的"指涉在内，譬如文学文本与体现在关于音乐作品的语言文字描述中的音乐之间的关系。

在刚才所勾勒的那种自指系统扩展之外，自指基本上会在两种变体中发生。自指性研究中很少做出，但对从功能角度进行解释至关重要的第二个区别是：① 首先，"自指"可以指符号（系统）仅仅指向自身或指向同一系统中相似（或相同）要素这一事实；其次，"自指"可以指一个表意行为，它创造一个自指性意义，换言之，引起针对自身、系统其他要素或作为整体的系统的一个认知过程或反思。

第一种情况覆盖了一个广阔的领域，即，不包括或不意味着一种自指性陈述那种自指的所有变体。它包括诸如简单的象征性指涉，作品内语法方面的自我指涉（譬如在名词短语和相关的关系代词之间）以及作品外文本之间和媒介之间的各种指涉（其中，一个前文本或另一种媒介只是在文本中——譬如作为其虚构世界的一个部分——被确认或提及）。此外，也适用于所有类型的自指、作品外和作品内的各种像似性指涉或相似方面，譬如重复、跨文本引用或模仿（与前文本的象征性身份辨识相对）以及故事中有讲故事的嵌套等。② 这些变体一部分对应雅克布森在解释他所谓的

---

① 我这里用到迈克尔·谢费尔（Michael Scheffel）的研究，但有所变化；还用到我在别处发表的一种分类方法。谢费尔是试图在诸如"自指""自指性""元小说"等构成的庞大术语领域中进行某种系统安排的第一批学者之一，这些术语很多时候被直接用作同义词（参看 Scheffel 1997，尤其是第 46~49 页）；我对谢费尔的区别进行了优化（Wolf 2001a）。
② 所有这些情形都是关于广义像似性的例子，也就是说，像似性不仅作为能指和所指之间的相似性发生（这一点从《形式模仿意义》[*Form Miming Meaning*, Nänny and Fisher 1999] 这部著作的题名就能看出），而且作为若干能指（"形式模仿形式"）和若干所指（"意义模仿意义"或"暗喻的像似性"）之间的相似性发生。在我之前的研究中（Wolf 2001a：57），我集中关注的是通过作为自指性的"指向"唯一形式的这种像似性来创造自指性，而此刻在这里，我进一步加上了可能的变体。

文本的"诗学功能"中所提到的手段（参看 Jakobson 1960）。此外，单纯的自指性的"指向"包括通过"偏离"来凸显那一符号（序列）的各种手段。但这一切仍然是"单纯的"自指，只要它只用于为分类服务，譬如某文本属于"文学"还是"广告"等，而且仍然处于（意在）激发接收者身上特定的反思这一门槛之下：以媒介和相关话题为核心的反思。

激发针对所探讨那个符号系统（诸要素）、其他符号系统或符号活动以及总体上的媒介的自指性反思，是第二种形式自我指涉典型的功能特征，我将在此对其集中关注。对于这一超越上述意义中单纯自指对变体，自我反思这个术语应该被保留，因为它具有认知活动对内涵。这种活动是由隐含——如果不是由明确包含——自指性陈述造成的。为了产生这种语义方面的自我反思，之前提到的种种自指性"指向"手段可能被用到——在这一程度上，自指性"指向"和自我反思之间的边界会显得"模糊"（fuzziness）①——但是其他手段也上可能被用到的。秉承谢费尔的思路（Scheffel 1997），人们可以进一步根据这类自我反思的关注焦点，是集中关注碰巧发生在同一系统中的异指要素，② 还是这般的媒介和相关话题，进行进一步的区分。不过，对应所有系统微妙之处的穷尽性讨论，在本文的框架中是不可能做到的（概览可以参看图1）；相反，以下评价会集中在后一种自我反思上——对此，元反思或元指涉是适当的术语。

这种自我反思始终意味着对于所思考的作品或系统的媒介地位的意识，因此也有对元层面和对象层面之间逻辑差异的意识。这种意识既和接受者有关，又与作者和作品有关。实际上，元指涉——就像媒介这个领域

---

① 譬如，这种"模糊"能够在对"凸显"（foregrounding）这种手段的自指性运用中来考察，"凸显"既可以用来对异指性意义进行"强化"，也可以用于元指涉的目的。一定的模糊还可能出现在这一事实中：雅克布森关于诗学功能的定义，即"因其本身而重点关注信息"（1960: 356），可以说也暗含一个陈述（譬如"此文本是文学"）。但是，这可能是一个非常"弱的"的陈述，如此频繁地（如果不是一直）遇到它，所以要把它和"强的"陈述分开，尤其是引起元反思的那些。还需要注意的是，雅克布森的其他两个语言自指功能，即"交际功能"以及（尤其是）"元语言［……］功能"（355-356），经常会激发强的元陈述。

② 因此，对一个人物行为的叙述评价就是这种"异指性质的"自我反思的一个例子（人们应该注意到，这里的异指只指向自指的对象或所指；在我们的例子中，这是一个被认为想象性地处在文本"之外"的人物。）

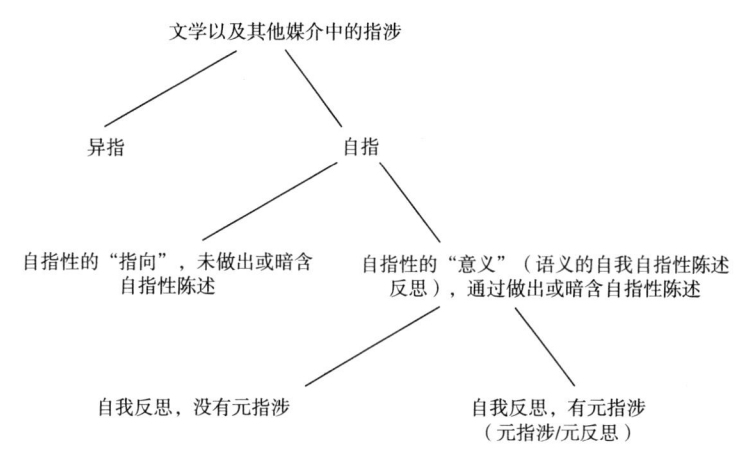

```
                    文学以及其他媒介中的指涉
                   /                        \
                异指                        自指
                                           /    \
        自指性的"指向",未做出或暗含        自指性的"意义"(语义的自我自指性陈述
            自指性陈述                     反思),通过做出或暗含自指性陈述
                                           /                        \
                              自我反思,没有元指涉          自我反思,有元指涉
                                                          (元指涉/元反思)
```

图 1 文学以及其他媒介中的指涉

中许多其他批评概念一样——实际上是一种双极现象：它并不限于作品、文本或艺术品中简单的"既定之物"——这些只是可能产生元效应的潜在因素——而是包括还要求诸如愿意也有能力合作的接受者之类潜在因素现实化的元指涉，因为元指涉的本质——对媒介意识的激发——正是发生在接受者身上。因此，元指涉可以用如下三个特征来描述：

（1）系统内指涉（自我指涉）的存在；

（2）这种系统内指涉的语义品质；换言之：它包括或暗含一种自指性陈述并因此而是自我反映的这一事实；

（3）站在生产者和接受者双方的一种媒介意识，这种意识在自我反思中得到暗示或者明确地成为主题，并由此而赋予它一种元维度（这也意味着对象层面和元陈述层面之间存在着一种逻辑差异）。

应该注意到，这种元指涉首先而且最重要的是可用于某些作品中的单个现象（"元陈述"）。不过，如果元现象称为作为整体的作品的显著特征，人们可能会——如在之前提到的论文征集中那样——论及"元文本""元戏剧"之类，而且，如果若干"元作品"在同一种媒介种存在，甚至可以说，它们构成了一个元文类。因此，"元小说"可以指小说的若干单个段落，作为整体的一部小说，或者一个小说文类。

元要素发生在一种值得注意的样式中，以小说为参照为之设计出了某些分类。不过，我想集中探讨的只是 4 组对立，它们出自琳达·哈琴（Linda Hutcheon [1980] 1984）以及我本人（Wolf 1993: chap. 3.2）关于元小说的研究。不过，为了保证这些形式的跨媒介可用性，原来的术语应该加以调整，以便避免专门指向小说。这 4 组形式是：

（1）作品内或直接的元指涉 vs. 作品外或非直接的元指涉
（2）明确的元指涉 vs. 非明确的元指涉
（3）以媒介为中心的元指涉 vs. 以指涉为中心的元指涉
（4）批判性的元指涉 vs. 非批判性的元指涉

单个的元要素，当然，能够根据这几组中的一个以上来划分。

这几组中的第一组，已经在关于自指的延展所进行的讨论中介绍过了。小说中，作品内的元指涉，譬如，能够在叙述人以自身风格做出的元语言性评论中看到，而作品外的元指涉包括对之前文本的戏仿，以及并不——或看上去并不——适用它们发生其中那件作品的元评论。关于后者，可以在斯泰恩（Sterne）的《项迪传》（*Tristram Shandy*）中找到一个例子，就是叙述者抱怨读者急于想要进入故事秘密之中："我知道世界上有那种读者［……］他们感到烦躁不安，除非让他们从头到尾进入到整个秘密之中。"（Stern [1767] 1967: 37-38）当然，这种非直接的元指涉常常只是直接的、作品内的元指涉的一种掩盖形式。不过，这种非直接性配得上独占一个分类条目，因为它能够激发接受者那里的不同反应。

第二组对立，明确的元指涉 vs. 不明确的元指涉，指元指涉作为一个可引用或非可引用要素的语义差别。因此，无数关于讲故事的讨论，譬如，斯泰恩的《项迪传》，都属于关于明确元指涉的例子，因为它们包括诸如"我的读者"或"我的作品"之类可引用的元指涉性的用语（Sterne [1767] 1967: 94-95）。这类元指涉性的表达易于提醒读者，（纸质）媒介是如此这般。与之相对，还有隐蔽手段，对并未使用明确的元指涉性表达的文本，它们也可能引起对其本体性地位的反思。在《项迪传》中，譬如，这种非明确的元指涉可以在多重的"排版印刷手段"中看到，它们不仅通过像似性或指示性符号的运用，以偏离的方式来凸显小说语言规约式的象征性使用，而且暗含着对于如此这般的媒介规约的一种意识。① 非明确的元指涉以一种尤其清晰的方式表明了接受者合作的必要性，因为原则上，忽略譬如印刷排版手段并将其当作单纯的装点或怪异之处是有可能的。② 因此，为了保证元指涉的接受，标记是必需的。这些标记可能在明晰性上有所差别，从突出媒介手段到在接近非明确要素的范围内对明确的元指涉做补充性运用，情形多种多样③(《项迪传》中关于语言运用和滥用的许多元语言性的和元小说性的评论都满足这一条件)。

　　第三组对立表达，以媒介为中心的元指涉 vs. 以指涉为中心的元指涉，把元反思的内容当作其区分的标准。在所有情况下，元指涉，按照定义，均用到媒介性这个观念以及作为艺术品的作品的本体性地位这个观念。我指出这种以媒介为中心的"功能性"方面，是为了将其与以指涉为中心的元指涉这种特殊情况区别开来。在后者中，选择性变体逐渐承担起"功能性"的一个额外方面，也就是与现实的某种关联关系。作为一种规则，"虚构性"在这一意义上表示对"现实"的"否定性"指涉，即一种纯粹想象性的品质。然而，应该注意，以元反思的变体为核心的这种指涉也能够延伸到与现实的肯定性关系上（譬如，在关于真实性的暗示中），尽管关于纯粹想象性指涉的各种表示可能多次出现，尤其是在近年来的文学中。关于这一点，一个现在已经成为经典的例子，可以在约翰·福尔斯（John Fowles）的小说《法国中尉的女人》（*The French Lieutenant's Woman*）中找到，其中，叙述者承认："我此刻所讲的故事都是想象。我所创造的这些角色从来都只在我的脑海中存在。"（Fowles［1969］1977：85）

　　对福尔斯作品的引用导向第四组对立表达，也是与内容相关的一组，因为它不仅给出有关以指涉为中心的元指涉的例子，还给出有关自我批判性元反思的例子。人们会过于强调批评中经常见到（尤其是针对后现代主义）的这种批判性的"暴露作品虚构性"，然而，面对这种做法，人们应

---

① 关于这类非明确元小说印刷排版手段的一个著名例子，是插在第一章第12节的黑色页面，它对约里克的死做了评价，并且通过非同寻常地偏离象征符号在纸质小说这种媒介中传统的主导地位，可能激发针对如此这般的这一媒介的潜力和限制做出反思。
② 其他情况下（譬如"嵌套结构"），非明确的元指涉可能只被当作一种自指性的相似性。
③ 因此，非明确的元指涉会受到强度不等的关注。

该强调，元指涉也可以是非批判性的。非批判性元指涉，譬如，可以用于解释审美的创新，也能表示人们所读的故事是真实的：对故事"真实"的肯定，可以是一种非批判性的以媒介中心的元指涉。

3 将元指涉及其分支形式用于音乐的可行性：个案研究

体现在其所有分支形式中的元指涉这一概念，在文学虚构中的运用并没有什么困难。在音乐领域，如果音乐与文字一道出现，是相对轻松的。实际上，在所有歌唱性音乐中，元指涉也不算什么问题——因为由文字语言的支持。因此，歌曲可以通过对歌唱和音乐制作的主体化来使用明确的元音乐性，[①] 并且元歌剧（譬如瓦格纳［Wagner］的《纽伦堡的名歌手》［Die Meistersinger von Nürnber］或理查德·施特劳斯［Richard Strauss］的《阿里阿德涅在纳克索斯》［Ariadne auf Naxos］[②]）以及元音乐剧《歌剧魅影》［The Phantom of the Opera］）可以包括关于音乐剧和歌剧活动的延伸性评论以及呈现。

然而，当我们来到将要在这里讨论的"纯"音乐，器乐音乐（下文大都以"音乐"指代），元指涉就变得非常有问题了。例子很少，而且在之前一章节中参照小说所概括的元形式运用也不无争议。实际上，在人们能够就器乐音乐是否可以实现这些元形式进行讨论之前，首先必须回答它是否受元指涉影响这个问题。如在第一章节中所述，如此这般的音乐肯定是最具自指性的媒介，因为它能够在其能指层面创造系统内的诸多相似。然而，音乐也是最难把能指和所指联系起来的媒介。对异指性的所指以及元指性的所指而言，都是如此。的确，明确的音乐陈述实际上的不可能，至少排除了前面提到的元形式之一，即，明确的元指涉：音乐不像小说，它不能明确且可引用地对其自身媒介进行评论。[③] 这让我们针对元音乐只有

[①] 关于这一类型，例子有德国的圣歌"众教徒齐来赞颂主"（Singt dem Herr nein neues Lied），或者舒伯特《冬之旅》（Die Winterreise）中最后一首（参看 Wolf 2001b）。
[②] 关于这部歌剧以及施特劳斯作品中音乐自指性总体研究，参看这篇优秀论文：Danuser (2001)。
[③] 因为音乐又是一种非再现性媒介，所以难以像绘画那样，去表现它的媒介或者创造一件作品；绘画中可以用自指的方式表现一个正在从事绘画的画家。

非明确元指涉这一种样式可以展开探索。

如上所述,这种样式本身并非没有问题。但我会说,在特定情况下,音乐实际上能够达到非明确元指涉的状况。一个例子是:归在约翰·塞巴斯蒂安·巴赫(Johann Sebastian Bach)名下的一个短小的三乐章作品①——可能是为管风琴而作——"和声小迷宫"(Kleines Harmonisches Labyrinth)。道格拉斯·R. 霍夫斯塔德(Douglas R. Hofstader)在其风靡一时的著作《哥德尔、艾舍尔、巴赫——集异璧之大成》(*Gödel*,*Escher*,*Bach*:*An Eternal Golden Braid*)中,用它——尽管半途而废——来阐述音乐递归性。②我的论点是:这部作品与其说是关于递归性的例子,不如说是关于元音乐的,它暗含了一个元指涉性的陈述,即:"听听在什么程度上以及在多么短的时间中人会失去其语音的方向!"这个想法主要由明显偏离传统的巴洛克式作曲风格所导致。这些偏离玩笑式地突出了这一时期所用的音乐媒介的一个方面,即调性。这是通过半音阶以及扣人心弦的变奏达成的,尤其是多个等音的模糊之处(和弦具有一种不稳定的意义,因为人们认为它同时属于一个不同的调式。)

根据当时的音乐传统,作品以写就它们的那个调子开始,按照规则就用那个调性开始,常常还会通过一个完整的节奏区间初步确立这个调式,而且还会用这个键的调性结尾。在这之间,可能有变奏发生,但是通常是间隔使用的(解决旧式乐器问题的那些能够得到良好驾驭的键盘乐器还没有通用时,尤其是如此;旧式乐器键盘距离遥远,会产生刺耳的和弦)。因此,在构成"迷宫小和声"中的 52 个小节中,当时的人或许会在不超过两三个相关键上出错。

---

① 参看 Breig(1999:631)与 Keller([1950] n. d.:56-57),他们令人信服地争辩说这是巴赫的作品(这似乎还能从第 20 小节中的女高音咏叹调得到确认,在德文谱中,那里有巴赫的签名:B-A-C-H)。

② 霍夫斯塔德让自己书中角色"乌龟"以怪异的方式做出解释,为什么第二乐章(中章)会让人疑惑地以 g 大调和声结束(参看[1979] 1980:122-123)。然而,对于一部以 c 大调写成的作品的中间部分,以主导 c 大调的 g 大调为结尾(转换)调式,是不太见到的,因此,凯勒正确地评价说,这里实际上接近迷宫的"出口"(参看 Keller [1950] n. di.:57)。除了这一点,并不清楚"和声小迷宫"中有什么符合霍夫斯塔德关于"巢穴式[……]结构"(ix)的观点,因为这或许意味着有被用于递归手段的极为不同的层次存在;这些层次是器乐音乐难以产生的,不过,在这一作品中却难以辨认出来。

巴赫几乎是讽刺性地过分满足了确立自己的调子这个传统。在我们这个例子中，这是很轻松就能够在键盘乐器上演奏的调子，即 c 大调。在头 6 个小节中，巴赫所做的是确立 c 大调，其中间杂有 1 个跑到相邻的 f 大调去了。但是从第 7 小节开始，他以一种难以置信的方式把聆听者胡乱地带到不同的调子和暧昧不明的非和声的"迷宫"中去了；直到第 10 小节，我们遇到 1 个 d 小调和弦，也就是说，1 个能够在 c 大调中再次形成的和弦，这之前，我们面对的都是不能在 c 大调中形成的和弦。此外，c 大调只停留了 3 个小节，就被诸如升 c 小调（4 个升）、升 g 小调（5 个升）、升 d 小调（6 个升）以及 g 小调（2 个降）等间隔遥远的调子所取代。

图 2 表示的仅仅是和声细腻变化的一小部分，这些变化发生在从进入中段再到出口的整个过程——直到最后几个小节为止。在结束部分，巴赫再次遵守必须用本调结束作品的规则，回到 c 大调——不过，第一乐章（引入）是 c 小调结尾，第二乐章（中段）是 g 大调结尾。有趣的是，在这部作品中起着元指涉标志作用的突出的变异原则，在动机连贯这一层面中，甚至在这种连贯的相对缺乏中，也能够看到。除了中间这个部分，一个半音主题的赋格曲段，这部作品似乎惊人的反常，只有非常松散而不引人注意的动机统一（在进入部分的 f-d-e 动机中，第一次是发生在第 5 小节的女高音中，反复变换，而出口部分并没有与之对之相对应的东西）。所以，显然，关键与其说是在主题和动机的反复发生和变化上，不如说是在对音乐调性系统的凸显上，从元指涉方面看，这一点是暴露无遗的。

图 2 巴赫，"迷宫小和声"，第 1~11 小节

当然，所有这一切都只对了解习惯并且能够体察到变奏这种具有特殊精彩的东西的倾听者起作用（不幸的是，由于后来，尤其是浪漫主义阶

段,平均律和变奏都成了音乐创作的套路,同时因为滥用巴赫创作一度有过的那种震惊效果而精力耗尽,让我们觉得这种精彩已经渐渐消逝)。因此,就像文学中也严重依赖语境的戏仿那样,"迷宫小和声"暗含元指涉的可感受性,也依赖于特定语境以及接收者将其实现的能力和意愿。

不过,就接收者的意愿而言,巴赫的作品包括强有力的刺激:极度偏离传统的调性运用,将其作为一种手段,对当时音乐创作系统的这一关键要素加以凸显,这本身就可以争辩说是一种激发元指涉反思的强烈刺激。然而,它既非唯一的触发因素,也并非唯一的元标志;非同寻常的标题也需要考虑在内。与诸如"序曲与赋格曲"或者"狂想曲"之类传统的标题不同,它明确指向调性和声的"陌生化"运用。不过,作为文字文本,这个伴随文本已经离开了纯音乐范畴。人们会争辩说,语言的使用表示了一种感觉:若要确保在倾听者脑海里确立一种元层面,在创作者一方,或许必须对其作品元指涉内容进行清晰的主题化。

4 器乐元音乐的若干深层潜在形式

对巴赫"迷宫小和声"的讨论表明,元音乐是一种选择,它不限于歌唱音乐,实际上是能够延伸到器乐音乐的。尽管并非上述的所有元指涉分支形式,它甚至出现在其中许多之中,出现在惊人多样的作品之中。的确,带有作品内元指涉的"迷宫小和声"并非元音乐的特例。可以说,所有以突出的变异为基础的作品,[①] 所有凸显音乐材料的某种炫技式使用并指向如此这般的音乐的作品,至少在原则上,也都是向着元指涉敞开的。因此,"带有变化的主题"是一种著名的形式,作曲家不仅在其中运用到其专门的技巧,而且对其作公开展示——由此暗示出像如下元评论所表达的意思:"听吧,我从这个简单的曲调(主题)中到底做出了什么!"

不仅是根据作为认知活动音乐创作,而且或许极端地,根据作为表演

[①] 还可参看米特马恩(Mittmann 1999:236),米氏把"陌生化"看作元音乐的一种可能的手段,不过,他对任何不加区别地肯定音乐元指涉存在这种做法保持高度警惕。

的某些种类的音乐，可以推测出一种与之类似的元指涉。的确，作曲家或诸如帕格尼尼和李斯特之类演奏家——还有爵士音乐家——只要摆脱譬如主题作品、形式规范之类限制，全身心投入表演，探索特定器乐上可以拿来炫技的东西极限究竟在哪里，那么，可以争辩说，我们就进入元领域了，因为这些活动的核心，更多的是在如此这般的媒介上（乐器及其演奏者以及音乐系统），而不是在音乐的"信息"上。这里，的确可谓"媒介变成了信息"——至少在听众脑海中是这样。

不过，在所有这些情形中，问题是："真正的"元音乐与一般那种经常也用到不同寻常的技巧和炫目手段的艺术音乐，二者之间区别的界限在哪里。肯定，并非所有偏离都是以某种方式凸显如此这般的媒介的元指涉。所有精致主题的作品也无不试图以元指涉的方式凸显一件音乐作品的创作性质。如同在文字性的元小说中那样，暗含的变体总是带来各种困难，同样如同在非明确的元小说中那样，元音乐——它始终是非明确的——也要求清晰的标志符号。作为规则，这些标志符号都是媒介间性质的符号，也就是说，它们是从文字媒介中而来，巴赫的"迷宫小和声"这个标题就属于此种情形：当这些标志符号指向特定的音乐品质，我们有可能觉得对某种元品质"进行猜测"是合理的。

对于这样一个领域同样是如此，在这个领域中，对元音乐的探索可能被证明是大有希望的，这个领域，沿用阿多诺（Adorno［1949］1975：165-189）的说法，即所谓的"关于音乐的音乐"（music on music）。这个术语听上去极其类似关于"元小说"的简化定义：文学研究中谓之为"关于小说的小说"（Hutcheon［1980］1984：1）。不过，奇怪的是，在音乐学中，即使是有，它也很难说是获得了这种元内涵，而是大多限于表示音乐之间的指涉或者风格上的模仿。因此，它表面上排除了诸如"迷宫小和声"这类作品，尽管，严格地说，这部作品也属于"关于音乐的音乐"。不管如何，人们似乎还是新近地同时又是隐蔽地意识到这是一个丰富的领域，至少在德国的音乐学中是如此，像最近出版的施耐德（Schneider）的《"关于音乐的音乐"集萃：变体—改编—致敬—模仿—巴赫》（*Lexikon "Musik über Musik": Variationen-Transkriptionen-Hommagen-Stilimitationen-B-A-C-H*）就体现出了这一点。在这部百科全书式的著作所提及的许多作品中,"关于音乐的音乐"这一品质已经在标题中得到了表示,譬如勃拉姆斯(Brahms)的《海顿主题变体》(*Variationen über ein Thema von Haydn*, op. 56a)。① 施耐德的《集萃》,尽管范围有限,而且缺乏对元音乐的明确讨论,② 仍然可谓辨别元音乐潜在案例的一件独特工具。

如施耐德这部著作的名称所表示的,向其他作曲家致敬,尤其是约翰·塞巴斯蒂安·巴赫,形成了"关于音乐的音乐"一个重要的部分。我们实实在在地对元音乐领域已经接近到这一程度:这种致敬不仅指向作为人的作曲家,而且指向他们的作曲风格。当可以看出,可辨的指涉不仅指向单个作品,而且指向作曲家乃至整个音乐时期的风格特征,情况就尤其是如此(这在文学互文性理论中对应的会是"文本间的系统指涉"[intertextual system reference,参看 Broich and Pfister 1985:ch. Ⅲ. 2])。要理解这类作品,要求具有有关如此这般的音乐系统的历史方面意识。"音乐间的系统指涉"——它还涉及关于音乐作为一个历史性不断发展的系统的元意识,并因此还需要关于时代错位的元意识——的一个上佳例子,是普罗科菲耶夫(Prokofiev)著名的《经典交响曲》(*Symphonie classique*)。这部作品创作于 1917 年,按照这位作曲家的说法,在听觉上指向带有某些现代元素的海顿(参见 Schneider 2004:154)。这部作品的元方面清晰地体现在它的标题中,它的标题指向的是这部作品的传统性质。

如果普罗科菲耶夫的《经典交响曲》也是——或许带有一点儿怀旧味道——对海顿以及整个的经典交响曲的致敬,那么,这部作品结合了作品

---

① 这部作品显示出一种清晰的跨音乐自我指涉,因为它引用到约瑟夫·海顿(Joseph Haydn)为吹奏乐器所作的一部嬉游曲中的一段(更准确地说,是指从海顿"为两只双簧管、两只角号、两只低音蛇形风管而作的六支嬉游曲"作品开头引用而来的"礼赞圣安东尼")。从音乐内自我指涉到音乐元指涉,这一步过渡,可以说,是由这部作品中所暗含的这一句话造就的:"听吧,海顿的这个老旧主题在 20 世纪末仍然能够出彩地运用!"或者换一种说法,这句话可以被解释成是向作为一个作曲家而非一个老人的海顿致敬。无论如何,可以说,勃拉姆斯以其听众那里所具有的媒介意识作为前提,这甚至是与不同时期实现系统音乐的不同方式有关的一种意识,而这间接地暗含了对海顿和勃拉姆斯所用媒介音乐的指涉,从而满足了元指涉的主要条件。在这一例子中,作品外的元指涉是和作品内的元指涉结合起来的。然而,再一次,必须说,对于大多数非专业者而言,这种元指涉,如果存在的话,只能通过作品的文字性标题才能辨识出来。

② 因此,只在单独的一个例子中,作者(在其导言中)用到了以"meta -(元—)"开头的合成词(参看 Schneider 2004:7)。

内的元指涉（听觉上的时代错位）和作品外的元指涉（隐隐指向过去体系的敬意）。由于这种暗指的正面性质，《经典交响曲》可以同时被用作关于非批判性音乐元指涉的一个例子。①

现在，人们可能会问，元音乐——与元小说类似——是否能够也包括批判性元指涉。我认为答案是肯定的。② 人们可能会想到嘉年华式的音乐拼缀，其中，为了达成滑稽的效果，通常属于古典音乐的那支风格或整个段落得到了玩笑式的模仿和篡改。人们还可能想到幽默的自我批判手段，其中，音乐方面的习惯做法过于直白地得到施行或者被用作玩笑式偏离的基础。海顿那种常常具有自我讽刺意味的音乐——譬如在其《击鼓交响曲》（*Symphonie mit dem Paukenschlag*）第二乐章中所体现的——在两个方面都提供了上佳的经典范例，但是，人们可能还会想起莫扎特的《四重奏》（*Dissonanzenquartett*）或者斯特拉文斯基回顾性的"关于音乐的音乐"，这，至少对于批判性十足的阿多诺而言，是一个关于音乐何以能够以一种破坏性的讽刺性模仿方式加以运用的例子。③

已经越来越清楚的是，在非批判性的致敬与阿多诺脑中所思考的破坏性戏仿之间，有无数的可能。在当代后现代作曲实践中，关于暗含一种讽刺性自我批判的玩笑式元音乐，一个精彩例子是弗里德里希·古尔达（Friedrich Gulda）1988 年所作的"为我自己而作的协奏曲"（Concerto for myself），与其说它是破坏性的，不如说它是半开玩笑式的。这部作品所创造的朝向它自身的讽刺性距离是双重的。一方面——在开端部分的惊悚——古尔达用到了时代错位的古典艺术音乐的语言，在协奏曲的过程中，饶有趣味地（同时又是怀旧地）模仿了从巴赫到 19 世纪的各种风格。在 1988 年，这种时代错位甚至比在普罗科菲耶夫时代更为引人注目。另一

---

① 之前提到的炫技式音乐提供了更进一步的例子，巴赫的"迷宫小和声"就是这样，其中，就像在其《赋格的艺术》（*The Art of the Fugue*）中一样，作曲家探索了音乐媒介或作曲形式的种种潜力，同时不带任何批判或自我批判意图地炫耀自己的专门才艺。
② 在米特马恩看来（Mittmann 1999），批判性功能——限定于作品内的元指涉——似乎是元音乐的唯一形式，至少是他所讨论的唯一形式（因此过度限制了前者音乐元指涉的范围）。
③ 阿多诺谈到过"破坏"（Beschädigungsaktion）（[1949] 1975：168）。按照阿多诺的观点——巧合的是，这也是米特马恩观点的一个方面——戏仿是关于音乐的音乐的基本形式（"Parodie ist die Grundform der Musik über Musik"，170）

方面，通过内部的距离标志，古尔达弥补了他的作品与当时音乐风格之间的外部距离：这些标志包括古典元素和借自 20 世纪流行音乐（尤其是爵士乐）之间性质迥异的结合，在听觉方面让那些经典模仿显得不那么严肃过头。因此，这一讽刺性距离创造出与总是蕴含在元指涉中那种认知距离之间的联合。就结果而言，并不十分具有新古典主义特色的钢琴与管弦乐队的协奏曲，可以再一次地说，是以一种音乐媒介意识为前提的，尤其是一种历史性的意识，即，具备辨识不同作曲风格、形式和手段极其在历史方面不协调那种能力。这种意识在不同风格的明显切换中被最有力的激活。正是在这些位置，这部协奏曲尤为清晰地揭示出其真正元音乐的性质：这样一部作品，在其分裂之中，暴露出其媒介中心性质，即，它的拼缀性质。然而，同时，它又是对过往协奏曲音乐的致敬，是担任钢琴弹奏并骄傲地在标题中提到自己的那个人——弗里德里希·古尔达——对自己作曲以及演奏技能的同样元音乐性质的自我庆祝。因此，整部协奏曲所具有的那种讽刺性的、元指涉性质的距离，并不是真正地瞄准自我破坏，而是最终以一种自我保护的方式得到运用，让古尔达能够再一次地复兴从前的作曲形式而无须引出递归式还原这种谴责。①

总而言之，人们有希望越来越清楚，音乐的元指涉能够以某些与元小说形式类似的形式发生：作品外的和作品内的形式，批判性的和非批判性的形式。对于"非明确的元指涉 vs. 明确的元指涉"这组对立而言，必须记住，只有非明确的变体能够在音乐中得以实现。这给我们剩下的是有可能具有与元小说类似潜力的一组：以媒介为中心的元指涉 vs. 以指涉为中心的元指涉。所提及的所有音乐方面的例子都暗含对于某个媒介中心方面的评价，然而没有任何针对指涉中心这个方面的评价（作品的"虚构性"或"真实性"）。这并非偶然，因为音乐无法像小说、绘画或电影那样创造虚构的、凭空造就的世界。所以，所有音乐中的元指涉必须限定在于媒介、音乐的创作与接收等相关的问题上，而无法面对有关真实指涉或虚假指涉之类问题，换言之，它只能是以媒介为中心的元指涉。

---

① 关于这种"保护性讽刺"（protective irony），更多内容可以参看 Wolf 2007b。

5　结论：元指涉领域中其他被忽视的方面以及对未来研究的展望

关于元指涉领域边界的之前探索表明，这个领域还包括一种本文语境中被忽略的媒介，即器乐音乐。不过，音乐并非受到忽视的唯一媒介。尽管文学所具有的——以及在某种程度上电影（参看 Stam 2000）和绘画（参看 Stoichita ［1993］1997）也具有的——元潜力，得到了不同程度的关注，但对于诸如漫画、雕塑和建筑等其他媒介则远远不够。的确，元指涉领域到目前为止仍未得到它应该得到的探索。甚至有整个系列的问题还有待探讨。有些在本文集中有所面对，有些在别处被人感兴趣（参看 Hauthal et al. 2007），但是还不够，而还有一些则必须留待未来的研究了。关于元指涉的研究，以下视角或许可以作为指南：

关于形式问题、元指涉以及相关现象方面：

——对各种自我指涉以及元指涉形式所提出的分类做出明确，并且，若有必要，对其加以修正或完善

——对元指涉和自我指涉共同形式二者之间的关联关系（诸如文本间性、媒介间性和嵌套结构等）展开探索

——对作为跨类别和跨媒介特殊元指涉案例的跨层现象深入考察①

——对元指涉自然化策略（从跨媒介以及单媒介的视角）进行考察

——对尤其对隐含元指涉（元指涉的认知架构）的各种标记形式展开探索

关于强化对元指涉的跨媒介研究方面：

---

① 对这个子领域的最初调查，是由皮尔与希费尔（Pier and Schaeffer 2005）以及沃尔夫（Wolf 2005）着手展开的。

——扩大研究视野，关注此前多少受到忽视的（媒介和类型）领域，譬如：电影（尤其是动画漫画和动画片）、艺术（包括雕塑在内）、建筑、漫画、电脑游戏以及虚拟现实等

——强化对（器乐）元音乐的研究（我之前做出的评论不过是这个领域的研究开篇词而已）

关于元指涉的功能史方面：

——对作为一种现象的元指涉所具有的功能展开探索，这一现象自 18 世纪起，在西方世界中，已经对越来越多的作品和媒介产生启发，同时，对推动（或者阻碍）元指涉发展壮大的条件深入考察

——有关元指涉和后现代主义：这个领域中的研究应该从把二者的关联关系相对化开始，这种关联经常被看成是过于专门的了；不过，人们还是应该尽力对后现代主义与元指涉之间所见到的密切关联做出阐释；元指涉近来甚至以惊人的程度"渗透"到诸如漫画和主流影片等大众媒介和类型中去了，让人特别感兴趣，也亟待做出解释（元指涉性方面在当代的壮大，如果不是"颓废"征象，便很可能是文化发展一个后期阶段的征象）

——对跨文化的文学、艺术和媒介中的元指涉进行考察（元指涉作为比较文化学的一个对象）

——对诸如科学、哲学和认识论等其他话语语境中的元指涉进行探索

——从历史、单媒介以及跨媒介角度对元指涉的内容深入考察

——针对元指涉与理性和喜剧性距离之间关系展开研究（最早以及强度最高的元指涉主要发生在喜剧性类型和媒介中）

——继续展开有关元指涉和审美幻象之间的研究（参看 Wolf 1993）

——提供一种元指涉批评：元指涉的得与失（相对异指涉而言）

在文学研究中，"元指涉"的历史至少有半个世纪之久（如果我们把布斯［Wayne C. Booth］1952 年的关于"自觉的叙述者"［self-conscious narrator］的论文当作起点的话），甚至更早（如果我们以俄罗斯形式主义

作为滥觞)。但是，即使是有一个相对而言如此长的阶段，未来的研究仍然有着展开空间。因为西方文化——譬如，在哲学中，尤其是在认识论中，已经显示至少从17世纪开始就有各种元倾向存在——当下似乎投身于一种名副其实的"元转向"(metaturn)，元指涉在所有类型的媒介和话语中、在"高雅"和流行的所有层面上，真正地产生一种爆炸，所以情况尤其是如此。对这些文化"转向"深入考察，尽力对其做出阐释，这正是人文学科最根本的任务之一。

核心参考书目

Andersen, Peter Bøgh, Claus Emmeche, Niels Ole Finnemann and Peder Voetmann Christiansen (eds.).
2000　　　*Downward Causation*. Aarhus: University Press.
Babcock, Barbara A.
1980　　　Reflexivity: Definitions and discriminations. *Semiotica* 30: 1 – 14.
Barthes, Roland.
1967　　　*Système de la mode*. Paris: Seuil.
Bartlett, Steven J.
1987　　　Varietiesofself-reference. In: Steven J. Bartlett and Peter Suber (eds.), *Self-Reference: Reflections on Reflexivity*, 5 – 30. Dordrecht: Nijhoff.
1992a　　The role of reflexivity in understanding human understanding. In: Steven J. Bartlett (ed.), *Reflexivity: A Source-Book in Self-Reference*, 3 – 18. Amsterdam: North Holland.
Bartlett, Steven J. (ed.)
1992b　　*Reflexivity: A Source-Book in Self-Reference*. Amsterdam: North Holland.
Bartlett, Steven J. and Peter Suber (eds.).
1987　　　*Self-Reference: Reflections on Reflexivity*. Dordrecht: Nijhoff.
Baudrillard, Jean
1976　　　*L'échange symbolique et la mort*. Paris: Gallimard.
1981　　　*Simulacres et simulation*. Paris: Galilée.
1991　　　*La guerredu Golfe n'a pas eu lieu*. Paris: Galil'ee.

Bettetini, Gianfranco
1971   L'indice del realismo. Milan: Bompiani.
Bishara, Nina
forthcoming Selbstreferenzielle Werbung.
Bleicher, Joan-Kristin
1999   Unterhaltung in der Endlosschleife. In: Michael Latzer, Ursula Maier Rabler and Gabriele Siegert (eds.), Die Zukunft der Kommunikation, 109 – 114. Innsbruck: Studien-Verlag.
Block, Friedrich W.
1999   Beobachtung des ICH. Zum Zusammenhang von Subjektivität und Medien am Beispiel experimenteller Poesie. Bielefeld: Aisthesis.
Blöbaum, Bernd
1999   Selbstreferentialität und Journalismus. In: Michael Latzer, Ursula Maier-Rabler and Gabriele Siegert (eds.), Die Zukunft der Kommunikation, 181 – 188. Innsbruck: Studien-Verlag.
Bolter, David and Richard Grusin
1999   Remediation: Understanding New Media. Cambridge, MA: MIT Press.
Broich, Ulrich and Manfred Pfister (eds.)
1985   Intertextualität. Tübingen: Niemeyer.
Brook, Andrew and Richard C. DeVidi (eds.)
2001   Self-Awareness and Self-Reference. Amsterdam: Benjamins.
Buckland, Warren
2000   The Cognitive Semiotics of Film. Cambridge: University Press.
Buckland, Warren (ed.)
1995   The Film Spectator: From Sign to Mind. Amsterdam: University Press.
Büttner, Stefan and Andrea Esser (eds.)
2001   Unendlichkeit und Selbstreferenz. Würzburg: Königshausen & Neumann.
Colapietro, Vincent
1989   Peirce's Approach to the Self. Albany: State University of New York Press.
Dirks, Tim

2006   *Greatest Disaster Film Scenes.* http://www.filmsite.org/filmdisasters.html (16.05.06).

Dunne, Michael

1992   *Metapop: Self-Referentiality in Contemporary American Popular Culture.* Jackson: University Press of Mississippi.

Eco, Umberto

1984   Mirrors. In: Umberto Eco, *Semiotics and the Philosophy of Language*, 202–226. Bloomington: Indiana University Press.

Evans, Gareth

1991   *The Varieties of Reference.* Oxford: Clarendon.

Fitch, Frederic B.

1987   Self-reference in philosophy. In: Steven J. Bartlett and Peter Suber (eds.), *Self-Reference: Reflections on Reflexivity*, 221–230. Dordrecht: Nijhoff.

Frieske, Michael

1998   *Selbstreferentielles Entertainment: Televisionäre Selbstbezüglichkeit in der Fernsehunterhaltung.* Wiesbaden: Deutscher Universitätsverlag.

Geach, Peter T.

1970   *Reference and Generality*, 2nd ed. Ithaca, NY: Cornell University Press.

Goebel, Gerhard

1986   Notizen zur Semiotik der Mode. In: Silvia Bovenschen (ed.), *Die Listen der Moden*, 458–479. Frankfurt: Suhrkamp.

Helbig, Jörg

2001   *Intermedialität: Eine Einführung.* Frankfurt: Suhrkamp.

Hempfer, Klaus W.

1976   Poststrukturale Texttheorie und narrative Praxis. Munich: Fink. 1982 Diepotentielle Autoreflexivität des narrative Diskurses. In: Eberhard Lämmert (ed.), *Erzählforschung*, 130–156. Stuttgart: Metzler.

Hoffmeyer, Jesper

1996   *Signs of Meaning in the Universe.* Bloomington: Indiana University Press.

Hofstadter, Douglas R.
1979   Gödel, Escher, Bach. New York: Basic Books.
1985   Metamagical Themas. New York: Basic Books.
Huber, Werner, Martin Middeke and Hubert Zapf (eds.)
2005   Self-Reflexivity in Literature. Würzburg: Königshausen & Neumann.
Jahraus, Oliver and Nina Ort (eds.)
2003   Theorie-Prozess-Selbstreferenz: Systemtheorie und transdisziplinäre Theoriebildung. Konstanz: UVK.
Jay, Paul
1984   Being the Text: Self-Representation from Wordsworth to Roland Barthes. Ithaca: Cornell University Press.
Johansen, Jørgen Dines
2002   Literary Discourse: A Semiotic-Pragmatic Approach to Literature. Toronto: University of Toronto Press.
Karpf, Ernst, Doron Kiesel and Karsten Visarius (eds.)
1996   Im Spiegelkabinett der Illusionen. Filme über sich selbst. Marburg: Schüren.
Katz, Jerrold J.
2004   Sense, Reference, and Philosophy. Oxford: University Press.
Kempson, Ruth M.
1977   Semantic Theory. Cambridge: Cambridge University Press.
Kienzle, Bertrand and Helmut Pape (eds.)
1991   Dimensionen des Selbst: Selbstbewusstsein, Reflexivität und die Bedingungen von Kommunikation. Frankfurt: Suhrkamp.
Kirchmann, Kay
1996   Zwischen Selbstreflexivität und Selbstreferentialität. Überlegungen zur Ästhetik des Selbstbezüglichen als filmische Modernität. In: Ernst Karpf, Doron Kiesel and Karsten Visatius (eds.), Im Spiegelkabinett der Illusionen. Filme über sich selbst, 67-86. Marburg: Schüren.
Klein, Naomi
2000   No Logo. Toronto: Knopf Canada.

Knowles, Elizabeth (ed.)
2004 *The Oxford Dictionary of Modern Quotations*, 2nd ed. Oxford: Oxford University Press.

Kohring, Matthias
1999 Selbstgespräche: Der Begriff der Selbstreferenz und das Fallbeispiel des Journalismus. In: Michael Latzer, Ursula Maier-Rabler and Gabriele Siegert (eds.), *Die Zukunft der Kommunikation*, 189 – 198. Innsbruck: Studien-Verlag.

Korzybski, Alfred
1933 *Science and Sanity*. Lakeville, CN: Int. Non-Aristotelian Library.

Krah, Hans
2005a Selbstreferentialität, Selbstbezüglichkeit, Selbstreferenz: Die Begriffe und ihr Bedeutungsspektrum. *Zeitschrift für Semiotik* 27 (1 – 2): 3 – 22.

Krah, Hans (ed.)
2005b Selbstreferenz und literarische Gattung. Special issue of *Zeitschrift für Semiotik* 27 (1 – 2). Tübingen: Stauffenburg.

Lawson, Hilary
1985 *Reflexivity: The Post-Modern Predicament*. London: Hutchinson.

Liebrand, Claudia and Irmela Schneider (eds.)
2002 *Medien in den Medien*. Cologne: DuMont.

Lipman, Jean and Richard Marshall (eds.)
1978 *Art about Art*. New York: Dutton.

Luhmann, Niklas
1984 Das Kunstwerk und die Selbstreproduktion der Kunst. *Delfin* 3: 51 – 69.
1993 Zeichen als Form. In: Dirk Baecker (ed.), *Probleme der Form*, 45 – 69. Frankfurt: Suhrkamp. Transl. M. Irmscher. 1999. Sign as form. *Cyberneticsand Human Knowing* 6.3: 21 – 37.
1995 *Die Realität der Massenmedien*. Opladen: Westdeutscher Verlag.

Lyotard, Jean-François
1979 *La condition postmoderne*. Paris: Minuit. Engl. (1984). *The Postmodern*

Condition, G. Bennington and B. Massumi (transl.). Minneapolis: Minnesota University Press.

McLuhan, Marshall

1964   *Understanding Media: The Extensions of Man.* London: Routledge and Kegan.

Manovich, Lev

1999   What is digital cinema? In: Peter Lunenfeld (ed.), *The Digital Dialectics: New Essays on the New Media*, 172 – 192. Cambridge, MA: MIT Press.

Marcus, Solomon

1997   Media andself-reference: The forgotten initial state. In: Winfried Nöth (ed.), *Semiotics of the Media*, 15 – 45. Berlin: Mouton de Gruyter.

Menninghaus, Winfried

1987   *Unendliche Verdopplungen: Die frühromantische Grundlegung der Kunsttheorie im Begriff absoluter Selbstreflexion.* Frankfurt: Suhrkamp.

Metscher, Thomas

2003   Ähnlichkeit und Selbstrepräsentation. In: Silja Freudenberger and Hans Jörg Sandkühler (eds.), *Repräsentation, Krise der Repräsentation, Paradigmenwechsel*, 271 – 299. Frankfurt: Lang.

Müller, Jürgen

1996   *Intermedialität: Formen moderner kultureller Kommunikation.* Münster: Nodus.

Münch, Dieter

1992   Referenz, Referenztheorie. In: Joachim Ritter and Karlfried Gründer (eds.), *Historisches Wörterbuch der Philosophie*, Volume 8, 386 – 387. Basel: Schwabe.

Myers, C. Mason

1966   The circular use of metaphor. *Philosophy and Phenomenological Research* 26: 391 – 402.

Nöth, Winfried

1977   *Dynamik semiotischer Systeme.* Stuttgart: Metzler.

2000a　Handbuch der Semiotik, 2nd rev. ed. Stuttgart/Weimar: Metzler.

2000b　Selbstreferenz in systemtheoretischer und semiotischer Sicht. In: Achim Barsch, Gebhard Rusch, Reinhold Viehoff and Friedrich W. Block (eds.), *Festsite Siegfried J. Schmidt*. http://sjschmidt.net/konzepte/texte/noeth1.htm (16.05.06) and 2002 in: etc: *Empirische Text-und Kulturforschung* 2. 2002: 1 – 7.

2001　Autorreferencialidad en la crisis de la modernidad. *Cuadernos*: *Revista de la Facultad de Humanidades y Ciencias Sociales* 17: 365 – 369.

2002　Semiotic machines. *Cybernetics and Human Knowing* 9 (1): 5 – 22.

2005a　The art of self-reference in Edward Lear's limericks. *International Journal of Germanic Linguistics and Semiotic Analysis* 10 (1): 47 – 66.

2005b　Formen der Selbstreferenz in den Medien. In: Sigrid Schade, Thomas Sieber and Georg C. Tholen (eds.), *SchnittStellen*, 133 – 146. Basel: Schwabe.

2006　Repräsentation und Referenz bei Peirce. In: Hans-Jörg Sandkühler (ed.). *Theorien und Begriffe der Repräsentation* (= Schriftenreihe der von der Volkswagenstiftung geförderten Forschergruppe Repräsentation 1), 43 – 61. Bremen: Universität.

2007　Narrative self-referencein a literary comic: M. – A. Mathieu's *L'Origine*. *Semiotica* 165: 173 – 190.

Nöth, Winfried (ed.)

2006　*Semiotic Bodies, Aesthetic Embodiments, and Cyberbodies*. Kassel: University Press. Nöth, Winfried and Christina Ljungberg (eds.)

2003　*The Crisis of Representation*: *Semiotic Foundations and Manifestations in Culture and the Media*. (= Special Issue of *Semiotica* 143. 1 – 4).

Nöth, Winfried and Anke Hertling (eds.)

2005　*Körper-Verkörperung-Entkörperung*. Kassel: University Press.

Ort, Claus-Michael

2003　*Medienwechsel und Selbstreferenz*. Tübingen: Niemeyer.

Paech, Joachim

1998 Zur theoretischen Grundlegung von Intermedialität. In: Jörg Helbig (ed.), *Intermedialität. Theorie und Praxis eines interdisziplinären Forschungsgebiets*, 14-30. Berlin: Erich Schmidt.

Pattee, Howard H.

1995 Evolving self-reference: Mattersymbols, and semantic closure. *Communication and Cognition* 12 (1-2): 9-28.

Pavličić, Pavao

1993 What is the purpose of autoreferentiality? *Neohelicon* 20 (1): 97-106.

Peirce, Charles Sanders

1931-58 *Collected Papers*, vols. 1-6, ed. Charles Hartshorne and Paul Weiss, vols. 7-8, ed., A. W. Burks. Cambridge, MA: Harvard University Press. -Quoted as CP.

1963-66 *The Charles S. Peirce Papers*. 30 reels, microfilm edition. Cambridge, MA: The Houghton Library, Harvard University Microproductions. -Quoted as MS; see Robin, comp. 1967.

Peitgen, Heinz-Otto, Hartmut Jürgens and Dietmar Saupe

1992 *Chaos and Fractals*. Berlin: Springer.

Petersen, Christer

2003 *Der postmoderne Text*. Kiel: Ludwig.

Potthast, Ulrich

1971 *Über einige Fragen der Selbstbeziehung*. Frankfurt: Klostermann.

Prigogine, Ilya and Isabelle Stengers

1984 *Order out of Chaos*. NewYork: Bantam.

Rajewsky, Irina O.

2002 *Intermedialität*. Tübingen: Francke.

Robin, Richard S.

1967 *Annotated Catalogue of the Papers of Charles S. Peirce*. Amherst: University of Massachusetts Press. (MS refers to the numbers of this catalogue.)

Santaella, Lucia

2004 *Corpo e comunicação*. São Paulo: Paulus.

Santaella, Lucia and Winfried Nöth
2004   Semiótica e comunicação. São Paulo: Hacker.

Scheffel, Michael
1997   Formen des selbstreflexiven Erzählens. Tübingen: Niemeyer.

Scheutz, Matthias
1995   Ist das der Titel eines Buches? Selbstreferenz neu analysiert. Vienna: WUV.

Schmidt, Siegfried J.
1994   Kognitive Autonomie und soziale Orientierung. Frankfurt: Suhrkamp.

Schmidt, Siegfried J. and Brigitte Spieß
1996   Die Kommerzialisierung der Kommunikation: Fernsehwerbung und sozialer Wandel 1956 – 1989. Frankfurt: Suhrkamp.

Schöppe, Arno
1995   Theorie paradox: Kreativität als systemische Herausforderung. Heidelberg: Carl Auer.

Shir, Jay
1978   Symbolism and autosymbolism. Journal of Aesthetics and Art Criticism 37 (1): 81 – 89.

Siedenbiedel, Catrin
2005   Metafiktionalität in Finnegans Wake. Würzburg: Königshausen & Neumann.

Smuda, Manfred
1970   Becketts Prosa als Metasprache. Munich: Fink.

Spielmann, Yvonne
1998   Intermedialität. Das System Peter Greenaway. Munich: Fink.

Stam, Robert
1992   Reflexivity in Film and Literature: From Don Quixote to Jean-Luc Goddard. New York: Columbia University Press.

Waugh, Patricia
1984   Metafiction. London: Methuen.

Weber, Stefan

1999 Das System Journalismus: Oszillieren zwischen Selbstreferenz und Fremdsteuerung. In: Michael Latzer, Ursula Maier-Rabler and Gabriele Siegert (eds.), *Die Zukunft der Kommunikation*, 161 – 180. Innsbruck: Studien-Verlag.

Whitehead, Alfred N. and Bertrand Russell (eds.)
1910 *Principia Mathematica*. Cambridge: Cambridge University Press.

Whiteside, Anna
1987 The double-bind: Self-referring poetry. In: Anna Whiteside and Michael Issacharoff (eds.), *On Referring in Literature*, 14 – 32. Bloomington: Indiana University Press.

Winkler, Hartmut
2004 *Diskursökonomie*. Frankfurt: Suhrkamp.

Withalm, Gloria
1995 *Fernsehen im Fernsehen im Fernsehen...: Selbstreferentielle Zeichenprozesse*. Vienna: ÖGS/ISS.

Wittig, Susan
1979 Architecture about architecture: Self-reference as a type of architectural signification. In: Seymour Chatman, Umberto Eco and Jean Marie Klinkenberg (eds.), *A Semiotic Landscape*, 970 – 978. The Hague: Mouton.

Wolf, Werner
2001 Formen der literarischen Selbstreferenz in der Erzählkunst. In: Jörg Helbig (ed.), *Erzählen und Erzähltheorie im 20. Jahrhundert*, 49 – 84. Heidelberg: Winter.

Zavala, Lauro
2000 *Una tipología estructural de estrategias metaficcionales en cine y literatura*. Xochimilco: Universidad Autónoma Metropolitana.

Žižek, Slavoj
2002 *Welcome to the Desert*. London: Verso.

图书在版编目(CIP)数据

媒介的自我指涉/(德)温弗里德·诺特,(德)宁娜·毕莎娜编;周劲松译. -- 北京:社会科学文献出版社,2019.10

(传播符号学书系)

书名原文:Self-reference in the Media

ISBN 978-7-5201-5305-8

Ⅰ.①媒… Ⅱ.①温… ②宁… ③周… Ⅲ.①传播媒介-研究 Ⅳ.①G206.2

中国版本图书馆CIP数据核字(2019)第169297号

·传播符号学书系·

媒介的自我指涉

| 编 者 / [德]温弗里德·诺特(Winfried Nöth) [德]宁娜·毕莎娜(Nina Bishara)
| 译 者 / 周劲松

| 出 版 人 / 谢寿光
| 组稿编辑 / 王 绯 张建中
| 责任编辑 / 张建中

| 出 版 / 社会科学文献出版社·社会政法分社(010)59367156
| 地址:北京市北三环中路甲29号院华龙大厦 邮编:100029
| 网址:www.ssap.com.cn
| 发 行 / 市场营销中心(010)59367081 59367083
| 印 装 / 三河市龙林印务有限公司

| 规 格 / 开本:787mm×1092mm 1/16
| 印 张:20.75 字 数:318千字
| 版 次 / 2019年10月第1版 2019年10月第1次印刷
| 书 号 / ISBN 978-7-5201-5305-8
| 著作权合同登记号 / 图字01-2017-9459号
| 定 价 / 98.00元

本书如有印装质量问题,请与读者服务中心(010-59367028)联系

▲ 版权所有 翻印必究